JN086484

よい教育研究とは
なにか

Educational Research

流行と正統への批判的考察

An Unorthodox Introduction
Gert Biesta

ガート・ビースタ [著]

亘理陽一＋神吉宇一＋川村拓也＋南浦涼介 [訳]

明石書店

Educational Research: An Unorthodox Introduction
by Gert Biesta

© Gert Biesta, 2020
This translation of *Educational Research: An Unorthodox Introduction, First Edition*
is published by arrangement with Bloomsbury Publishing Inc.
through The English Agency (Japan) Ltd.

日本語版への序文

　2つ以上の言語を用いる人は、翻訳という仕事がいかに難しいものであるかを知っています。言語は、物事に貼られたラベルの集まりなどではありません。そうであれば翻訳とは単にラベルを置き換えるだけの問題になるわけですが、言語は複雑な生きた実体で、それを「体系」と呼ぶことがすでに単純化になってしまうようなものであり、すなわち、ある言語のなかで自在な「動き」で物事を表現できるからといって、別の言語でもそのままそうした「動き」が可能となるわけではないのです。平たく言うと、ある言語では簡単に言い表せることでも、別の言語で言うのはとても難しいことがあり得るし、時には明確に説明できないということもあるというわけです。

　教育分野の翻訳はいっそう複雑なものになります。なぜなら、本書の章の一つで明らかにしているように、教育学とその研究は、世界中で同じ概念とアプローチを共有するまとまった分野などではなく、それ自体、多様だからです。だからこそ、教育それ自体が、異なる捉え方やアプローチ、伝統の間の翻訳を必要としています。それは何よりもまず、あるアプローチや伝統で重要な問いや問題、あるいは本書の言い方で言えば教育の構成が、必然的に別のアプローチや伝統においても重要な問いや問題とは限らないからです。

　英語という言語がとりわけ扱いにくいのはこの点においてです。というのは、英語には教育「を」語り、教育「について」語るある意味で唯一の単語として 'education' という単語がありますが、オランダ語やドイツ語、フィンランド語といった言語では概念が集合をなしていて、その概念に合わせて、様々な教育実践の間の、そして、そうした実践において問題となる様々な目標の間の重要な区別が、記述・説明・正当化されるのです。あるアプローチでは、教育はテクニカルな問題とみなされます。例えば、どうしたら教師が知識や技能を効果的に学習者に伝達で

きるかといった問いに関するものです。一方、別のアプローチにとって教育は根本的に人間の問題であり、どのように教育者が子どもや若者を励まし支援して、その自由を賢く使うことができるかに関心があります。

このように見ると、教育「に関する」研究が、単純なデータの収集・分析という問題ではあり得ないということがはっきりします。なぜなら全ては、自分がどういう「教育」を調べようとしているのかという問いに始まり、その次の段階として、自分が研究の対象にしようとしている教育において何が「争点になっている」のかを理解する必要もあるからです。

教育研究の多くの入門書は、実用的な研究方法の専門的知識へと直ちに向かおうとします。例えば、研究課題のまとめ方やデータの集め方、データの分析法、適切な結論の引き出し方といったことです。一方、本書の主たる目標は、教育という複雑で複数性を持った分野へのいざないを読者に提供することです。ある分野で自分がどこにいるのかわかるという場合、それが意味するのは、その分野がどのように形作られているかについての感覚を持っており、そのような分野の内側や周囲で動き回ることができるぐらいの知識を持っているということですが、その中で研究者は容易に迷ってしまい、つい研究を行うレシピ、つまりメソッドに従おうとしてしまうのです。しかし、知的で、知識に裏打ちされたやり方で、教育の中で、教育に関して、教育のために研究を行うことはまだ可能なはずなのです。

だからこそ本書は、教育と教育研究に対するメソッド思考の広がりに抵抗するのです。理由もわからずにある方法を信奉しても、決してよい研究は生まれず、せいぜいすでに存在する研究を複製するぐらいでしょう。ジョン・デューイが述べた通り、教育研究の仕事が教育的行為をより知的にすることだとするならば、本書の目標は、かけ出しの教育研究者が（自らの）研究をより知的にできるようにすることです。つまり研究を、より思慮深く、より政治性に自覚的で、様々な教育実践それ自体の趣旨や目的とより密接に結びついたものとすることです。

したがって、研究に関して思慮深くあるためには、ただ研究のやり方を知っているだけでは十分ではなく、何よりまず自分が研究を行うのはなぜなのかという問いに向き合うことが求められます。加えて、この分

野の歴史、すなわち教育の歴史と教育研究の歴史を理解していることが求められます。それによって自身の研究を、どこにあるのかわからないものでもあらゆる場所にあるものでもなく、まさにその歴史の中に位置づけることが可能になるのです。さらに、研究について思慮深くあるには、政治性に自覚的であることも求められます。つまり、教育も教育研究も中立の舞台などではなく、不平等と権力構造が行き渡ったものであるということを理解したうえで研究に取り組む必要があるのです。

　ここにも研究それ自体が演じている役回りがあります。おそらくそのことが最もよく現れているのは、多くの国が現在強迫観念として抱える、「教育実践はエビデンスに基づくべき」、あるいは「エビデンスに裏打ちされたものであるべき」という考え方です。これがとりわけ問題となるのは、認められる唯一のエビデンスが「何がうまくいくか（what works）」に関するエビデンスである場合です。そもそもそのようなエビデンスを果たして生み出すことができるのかどうかさえ疑わしいのです。しかし、ここで決して忘れてはならないのは、教育が抽象的な意味で「うまくいく」ことなどあり得ないのであって、最低でも私たちが問うべきなのは「教育が何に対してうまくいくと考えられているのか」だということです。さらに重要なのは、教育が特定の方法で「うまくいく」ようにするための財政的なコストやその他のコストはいかなるものかという問いでしょう。

　研究に関して思慮深くあるためには、研究の様々な可能性と限界の両方に自覚的であることも求められます。だからこそ、研究が単に問題や問いに対する答えであるというような誤った信念に陥ってはなりません。研究とは非常に特殊な「道具」（ここでは、非常に特殊な「努力」というふうに言ったほうがよりふさわしいのかもしれません）で、役に立ち得るところでのみ用いられるべき道具なのです。その判断ができることがおそらく研究者として最も重要な資質で、あらゆる研究者が熱望すべきものでしょう。

2023 年 12 月　エジンバラにて

ガート・ビースタ

謝　辞

本書を執筆するにあたって、先行して出版されている以下の資料を用いた。

Biesta, G. J. J. (2010). Why 'what works' still won't work. From evidence-based education to value-based education. *Studies in Philosophy and Education 29* (5), 491–503.

Biesta, G. J. J. (2011). Disciplines and theory in the academic study of education: A Comparative Analysis of the Anglo-American and Continental Construction of the Field. *Pedagogy, Culture and Society 19*(2), 175–92.

Biesta, G. J. J. (2012). Knowledge/Democracy: Notes on the political economy of academic publishing. *International Journal of Leadership in Education 15*(4), 407–20.

Biesta, G. J. J. (2013). Knowledge, judgement and the curriculum: On the past, present and future of the idea of 'the practical.' *Journal of Curriculum Studies 45*(5), 684–96.

Biesta, G. J. J. (2014). Pragmatising the curriculum. Bringing knowledge back into the curriculum conversation, but via pragmatism. *The Curriculum Journal 25*(1), 29-49.

Biesta, G. J. J. (2015). No paradigms, no fashions and no confessions: Why researchers need to be pragmatic (pp. 133–49). In A. B. Reinertsen & A.M. Otterstad (Eds), *Metodefestival og Øyeblikksrealisme*. Bergen: Fagbokforlaget.

Biesta, G. J. J. (2016). Improving education through research? From effectiveness, causality and technology, to purpose, complexity and culture. *Policy Futures in Education 14*(2), 194-210.

Biesta, G. J. J. (2017). Education, measurement and the professions: Reclaiming a space for democratic professionality in education. *Educational Philosophy and Theory 49*(4), 315–30.

これらの資料を用いることを許可してくれた各出版社に感謝したい。

著者について

　ガート・ビースタ（www.gertbiesta.com）は、必ずしもうまくいったとは言えない中高および大学時代を過ごしたのち、病院に勤務。そこでX線技師の教育に従事し、主に（応用）物理学を教えていた。ビースタは社会人学生として大学に戻り、教育の理論と歴史の学位、および社会科学の哲学の学位を取得した。その後、博士課程ではジョン・デューイの研究に励み、1992年に修了。オランダで複数の大学に勤務したのち、1999年にイングランド、2007年にスコットランドに移った。当時スコットランド、ルクセンブルク、イングランドの三拠点で教育・研究に従事していた。2019年にはアイルランドのメイヌース大学で公教育の教授、およびエジンバラ大学の Moray House School of Education で教育理論と教育学の教授（Professorial Fellow）のポストにも就いた（どちらも非常勤）。さらに、オランダの人文学大学において教育の NIVOZ 委員長[1] を務め、ノルウェーのアグデル大学の客員教授でもある[2]。スウェーデン、ノルウェー、ベルギーでも客員教授を歴任し、学術誌 *Studies in Philosophy and Education* の編集長も務めた[3]。現在は *British Educational Research Journal* の共同編集長、*Educational Theory*

---

[1]　NIVOZ（Nederlands Instituut voor Onderwijs en Opvoedingszaken: ニーボス）はオランダの非営利組織。全ての人が社会につながり、誰もが社会の中で自身の責任を果たすことを目指し、教育機関や教師をはじめとする学校教育に関わるステークホルダーの支援をする。NIVOZ はオランダの人文学大学（Universiteit voor Humanistiek）の中に、教育・訓練・育成の教授学分野（*Pedagogische dimensies van onderwijs, opleiding en vorming*）を教えるポストを設立し、ビースタは 2016 年から 2021 年にそのポストに就いていた。

[2]　すでに退任している。

[3]　現在は編集委員。

の副編集長を務めている。ビースタは、特に民主主義および民主化に関する問題に関心を持ち、教育理論や教育研究の理論と哲学に関する著書・論文を多数出版している。彼の著作はこれまでに 20 もの言語に翻訳されている。

序　文

　本書で、私は初学者を教育研究分野に導こうとする際にしばしば忘れられがちな教育研究についての問いを提起する。「正統的だ」と言われているような入門書に代わるものを提供しようとはさらさら思わないが、本書が、教育研究を始めようと思っている人たちに対して、今から向きあっていくはずのこの分野への視野を広げ、より深い考え方をもって研究を行えるものになることを願っている。それはまさに、本書で論じているように、ほかに考慮すべき問題が存在するような状況下においては、遂行しようとしている研究にいったん待ったをかけてみる必要性も意味している。本書で紹介する考え方は、私自身の研究の経験や、研究方法や研究アプローチ、研究デザインといった授業の中で行った学生たちや教育研究をともにする仲間たちとの会話から生まれてきたものである。とりわけ感謝したいのは長年にわたって教えてきた学生諸君で、私が本書で提示しようとしている議論を洗練させ、磨いていくことを大いに助けてくれた。出版を手がけてくれたブルームズベリー社のマーク・リチャードソン氏の、この企画に対する信頼と忍耐に心からお礼を申し上げたい。また、本書の企画段階と完全原稿に対して激励と示唆に溢れたフィードバックを下さった匿名の査読者の方々にも深く謝意を表したい。

2019 年 3 月　エジンバラにて

目　次

xiii

目

次

教育研究の正統的教義

　教育分野で研究プロジェクトに着手しようとする学生の多くが、その道のりのどこかの段階で、研究とは何なのか、そしてよい研究とはどういうもので、研究を行う正しい方法はどういうものかに関する様々な見解に遭遇する。例えば、様々な研究パラダイムがあるのだから、そのうち1つを選び、その中に自身の研究を位置づけることが重要だと言われたりする。あるいは、量的アプローチと質的アプローチの間には根本的な違いがあって、どちらか一方を選ぶか、近年一般的になったように、混合研究法のアプローチを採用する必要があると言われることもある[1]。はたまた、自身の研究を裏づける認識論的・存在論的前提を明確に述べる必要があるだとか、心理学や社会学、哲学といった分野にしばしば由来するような、その研究の理論的枠組みを選択する必要があるとか。さらに、教育研究はそれ自体がよい研究であるだけではなく、最終的には教育実践の改善にも寄与すべきである、と。

　長年にわたって、研究を計画・実施する学生を助けようと多くの本が出版されてきたし、同じことをしようとするウェブサイトやインターネット上の資料の数は依然、増加している。こうした文献や資料の多くが、よいリサーチ・クエスチョンの立て方、データの集め方やその分析方法、妥当な結論の引き出し方、研究倫理の扱い方や研究を出版する方法といった、研究の現実的側面に焦点を当てている。加えて、数は少ないけれども、背後にある問題や前提、特に知識の性質（認識論）や社会的現実（存在論）、研究を導く規範や価値（倫理）に関する哲学的な問いを扱う本や資料もある。

　こうした教材に関して注目すべきなのは、ごく少数のテーマや問題、

1

メッセージへの強い集中が見られることであり、それらが合わさって、教育に関する研究を行うとはどういうことなのかに関するある種の「常識」が構成されているということである。それらは、研究に関する日常の語彙、つまり人々が自身の研究のデザインや実施について語るうえでの語彙の一部となっているだけでなく、教育的研究に従事したいと思う人全員に対する明白な期待を多かれ少なかれ表現している。この期待を満たすことは新参研究者の通過儀礼、つまり教育研究コミュニティ内で認められたメンバーとなるために経験しなければならないこととさえみなされ得るだろう。この点で、教育研究とはどのようなものであり、何のために存在し、何がよい研究とみなされるかについての正しい（orthos）意見（doxa）を表現しているという意味で、こうした教材は文字通り、教育研究の正統的教義（orthodoxies）なのである。

研究法に関する多くの本や資料や授業が有益であろうとしていることは言うまでもないが、それでも学生たちはもがき苦しむ。例えば、自身の認識論的・存在論的前提を問われると、哲学者たちが何世紀にもわたって議論を続けてきた、そして現在も議論を続けている問題についての、陳腐極まりなく、誤っていることも多い主張や声明に帰着することがよくある。自身の研究を特定の研究パラダイムに位置づけることを求められると、自身の研究を位置づけるということがまず何を意味し、実際にどういう選択があるのかを情報に基づいて議論するのではなく、「私は質的研究者である」「私は社会的リアリストである」「私はポスト構造主義的フェミニストである」などといった信仰でも告白しているかのような答えが返ってくることが多い。同様に理論的枠組みについても、その研究者が、自身の研究上の目標を達成するためにどの程度、そしてどのような種類の理論が実際に必要かに関する問いからではなく、それが「手近に」あったという理由、あるいはもっと悪ければ、最新の流行であるという理由で選ばれることがよくある。長い間、研究は質的なものであったり量的なものであったりして、しかもその両陣営の間では白熱した議論が交わされてきた[2] わけだから、今やほとんど全ての研究が混合研法を用いなければいけないように思われるのに、そのような混合が実際にいかなる結果をもたらすのかという問いについては真

剣に関わらないような事態も存在する。また、教育分野のほとんど全ての研究が実践の改善への貢献を求めているというのは私には至極当然のことのように思われるのだが、「教育実践を改善する」とは何を意味するのか、また研究がどのようにしてその邪魔ではなく助けとなるかということに関する省察が欠けていることが多い。

　もちろんこうした事態について学生に責めるべき点はない。大半の場合、彼らはただこうした一般的理念にさらされてきただけなのであり、そこに含まれる期待に十分応えているかどうかで自分たちの研究が判断されるということも彼らは知っているのである。仮に誰かを、あるいは何かを責めるべきだとするならば、おそらく研究の理論や実践を学生に導入しようと生み出され続ける教材や授業に矛先を向ける必要がある。こうした教材は善意に基づくもので、研究を実施する正しい方法とはどのようなものかを知るうえでもちろん重要であり、私としては信用を落とすようなことは言いたくないのだが、こうした文献の大半で、いかに、何を、そして何のために教育研究を行うかがほとんど問われることがないばかりか、場合によってはそういう問いがまったく欠如している場合があるのだ。本書にまとめられた拙文はまさに、教育研究とは何なのか、何のためであり得るのか、何を達成することができ、それと同様に研究者が心に留めておくべき限界がどこにあるのかということに関して、周辺的で、忘れられていることもある側面に焦点を当てることを意図したものである。

　本書は新しい教育研究の入門書ではないし、ましてこれまでとは異なる教育研究法を導入しようというものでもない。むしろ、この分野でもっと正しいと認められた入門書では欠けていることの多い疑問を投げかけ、問題を探究しようとするものである。それゆえ本書は、そうした入門書と並行して読まれるべきものであり、その位置に置き換わるものではない。本書は、こうした入門書の信用を落とすつもりはなく、むしろ、教育研究の一般的理念に対してもっと思慮深く、願わくばもっと批判的な関わり方が可能になるような見通しを提供しようとするものである。本書は第一に学生、すなわち教育研究分野に参入しようとする者を対象にしている。しかしこれを超えて本書は、より広い教育研究コミュ

ニティにとっての関心事も取り上げる。研究とは何であるか、研究の目標はどうすれば最もうまく言語化することができるか、そして教育研究のどの特定の性質に焦点を当て続ければ、教育実践の改善に対する期待に応えることができるか、という問題である。

　第1章では、理論が研究において果たす様々な役割を論じ、研究が、説明、理解、偏見からの解放、ないしはこうした目標の特定の組み合わせに基づいて何をなそうとしているのかを問う。それと共に、理論的枠組み、あるいはより一般的に研究のパラダイムに関する議論を始める理由を述べる。また、いったいなぜ研究に従事するのかという、研究に関する最も基本的な疑問も扱う。第2章は、私見ではあらゆる教育研究にとって重要な目標である教育の改善に関する問いに焦点を当てる。改善とは教育行為の効果を高めることだと考える傾向に反して、改善に対するいかなる主張も、教育それ自体の目的と目標に関する議論から始めなければならないということを論じる。改善には財政的に、そして教育的に「代償」が伴い、研究はこのことも考慮に入れる必要があることも示唆する。第3章ではこの議論を拡張して、「何が役に立つか」[3]に関する知見を明らかにすることによって教育実践をエビデンスに基づくものにしようとする近年の要請について論じる。この目標に示された知識観、つまり教育実践のダイナミクスの理解のされ方と、研究と実践の結びつきに関する前提に対して疑問を提起し、教育研究を教育実践に対して意味のあるものとする方法はいろいろあることに目を向ける。

　第4章では、ある1つの具体的な実践とはいったい何なのか、そして教育がなぜ、どのようにして理論的「枠付け」よりは実践的な「枠付け」から恩恵を受けられるのかという問いをクローズアップする。教育を実践として、そして1つの具体的な実践的活動として理解することによってはっきりと見えてくるのは、教育という領域において私たちがやっているのは、行動と結果との間のいくつもの可能性に取り組むことであって、確実性の追求ではないということである。このことは、教育実践には、どのように物事をなすか、そして何をなすべきかについての判断が求められるということを意味している。そのような判断は、単に教師や他の教育実践者の「仕事」なのではなく、公的な側面も持つもの

であり、それが教育と研究、そして民主主義の間のつながりを明らかにすることになる。第4章が、より形式的な意味で、教育という実践行為とは何なのかを検討しているとすれば、第5章はより明確に、1つの実践を教育的にするものは何なのかに焦点を当てる。この問いを追究するにあたっては、学問領域ないしは研究分野としての教育学の展開に着目し、英語圏とドイツ語圏でこの分野がどのように発展してきたかを比較検討する。両者の教育研究の「ありよう」[4]の違いを知ることは、少なくとも、教育と教育研究の英語圏での捉えられ方が、教育とその研究の存在しうる唯一の在り方ではないということを理解するためにも重要である。

　教育研究が教育実践の改善に貢献しようとするためには、何らかの方法で、教育実践者との結びつきを見出す必要がある。彼らは教育の実践と現に進行中の実践行為にとって中心的存在だからである。第6章ではこの問題を、教育研究がどのように教育実践者の判断や行為の可能性を拡げたり制限したりするのかという観点から論じる。こうしたダイナミクスの認識、とりわけ研究がどの程度問題の「解決」に寄与し、どの程度「問題」を生み出しているかという問いは、教育をよりよいものにすることに貢献しようとするあらゆる研究にとって重要なことである。第7章ではこの考察を知識というテーマに向ける。それは特に、知識に関するどのような考え方が教育という行為の徹頭徹尾実践的な性質に合っているのか、そしてそのような「適切な」知識の理解の仕方は研究がなし得る主張にとってどういう意味を持つかを探究するためである。第8章では、学術的出版に関する問いに目を向け、出版することはもはや単純に自身の研究の知見をより広い世界と共有する方法ではないこと、実際のところ、出版はいまや複雑でグローバルな「ビジネス」となっており、そのことが研究それ自体や、研究が教育業界に影響を与えるうえでの妨げにもなっていることを論じる。本書の最後の短いエピローグでは、教育はそもそも実際どの程度研究を必要としているのか、そして研究が少ないほうが多いよりもよい場合もあるのではないかということを問う。

　すでに触れたように、本書の各章は、教育研究とは何で、それがどの

ように実施されるべきかということの体系的な概要を示すものではない。各章がむしろ目指しているのは、さらなる問題を提供することであり、これまでとは違った視点を提供し、願わくば、正統的な説明なり表現の仕方から教育研究を眺めているだけではすぐには見えてこないような方向性を提示することなのである。章の構成にはある程度順序が存在するものの、各章は別個に読んで差し支えない。理想的にはほかの書物と並行して読むことによって、教育研究やその目標・限界について疑問と視点を持っていただきたい。各章の末尾にはその助けとなり得る5つの問いを置いた。

　最後に、私は研究に関する最終的な結論を提示したと主張するつもりはないし、研究のスタート地点を示したわけでもない。正統的な考え方から議論を始める価値も実際あると考えている。私は議論を閉じたいと思っているのでもなく、むしろ議論を開きたいのである。この点で、本書で示した見解は、ドイツ語で「思考の糧（Denkanstösse）」と言われるものとして理解するのが適切だろう。つまり、思考への招待であり、思考の挑発と言ってもいいかもしれない。私がとにもかくにも一番に願っているのは、ジョン・デューイならそう書くであろうように、教育研究という行いを、いくらかばかりオーソドックスでなくすることであり、研究者の仕事をいくらかでもより知的なものとすることである。

［訳　注］

[1] 日本語で参照可能な混合研究法の解説としては、ジョン・W・クレスウェル（著）、抱井尚子（訳）『早わかり混合研究法』（ナカニシヤ出版、2017年）などがある。

[2] KKVと通称されるG・キングらの『社会科学のリサーチ・デザイン——定性的研究における科学的推論』（真渕勝［監訳］、勁草書房、2004年）と、それ以降の論争がよく知られる（後者についても勁草書房に訳書が複数ある）。それ以降の論争も含めた包括的な検討として、井頭昌彦（編）『質的研究アプローチの再検討——人文・社会科学からEBPsま

で』（勁草書房、2023 年）がある。

[3] 原語は "What works" である。1990 年代以降、医療分野から波及してエ
ビデンスに基づく政策立案（Evidence-Based Policy Making, EBPM）の
流れが強まった英国では、政府から独立して、教育を含む 9 つの領域に
ついて「最も有効な施策・取組みは何か」に関するエビデンスを提供す
る機関として "What Works Centre"（WWC）が設立されており、いわば
"What works" はエビデンスに基づく実践の看板となっている。アメリカ
でも同様に、教育省のプロジェクトの一つとして WWC 情報センター
（What Works Clearinghouse）という教育研究データベースサイトが提
供されている。詳細は第 3 章を参照。

[4] 原語は "configurations" で、哲学や教育学の文献において「布置」と訳さ
れていることが多いと思われるが、本書では読みやすさを重視した。

第1章
理論、流行、そしてプラグマティズム の必要性

　研究プロセスのある時点で、理論という問題が浮上する。これは、研究者が研究のための有意義な「枠組み」を探している研究の初期に起こることもある。時には、収集したデータをどのように「意味づけるか」という課題に直面する研究の「途中」で生じることもある。そして、研究によって発見され、構築された全てのものが実際にどのような意味を持っているかという研究の終盤に発生することもある。理論というものは、研究にとって不可欠であり、避けて通れないものである。しかし、有用な理論や哲学は数多くあることから、迷うことも多い。本章では、プラグマティズムの議論、より正確に言うとプラグマティックであるための議論を通して、この問題に向き合いたい。プラグマティックであるということは、答えを探すにあたって常に問いを持つこと、特に「問題は何か」という問いを持つことから始めるべきだということである。このようにプラグマティックであるということは、研究の進め方をコントロールし、理論、特に最新の理論の「流行」に流されないために有効である。プラグマティックであることは、理論との関わりにおいて「信条告白的（confessional）」[1]であることから距離を置くことにも役立つ。「信条告白的」という言い方をしたのは、研究者は自らの理論や理論的立場が何であるかを具体的に吐露しなければいけないような気になるからで、自らの研究の過程において、そして、自らの研究にとって、理論がいかなる機能を果たすことになるのかを最初に問うことを忘れてしまうからである。

はじめに——他人の理論に迷い込む

　私は最近、5人の教育学博士の外部審査員を務める機会に恵まれた。これらの博士論文は、それぞれ異なる言語で書かれ、まったく異なる学問的文化や伝統のもとに生まれたものである。私が外部審査員として招かれた理由は、おそらく、それぞれの博士論文が理論を多用しており、その中に私自身が研究してきた理論も含まれていたことが関係していると思われる。私が驚いたのは、これらの博士号取得者はみな、理論の扱い方という同じ問題に直面していたことである。場合によっては、私がある論考で述べたように、著者が他人の理論の中で迷子になっているのではないかというケースもあった。

　研究において理論を適切に位置づけることの難しさは、博士課程の学生によく見られる問題であるだけでなく、経験豊富な研究者の研究にも見られる問題である。理論化が不十分であったり、私が検証した複数の博士課程プロジェクトのように、理論が過剰になる傾向が見られたりする（Biesta, Allan & Edwards 2011）。ここで問題となるのは、教育や社会に関する研究に理論を取り入れる際に、どのようにすれば適切なバランスを保てるのかということである。これは、哲学、社会学、心理学、人類学、社会理論、政治理論、カルチュラル・スタディーズ、フェミニズム研究、ポストコロニアリズム、先住民研究など、様々な分野からの理論が、「研究で用いる理論」と「研究についての理論（メタ理論）」のレベルにおいて増えつつある現状において、特に困難な課題となっている。

　ここで問われているのは、どの理論を研究に用いるべきかということだけでなく、研究において理論に何を期待するのかということでもある。そしてこの問いは、なぜ研究を行うのかという、より大きな問いにもつながるものなのかもしれない。本章では、教育や社会に関する研究における理論との関わりにおいて、プラグマティズムが有効であることを明確に主張したい。これは、理論的もしくは哲学的な立場としてプラグマティズムを支持するという意味ではない。理論的立場としてのプラグマティズムに拘泥することは、実はプラグマティックであることから最も遠いことでもある（Biesta 2009a）。むしろ、研究における理論に関

する問題については、常にプラグマティックなアプローチが必要である。それはつまり「問題は何か」、より正確に言えば、「答えを導き出すために理論が役に立つ問題は何か」と問うアプローチが必要であるという提案である。

理論の流行、信条告白、流行理論の盲信

本章で私が提唱するプラグマティックなアプローチは、理論の役割に対する信条告白的なアプローチとは区別されるものである。信条告白的アプローチでは、特定の理論や理論的「学派」への「入信」を済ませてから研究をスタートさせる。信条告白的アプローチでは、「私は質的研究者です」「私はポスト構造主義フェミニストです」というような宣言をするという点で、一種の信仰告白のような形をとることが多い。もちろん私たちは決してゼロから出発することはできず、手の内を明かしてから研究を進めることには意味があるかもしれない。しかし、だからといって信仰を告白するかのように、文字通り自分の位置取りを説明する必要はない。

その重要な理由の一つは、理論や哲学は、人が「占める」ことができる位置というより、なにかを可能にしてくれるものだからである。「道具」というメタファーはやや古臭くなったものの、理論や哲学を、私たちの「立場」としてではなく、私たちが使用する「道具」として捉えることは、依然として有用である。このように考えると、ある理論を信じてしまうことの何が問題なのかが見えてくる。結局、研究を進めるにあたって最初に判断すべきことは、どの道具を使うのかではなく、取り組むべき問題は何かということであり、その問題に取り組むためにどのような道具が役に立つかを問うことである。大工仕事にたとえるなら、金槌が大いに役立つ作業がある一方で、それがまったく役に立たない作業もある。自分が金槌専門の大工であると自己規定してしまったら、優れた大工としての能力が著しく制限されてしまうということである。

信条告白的アプローチのさらなる問題点は、理論や哲学を信仰可能なものと考えることで、その理論や哲学を即座にモノ化してしまうこと

ある。私たちはモノ化によって、現存する理論や哲学の多く（その多く
は、時を経て、特定可能な「立場」に変化している）が、実際には、極
めて固有の問題に対処するために発展してきたことを忘れてしまう。理
論や哲学を、それらが発展し意味を持つようになった文脈から切り離す
ことは、その理論や哲学を特定のプロセスを踏まえた固有の成果として
捉えるのではなく、むしろそれらを「モノ」として位置づけてしまう危
険性をはらんでいる。理論や哲学をモノ化することは、特定の分野を
「マッピング」したり、特定の議論における様々な「動き」を理解した
りするうえでは有用だが、最終的には「成果」を「プロセス」から切り
離すことになり、理論や哲学を賢く利用する妨げになってしまう。

　したがって、プラグマティズムの主張としては、どのような理論や哲
学、あるいはそれに基づく立場であっても、それらが生まれた特定の文
脈と（再び）結びつけて考えるべきだということになる。さらに言え
ば、その理論や哲学に関わる人々が取り組もうとした特定の問題と結び
つけるべきだという示唆も常に含まれている。よりわかりやすく言え
ば、自分が出会った道具の歴史や起源を理解し、それらを知的に利用で
きるようにすることが求められるのである[1]。このように考えてみれ
ば、例えば、デカルトの著作に見られ、現在ではしばしば悪者扱いされ
ている精神と身体の二元論[2]は、精神と身体について何か特別な立場
を取ったり、特定の理論を言語化したりしたことの結果ではないことが
わかる。むしろこの考えは、人間の自由と責任の問題についての、より
複雑で緊急性の高い議論の中で生まれたものであって、近代科学が機械
論的で決定論的な因果関係で動くという世界観を推し進めていた状況下
だったからこそ生み出されたのである。人間の自由と責任の場を守るた
めにデカルトが模索した解決策には賛成できないかもしれないが、少な
くとも、精神と身体の分裂がなぜ自由と責任の問題に対して解決可能性

---

[1]　リチャード・ローティが1979年に著した『哲学と自然の鏡』は、近代哲
学史や近代思想史全般をプラグマティックに読み解く典型的な例である。ジョ
ン・デューイの『哲学の改造』（1920年）や『確実性の探求』（1929年）と
いった重要なテキストにも、同じような「味わい」を見出すことができる。

を持ち、非常に意味のある対応策として提案されたのかぐらいは理解できるのではないだろうか。

　同様に、「理性的自律」というカントの考え方を、道徳的すぎるとか、自律的すぎるとか、自己充足的すぎるとか、断絶的だとか、さらには男性的すぎるのではないかという批判まであるが、カントは、ヨーロッパの君主制が終焉し、新しく発展する民主主義社会の文脈で市民であるとはどういうことなのかという疑問が出てきた時代に人間に求められる資質を明確にしようとした。そのような時代の市民には、君主に従順であることよりも、自分の考えを持つことが必要であった。また、ヴィゴツキーの研究は多方面で援用されているが、彼の試みは「社会文化的な立場」を発展させ擁護しようとするものではなく、むしろ、高次の精神機能の発達において社会的相互作用が果たす役割とは何かという問いに答える試みであったと考えるべきだろう。

　理論をプラグマティックに見るためには、ある特定の理論や哲学が何のために発展したのかを問うこと、つまりその理論や哲学が発展した背景をたどり、特定の理論や哲学の発展に関わった人々が取り組もうとした固有の問題に、理論や哲学を再び結びつけることが必要である。そして、理論家自身が、そもそも自分の仕事の動機は何であったかを忘れてしまうような場合には、理論をプラグマティックに見るということがさらに重要な意味を持つことになる。このような忘却の最近の例として「アクター・ネットワーク理論」や「ANT」と呼ばれるものがある。この「理論」はそもそも、科学技術における権力の非対称性と影響力に関する非社会学的な理解を提供しようとする試みである。社会学的な分析が科学技術の働きに対して優れた洞察をしようとするときに常に抱え込むことになる問題を克服するためのものであった（Latour 1987）。しかし、時とともに、そして部分的に、こうした文脈で培われた知見を他者が援用することによって、ANT はそのオリジナルの文脈とのつながりを失い、ある意味で、ANT が取って代わろうとしていた社会学的な理論そのものになってしまった（例えば、Law & Hassard［1999］; Latour［2005］）。

ノンプラグマティックであることの問題点

　研究において理論や哲学をノンプラグマティックに扱うことで、いくつかの問題が生じる。一つは、特定の理論や哲学をそのオリジナルの文脈から切り離してしまうことで、その理論や哲学が持つべきではなかった地位を与えてしまうことである。そのことによって、私たちは「真実としての理論」を用いる立場に置かれてしまう危険性がある。求められているのは「特定の問いに対する特定の答え」としての理論であり、これは理論というものについて、それを用いて物事を見るための「レンズ」とか「視点」と捉えるよりもずっと詳細かつ具体的なアプローチなのである。このアプローチは、実際のところ、答えとしての理論をその理論が当初答えようとしていた問いに再び結びつける行為である。

　また、理論へのノンプラグマティックな関わり方、つまり、理論を信仰の対象とするようなアプローチのリスクは、私たちが使用する特定の理論や哲学の根拠や正当性を示すことができないまま、理論の流行に影響されやすくなることでもある。この点で、少なくとも注目すべきは、過去 20 年ほどの間、教育分野の多くの研究プロジェクト、とりわけ博士課程においては「社会文化的視点」が選択されてきたが、最近になって突然、誰もが「感情」アプローチや「ポスト人間主義」アプローチ、あるいは「新物質主義」アプローチを採用しているように見えることである [3]。このことによって、しばしば「古い」唯物論にも複雑な議論があったことや「人間主義」という見出しのもとにある全ての重要な主張や繊細な議論について、まるで想像が及ばなくなっていると言える。

　ノンプラグマティックな方法を採用してしまうと、自身の選択の正当性を言語化することが難しくなるだけでなく、同時に信条告白的なアプローチの方向へと私たちを追いやることになる。ここで留意すべきなのは、博士課程の学生を信条告白の方向へと押しやったり、さらにはその方向に進むように強いたりするのは、ある特定の立場を持つ人間として自分を位置づけた経験のある研究者だということである。そして、そのことによって学生たちはプラグマティックな立場をとることができなくなるのである。この現象は特に「リサーチ・パラダイム」という語にお

いて見られる現象である。理論に対するノンプラグマティックなスタンスがもたらすものは、理論が私たちを支配するという現象であり、私たちが理論を支配してその利用を決定するわけではないということである。このことは、ノンプラグマティックなアプローチが、研究において理論や哲学と知性的に関わることをいかに妨げているかを改めて示している [2]。

理論という考え方

「理論」という語を使うのは簡単だが（これまでのところ、私自身もかなり緩い意味で使っている）、「理論」という語が何を指しているのかを特定するのは、それほど簡単なことではない。少なくともそれは、この語の指す意味が時代とともに変化してきたからである。「理論」という語の起源をギリシア語に遡ると（もちろん、ギリシア人はどこから言葉を得たのかというさらなる疑問は生じるが）、理論（θεωρία）は臨場性に関係していた。臨場性とは、ある種のパフォーマンスや宗教的なものを含めた祭の観客であること、祭に派遣される公式の使者であること、また何かを研究するために神の啓示を受けたり、その啓示をもとに旅に出たりすることを意味する。このように、理論の意味は、直接的な経験や目撃に関わるものであるため、経験的な領域の中にしっかりと位置づけられることがわかる。しかしプラトンやアリストテレスによって、理論（θεωρία）は非実証的な領域、すなわちプラトン的な形相やアリストテレス的な普遍の領域と結びつけられるようになったのである。こうして理論（θεωρία）は、変化、流転、外観という経験的世界の「背後にある」永続的で不変の現実に関する知識として理解されるようになったのである。

　経験的知識と理論的知識の区別は、近代科学の世界観の台頭によって

2　ここで使われている「知性」という考え方は、ジョン・デューイによる「試行錯誤的」な行動を知性的な行動に変容させるという考え方に触発されたものである（例えば Dewey [1938]；Biesta & Burbules [2003] 参照）。

さらに顕著になり、理論の主な役割は経験的な現象間の因果関係を説明するものとなった。理論が必要とされたのは、現象間の相関関係は認識できても、その根底にある因果関係は目に見えないという洞察に基づくものであった。そのため、理論には、現象の根底にあるプロセスやメカニズムを説明したり、推測したりすることが求められたのである。ここで理論は、ガストン・バシュラール（1986, p.38）が「隠されたものの科学」と呼んだものへと変貌を遂げた。

19世紀後半に解釈学と解釈主義が台頭すると、理論は理解のための装置、つまり、人々がなぜそのようなことを言いそのように行動するのかを理解するための装置となった。ここでの理論の役割は、日常的な解釈や経験を深めたり広げたりすることである。マルクスに遡る伝統の中でフランクフルト学派の哲学者たちによって展開された批判理論の主要な関心は、隠れた権力構造が人々の経験や解釈にいかに影響を与え、歪めているかを暴露することにあった。そして、権力の働きを暴露することで人々の解放に貢献することを目指したのである（Carr & Kemmis 1986; Biesta 2010a）。

経験的なものとしての理論から非経験的なものとしての理論への移行が示唆するのは、現代の研究において理論が果たす重要な役割の一つ、すなわち経験的データの分析・解釈における役割である。しかし、データを「理解しやすくする」うえで理論が重要な役割を果たす一方で、理論は研究の最終段階（全てのデータが収集されたあと）だけでなく、研究の初期段階でも決定的な役割を果たすことを理解することが重要である。初期段階における理論は、調査したい現象を概念化するために極めて重要なものである。例えば、研究者が「学習」を研究したいと思ったとしたら、学習をどのように概念化したいのか、すなわち情報処理としてなのか、行動変容としてなのか、習得としてなのか、参加としてなのか、社会的実践としてなのか、などを明確にしたうえで初めて、どの現象に注目すべきか、またどのようにして研究を行うか（これは研究デザイン、研究方法、データ収集方法についての問題である）という決定ができるのである。

特に解釈主義の研究者に多いが、研究者の中には研究の初期段階にお

いて理論が重要な役割を果たすべきだという考えを否定する人もいる。これは、理論が研究結果に偏りを与え、研究者が自分の理論の「枠」の外にある側面を見ることができなくなると考えるからである。もちろん、研究においてオープンであることは常に重要だが、この種の反論は、世界というものが概念化も理論化もされていない状態では存在しないということを見逃している。つまり、概念化に関与しないことは、研究対象の現象に関する既存の定義や概念を無批判に受け入れてしまう危険性をはらんでいるのである。また、学習を例えば参加として概念化したからといって、そのような参加型プロセスに関する実証的調査を通じて見出されるものを決して固定化したり、あらかじめ決めつけたりするわけではないことも忘れてはならない。より肯定的に言えば、研究の初期段階において理論が果たす役割は、決して実証的作業に取って代わるわけではないということである。

教育・社会調査の理論――パラダイムか目的か？

これまでの議論が、研究における理論が果たす役割に焦点を当てたものだとしたら、ここからは、研究における理論の役割の別の側面、およびプラグマティズムを支持する別の側面について考えてみたい。これは、研究に対する特定のアプローチの、より広い意味での正当化に関わるもので、研究哲学の問題と呼ばれることもあるが、特に英語圏では、リサーチ・パラダイムの問題[3]と呼ばれることが多い。リサーチ・パラダイム（research paradigms）という複数形の語は、研究を行うための根本的に異なるアプローチが複数存在することを示唆しており、しばしば「量的」「質的」というラベルが付けられる。場合によっては、第3の研究パラダイムとして批判的アプローチが加えられることもある。「量的」「質的」という用語で研究アプローチを分類することの大きな問題は、「量的」「質的」というラベルは厳密に言うと扱うデータの種類（量か質か、つまり、数字か言葉／概念か）に関することでしかなく、そのデータを使って何をするかということではないことである（Biesta 2010b）。

　ここですでに別の発想への転換が必要となる。例えば、「量的」アプローチと「質的」アプローチの区別について、それを「量化する（quantify）」研究と、（英語ではどうもうまく表現できないのだが）「質化する（qualify）」研究[4]の違いとしてみてはどうだろうか。しかし、このような用語も、研究がデータを使ってどのように「作業」するかを示すだけで、実際にその研究が何を目指すのかについては、何の見通しも与えてはくれない。そして、この後者の問題、つまり研究の特定の目的の問題こそ、研究アプローチ間の重要な差異を見出すのに役立つのである。研究アプローチの違いを理解するプラグマティックな方法とは、まさにこのような特徴のことであり、研究が何を達成しようとするのかという観点のことである。これをプラグマティックと呼ぶ理由は、研究によって何を達成しようとするのかを十分に検討したうえでの判断に基づいて、特定のアプローチ（特定のデータ、特定のデザイン、特定の方法論）を選択することを可能にするからである。これは、信条告白的なアプローチとは対照的である。なぜなら、信条告白的アプローチでは、どのような理由や目的で特定のパラダイムに自身を位置づけるのかを最初に問うことなく、特定のパラダイムの中に自身を位置づけてしまうからである。では、研究の目的の違いを私たちはどのように理解したらよいのだろうか。また、ある選択肢を選ぶということは、ある意味で常に他の選択肢を選ばないという選択である、ということは何を意味するのだろうか。

　先に簡単に述べたように、研究が何を達成しようとするのかという観

3　パラダイムの観点から教育や社会に関する研究を描く重要な資料の一つが、『質的研究ハンドブック』（Denzin & Lincoln 1994）の初版にあるグーバとリンカーンの章である。グーバとリンカーンは、リサーチ・パラダイムについて、量的、質的、批判的パラダイムという区別よりもより複雑なイメージを描いている。しかし、リサーチ・パラダイムに関する議論は、これらのカテゴリー、あるいは量的か質的かという観点だけで進められることが多い。このような考え方は、教育や社会に関する研究における混合研究法についての最近の研究によっても強化されており、量的研究と質的研究の様々な組み合わせという観点から、混合研究の多様なあり方が描かれることが多い（Tashakkori & Teddlie [2010], Biesta [2010b] を参照）。

点から、説明、理解、解放という3つの明確に異なる目的を挙げることができる。自然科学の分野では、説明は一般的に因果関係の用語として理解される。つまり、説明とは原因と結果の間のつながりを特定することであり、因果性の「強い」解釈では、原因と結果の間に必然的なつながりがあると理解される。この思考法を私たちは例えば自然界の法則に見出すことができる。説明的研究の背景には、原因と結果の間の必然的なつながりを特定すること、つまり完全な説明を生み出すことができれば、原理的には現在起きていることから将来の出来事を予測し、原因を操作できる範囲で将来の出来事をもコントロールできるようになる、という大きな期待がある。

　説明という概念、それに説明に対する「期待」という言い方を加えてもいいかもしれないが、それらはいずれも現実に関する特定の仮定に基づいている。すなわち現実そのものが事象間の因果関係によって「成り立っている」という仮定である。このような存在論は、しばしば「科学革命」と呼ばれるものの結果として生まれたものであり、現実は完全な時計仕掛けのようなものとして作動すると考える機械的世界観の台頭をきっかけに生まれたものであった。たしかに、物理的現実のいくつかの事象を完全な因果関係でモデル化することは可能かもしれないが、それは物理的現実の全体に対する仮説ではない。例えば、素粒子レベルではそのような強い因果関係モデルは妥当な仮説ではないし、多くの生物学的プロセスは、機械論的因果で動いているわけでもない。それは例えば、複雑性理論で理論化されてきたようなものである。

　教育や社会に関する研究にとってより重要な問題は、教育のような人間を対象とした現象にも同じようにアプローチできるかどうか、つまり、人間の行動領域においても原因と結果の間に強い結びつきがあると仮定することが妥当かどうかということである。この問題は、人間の行動が因果関係を踏まえたものなのか、それとも動機づけによるものなのか、つまり、人間を最終的に刺激 – 反応の機械として行動するものと捉えるのか、それとも状況の解釈に基づいて行動したり、動機に駆り立てられて動いたりするものとして捉えるのかという、より広くて古い議論にしばしば立ち戻ることになる。後者は、例えばディルタイ（Wilhelm

Dilthey, 1833–1911）に見られるように、人間の行動の領域では、「原因」の言語ではなく、「理由」の言語を用いるべきであると主張する考え方である。

　このことは、この現実をきちんと受け止めることを目的とした研究のために異なる方法論が必要なだけでなく、まずなにをおいても、研究には異なる目的が必要であることを示唆している。その目的とは、因果関係を「説明」することではなく、人間の行動を支配する理由を「理解」しようとすることである。説明というものを後ろ盾にしたときの理論の役割が、ある出来事がなぜ因果の連鎖の中で起こるのかをもっともらしく述べることだとすれば、人間の行動を理解しようとする研究における理論の役割は、何よりもまず、人々の視点と解釈の再構築を通じて、人々がなぜそのように行動するのかについて納得できるようにすることである[4]。

　説明と理解の違いは、基本的には存在論のレベルの違い、つまり、調査している現実の性質について持っている前提のレベルの違いであると考える人もいる。この場合、説明的な研究を選択するか解釈的な研究を選択するかは、社会的現実の本質が何であるかという信念に基づいて行われる。一方、この問題を何よりもまず方法論的な問題として扱う人もいる。つまり、社会的現実が因果的に機能するかぎりにおいて、説明を目指すことは理にかなっており、社会的現実がそのように機能しない、あるいは機能させることができないかぎりは、研究は理解を目指すべきであると考えるのである。私は、この2つ目のアプローチを好む傾向がある。その理由の一つは、物理的な現実が、単純に（強い）因果関係で機能しているとは思えないからである。また、社会的な現実を因果関係

---

[4]　社会調査における説明と理解の役割については、古いものではあるが今でも実に興味深い議論として Hollis（1994）のものがある。Hollis はこの本の中で、説明と理解に関する「個人主義的」概念と「全体主義的」概念の両方について非常に有意義な議論を行っており、心理学や社会学、そして関連する研究・学問分野において、両方のアプローチ（個人主義的説明、全体主義的説明、個人主義的理解、全体主義的理解）の説明を組み合わせることができるとしている。

で機能させることができると信じているからでもある。その際に必要となるのはある種の介入で、この問題について、私は他のところでも複雑性の縮減を介入という観点から論じた（Biesta 2010c）。この複雑性の縮減という考え方は、次の章で詳しく述べるが、一方では、教育のような開放系をより決定論的な方法で動作させることを可能にし、他方では、ここが重要だが、社会システムを因果的に機能させるために支払わなければならない「代償」が何であるのかを示している。

　教育や社会に関する研究の目的は、行為者の経験、解釈、動機を理解し、彼らがなぜそのように行動するのかを説得的に議論することであると考えるべきである。しかし、この考え方はさらに一つの重要な問題を提起する。それは、人々が自分自身の行為、認識、動機について語っていることが、何が起こっているのかについての真実や正しい説明として受け入れることができるのかという問題である。マルクス主義の哲学や理論がここで提起しているのは、社会的な権力構造が私たちの理解や解釈に影響を与えた結果、私たちの理解が実際に歪められてしまう可能性があるということである。これはつまりイデオロギーの問題である。なぜなら、イデオロギー的思考とは、単に社会的に決定された思考、言い換えると社会的勢力によって「生み出された」思考のことではなく、マルクスの言葉を借りれば「こうした社会的決定を否定」（Eagleton 2007, p. 80 によるマルクスの引用）するような思考を指すからである。

　これが事実であり、社会的行為者が自分の思考が社会的権力構造によっていかに決定されているかを認識できないなら、行為者が自分自身の状況について持つ理解は定義として不正確または「偽」であり、したがって研究とは異なる「介入」が必要になる。この介入は、行為者が自らの状況についてすでに知っていることを明らかにし体系化しようとする研究ではなく、社会的行為者に対して、彼らの解釈が根底にある権力構造によっていかに決定されてきたか、そしてそうした構造の影響が彼らの生活で実際に起きていることの理解をいかに歪めているかを可視化する研究である。こうした可視化によって、社会的行為者は、彼らの思考を決定している権力構造から解放されることになる。だからこそ、このような貢献をする研究は、解放を志向しているとみなされるのである

(Carr & Kemmis 1986)。

　社会調査や教育調査に様々な目的があることについては、さらに多くのことを語らなければならないが、それぞれの調査アプローチについて、使用するデータの種類という観点ではなく、何よりもまずその目的、つまり何を達成しようとしているのかという観点から考えることで、どのアプローチを採用すべきかについて、賢明な意思決定を行うことができる。なぜなら、研究者がこのアプローチに従った場合、最初に問うのは、どのようなデータを収集すべきかではなく、研究によって何を達成しようとするのか、つまり、説明すること、理解を生み出すこと、解放をもたらすことのどれを求めるかということだからである。

3つの選択肢か、統合的な見方か？

　ここまで述べてきたのは、教育や社会に関する研究に利用可能なアプローチは複数あり、その複数性への関わり方にも従来とは異なる方法があるということである。しかし、もしそうだとしても依然としてこれらのアプローチを別個のものとして考えるべきなのか、つまり、ある時点でいずれかのアプローチに身を委ねる必要があるのか、それとも、これらのアプローチは実際には互いに関連していると考えるべきかという問題が残されている。後者の考え方を支持するのはハーバマスであり、特に『認識と関心』（Habermas 1968／英訳 1971）や『社会科学の論理によせて』（Habermas 1970／英訳 1990）で強調されている考え方である。ハーバマスは、説明、理解、解放を3つの異なる研究の「モード」としては考えていない。そして、説明は社会研究において一定の役割を持つが、研究が説明のモードのみで行われると、社会的現実の特殊な性質を誤って表現してしまうことを示唆している（この誤りは、社会的現実を歪めることになりかねない）。

　だからこそ、説明は常に理解を目的とする研究の中に組み込まれる必要がある。そうすれば、行為者の解釈は彼らの行為（の一部）について生み出される「説明」を「コントロール」することができるとハーバマスは言う。しかし、ハーバマスは、社会的行為者が自らの行為について

持つ理解は、権力の働きによって歪められる可能性があるという、批判的伝統からの重要な洞察を認めている。したがって、解釈的研究が、批判的研究のモードの中に組み込まれる必要があり、それによって人々の解釈に権力がどのように作用するかを可視化することができる。これは、解釈的研究の取組み全体が最終的に解放に貢献できるようになるということである。ハーバマスにとって、社会研究が持つ解放への希求は、説明や理解を目的とする研究から独立した別個のアプローチではない。ハーバマスは、説明が理解の中に、理解が研究の批判的形態の中に「入れ子」になっているモデルを主張し、包括的な研究の取組みが解放に貢献することができると考えている。

最も難しい問題——なぜ研究をするのか？

　これまで私は、研究の中で理論にプラグマティックに関わり、様々な研究アプローチに対してもプラグマティックにアプローチする立場を支持してきた。言い換えれば、研究における理論に関しても、研究の理論に関しても、プラグマティズムを支持してきた。どちらの「レベル」においても、プラグマティックなアプローチによって、研究において理論に何を求めるのかという方向性を研究者が見出せるようになるはずであるし、理論が研究をかき乱したり、さらに困ったことに研究者を理論の複雑さの中に迷い込ませたりすることもなくなる。しかし、その一方で、こうした考え方は研究それ自体がよいものであるという前提に立っている。徹底的にプラグマティックであろうとするならば、研究活動の中で特定の選択が正当なものであることを示すだけでは十分ではなく、なぜ研究をするのかという問いにも関わる必要がある。少なくとも、研究とはそれ自体がよいものでも望ましいものでもなく、問題や課題に対応するための非常に特殊な方法であるということを忘れないためには、なぜ研究をするのかという問いに答える必要がある。では、この「最も難しい」問いにどう答えればいいのだろうか。最後に、この問いに対するいくつかの考えを述べる。

　研究の存在意義を示す大きな論点は功利主義的なものであり、研究の

成果が有用であることを強調するものである。これは、特に社会的な領域における議論に限ったことではない。こうした議論は、時に研究の有用性を主張する最も魅力的な方法だからなのかもしれないが、研究がテクニカルな知識、つまり、物事を行う方法、問題を解決する方法、状況を改善する方法に関する知識を提供してくれると主張するものである。ただ、こういう理由づけは、予測の道具だけでなく、介入やコントロールの道具も与えてくれるのは（因果関係の）説明であるという古い考え方に立ち戻るものでもある。

　むろん「コントロール」という考え方は、必ずしも悪い考えではない。なぜなら、私たちの生活の中には、出来事をコントロールすることが望ましく、有益である領域がたくさんあるからである。例えば、物理的な世界との関わりにおいて最も顕著に見られることだが、コントロールの機会が増えることで、安全性や生活の質の全体的な向上がもたらされる。そのことは、例えば健康を考えてみればわかることだ。しかし、この健康の例にはすでに興味深い問題が含まれていると言える。それは健康が、単にテクノロジーやコントロールの問題だけではなく、重要な主観的側面を持っているからである。健康的な生活を送ること、あるいは健康であることの意味するところは実に様々で、テクノロジーはそうした定義を覆すことはできないし、健康や幸福が何であるか、あるいはどうあるべきかを定義することもできないのである。

　物理的世界との関わりにおいて、私たちは少なくとも数世紀にわたって技術的な知識やテクノロジーに関する経験を積み上げてきた。そして蓄積された知識のありがたさと危うさの両面を評価することができるようになった。私たちの生活の多くの領域で、テクノロジーの進歩によって複雑な倫理的、政治的問題が生まれ続けている。しかし、教育や社会に関する領域では、テクノロジーの問題はまた別のものとして現れる。先に述べたように、教育や社会に関する領域で起きることが物理的領域で起きることに似ているという考え方、言い換えると、そこでの物事は原因と結果という因果関係で説明できるのだという前提が、そもそも大いに問題を含んでいるのである。

　教育や社会に関するプロセスを準因果的（quasi-causal）なものとして

「推し進める」ことは可能かもしれないが（この問題については第2章で詳しく述べる）、これには常に代償が伴うもので、そのような代償を払う気持ちがあるかどうかという疑問が生じる。こうした疑問が示しているのは、倫理的・政治的問題が倫理委員会や政治家の問題だけでなく、研究者自身が関わるべき問題であるということである。そして、それゆえに、教育や社会に関わるプロセスについて、その技術的知識を研究によって生み出すことができるという考えや、生み出すべきであるという考えには、存在論的・方法論的・倫理政治的な問題がつきまとうのである。研究者に求められていることが、「何が役に立つか」についての知識を生み出すことであるという、現在も進行中で、しかしかなり単純な考え方が、依然として非常に問題であるのも以上のような理由である（Biesta 2007, 2010d; 本書の第2章と第3章も参照のこと）。

　しかし、研究の有用性は、技術的な知識や技術そのものを生み出すことにとどまらない。教育や社会に関する研究 の多くは、私たちが活動している状況を見て、理解し、解釈するための様々な方法を実際に提供してくれる。デ・フリーズ（De Vries 1990）は、これを「文化的知識」と呼ぶことを提案した。そして、その文化的知識が、研究と社会的実践が相互に関係し合うような方法と結びつくとき、それを研究の文化的役割と呼んでいる。教育や社会に関する研究 に対して新たな理解を提供することで、研究は、そのような状況で活動する人々がより的確な方法で物事を見るのを助けるだけでなく、これまで遭遇しなかったかもしれない問題に注意を促すことができるのである。このように、教育や社会に関する研究は、単にコントロールの機会を与えるだけでなく、幅広い理解に基づく幅広い行動の可能性を与えてくれるからこそ、その有用性を主張することができるのである。

　ここで、教育や社会に関する研究は、それ自身を支配する技術としてではなく、むしろ解放的な技術、つまり、教育や社会に関わる人たち自身の判断、意思決定、行動のためのよりよい機会を提供する技術として位置づけられることになる。私たちはもしかすると、このような研究の原理のことを「ソフトな」解放と呼ぶべきなのかもしれない。そうしないと、教育や社会に関する研究の批判的伝統から生まれる、より強力で

具体的な解放の主張と区別がつかない。後者の野心的な取組みにあっては、単に教育や社会に関わる人たちの行動の選択肢を増やすことだけでなく、権力の隠れた働きを明らかにすることによって、教育や社会に関わる人たち自身や、複数の選択肢を通じて彼らが関わる「聴衆」を権力の働きから解放することを目指すからだ。しかし、ここで注意しなければならないのは、教育や社会に関する研究の潜在的なプラス面や有益な効果だけに目を奪われないようにすることである。ここで重要なことは2点ある。

1つは、ミシェル・フーコーが指摘した、知識は決して権力の働きから私たちを解放してくれる「モノ」として単純に理解されるべきではないという点である。というのも、権力は単に否定的なものとしてや、制約となるものとして理解されるべきでもないからである。権力はポジティブなものでもあり、私たちがよりよい方向に向かう機会を作ろうとするのであれば、非常に重要なものでもある。しかし、それは知識それ自体が権力から自由でない理由でもある。古い格言にある通り「知識は力」なのであり、また私たちが何かを知っている（と主張する）とき、私たちは他者を支配し、他者の行動の機会を制限する道を歩み始めるという意味においても、知識は権力から自由ではない。これは明らかに教育に関する研究の問題であり、特に教育の現実と経験について理解を深めることを目的とした研究に関係することである。

結局のところ、どのように詳細な知識を生み出すのか、例えば教育システムの中で生徒・学生たちがどのように戦略的に活動しているか、あるいは別の分野で考えるなら、生涯学習という複雑な状況を人々がどのように乗り切っていくかに関する知識を生み出すことは、それが「興味深い」知識であることを超えて政治家や政策立案者、さらには教育者にも新たな管理の手段を与えることになるのである。そして最終的には、そうした生徒・学生たちや大人たちが自ら作り出すことができた行動や、主体性の空間が閉ざされてしまう可能性があるのである。つまり、簡潔に言えば、知識は決して解放のための技術ではなく、同時に規律を与える技術にもなりうるし、実際しばしばそうなっているのである（Foucault 1970）。このことが、社会・教育領域における研究の有用性だ

けを強調する主張に注意を払うべき主な理由の1つである[5]。

　研究の「ソフトな」解放を目指すという野心的な取組みに何らかの問題があるとすれば、もう1つの重要な注意点は、より強い解放的な理念と関係する問題である。特に、社会状況についてや、ある社会的行為者の考え・感情でありながらその本人が見ることも知ることもできないようなものを、社会研究によって明らかにできると主張することの問題である。ここで「隠されたものの科学」という考え方が再び浮上する。根本的な疑問は、ある人が他の人に自分の本当の考えや気持ちを伝える行為として解放という概念が理解されるべきなのか、それともこのような観点から解放について考えることは、実は最も解放的とは言い難い介入となるのではないかということである。

　パウロ・フレイレは、『被抑圧者の教育学』（Freire 1970）の中で、銀行型教育[6]では解放は実現できないと主張することで、すでにこの問題を指摘している。なぜなら、そのような教育形態では、教育者と被教育者の間の権力格差がそのまま残ってしまうからである。フレイレはこの問題を、抑圧者と被抑圧者双方の批判的意識の発達に向けた相互学習のプロセス、つまり双方のアイデンティティを同時に克服できるようにするための議論として捉えた。一方、ジャック・ランシエール[7]は、解放の問題を知識の問題から切り離し、平等を解放のプロセスの成果とするのではなく、むしろ私たち一人一人の行動の出発点として考えることによって、異なる選択肢を明確に示したのである（Biesta 2010a, 2010e, 2017a）。

結論——プラグマティストにならずにプラグマティックであること

　本章で私は、教育や社会に関する研究におけるプラグマティックな進め方を支持してきた。これは、私が多くの研究で直面し、現在も直面している問題（博士号取得者が行う研究に限定されるわけではない問題である）に答えるためのものであった。多くの研究者たちが、他人の理論の中で迷子になっているような印象を私は持っていた。このような背景から、私は、プラグマティック・アプローチによって、研究活動におい

て理論に何を求めるかについて、何らかの統制（コントロール）を取り戻すことができるのではないかと提案した。

　プラグマティックなアプローチとは、どのような場合でも、私たちの判断や決定を「問題は何か」という問いに結びつけることである。私たちは、特定の「答え」を選択するにあたって（本章を通じて私が使ってきた比喩を改めて使うなら、特定の道具を選択するにあたって）、少なくとも、解決しようとしている問題は何かという問いに答えようとしなければならない。このようなプラグマティックな態度は、以下の3つのレベルで必要であると示唆してきた。（1）研究において用いられる理論について、（2）研究に関して用いられる理論について、（3）そもそも研究を広い意味で正当化するための考え方についてである。この章で私が提唱したプラグマティックな態度は、明らかに、研究のための哲学や哲学的枠組みとしてプラグマティズムを採用せよという主張ではない。少なくとも、特定の枠組みを採用せよという提案は、まさに私が乗り越えようとした考え方そのものだからである。

議論とさらなる考察のための5つの問い

1. なぜ研究をしているのかという問いに対して、あなたは率直にどう答えるか。
2. 説明、理解、解放という観点から、あなたの研究が全体として目指すものはどう特徴づけられるか。
3. 研究における理論の役割を特定できるか。
4. 研究から得られた知見は、あなた自身の意図に反した形で利用される可能性があるか。
5. あなた自身が依拠している理論が、どのような文脈で、どのような問題や課題に対して発展してきたものかを知っているか。

［訳　注］

[1] confession には懺悔室、告白、懺悔等の訳があるが、ここでは confessional を「信条告白的」と訳した。著者が表現しようとした宗教的メタファーの意味合いを持たせつつ、学術的な立ち位置・立場に関する言葉として当該の訳をあてた。なお、confession, confessional について、文脈によっては信仰と訳している部分もある。

[2] 精神と身体の二元論とは、考えることができる「精神」と実体としての「身体」はそれぞれ別に独立して存在しているという考え方である。デカルトの心身二元論がその代表的な思想であるとされている。デカルトの二元論は「確実なものはなにもない」という 17 世紀の欧州における懐疑主義に対抗する思想であり「私は考える、ゆえに私はある」という真理によって表されている。このようなデカルトの二元論に対しては様々な批判がなされているが、共通している批判のポイントとしては、心と身体は切り離せないものであるということである。

[3] 感情アプローチ、ポスト人間主義アプローチ、新物質主義アプローチはいずれも近年注目されている思想的潮流であり、日本でもアクター・ネットワーク理論関連の訳書が複数出版されるなどの動きがある。ここでは、1990 年代以降、教育研究が認知主義的なアプローチから社会文化的アプローチに大きく転換し、ある種の「流行」になっていたということ、そういった流行現象が現在の感情アプローチ、ポスト人間主義アプローチ、新物質主義アプローチの「流行」にも見出せることを批判的に捉えているものである。

[4] 一般的に qualify という語は「資格を与える」という意味で用いられるものであり、ここでビースタが言いたいような「質化する」というような用法は一般的ではないことに留意されたい。

[5] 近年、ビースタはエビデンスに基づいて教育政策を考え、教育実践に影響を与えようとする EBPM（Evidence Based Policy Making）のような潮流に対して、異議を唱え続けている。それは、わかりやすく「役に立つ教育研究」に対する警鐘でもある。本章でもそのような近年の主張を踏まえて議論が展開されている。

[6] パウロ・フレイレはブラジルの教育学者であり、識字教育を通して社会的に困難な状況にある人々の「解放」に理論面・実践面で取り組んだ。

フレイレは、教師が教えるべき知識を定め、その知識が学習者個人に蓄積されていくことを成果とするような教育を「銀行型教育」と呼んで批判した。フレイレの思想は、そもそも教育というものは人間が人間らしく生きていくことができるようにするためにあるという考えに立っている。「銀行型教育」という用語のみが一人歩きすることもあるが、その思想の本質は、単に知識の詰め込み教育をやめましょうというような教育の手法の議論ではなく、学習者が学習の主体として学び、学習者自身が自らの人生を切り開いていくことに教育がどのように寄与できるかを幅広く議論したものである。

[7] ジャック・ランシエールはフランスの思想家・哲学者で、民主主義や平等のあり方について研究を行っている。ランシエールと言語教育の接点は、1987 年 に 出 版 さ れ た *Le maître ignorant*（英 訳：*The ignorant schoolmaster: Five lessons in intellectual emancipation*）で ジ ョ ゼ フ・ジャコトの実践を例として取り上げたところにある。同書ではフランス語しかわからず生徒と直接やりとりできないジャコトが、「教えない」方法でフラマン語話者の生徒たちのフランス語学習を促進させた事例を取り上げ、教育における権力の解体と解放について論じている。ジャコトのフランス語教育実践については、家高洋（2009）「知的解放の哲学——ジョゼフ・ジャコト／ジャック・ランシエールの思想から」『大阪大学大学院文学研究科紀要』49, pp.1-20 に詳しい。また、有満麻美子（2012）「ジャック・ランシエール『無知な教師』と分有／平等の哲学」『立教女学院短期大学紀要』44, pp.1-15 では、ジャコトの実践とランシエールの当該著作の主張についてまとめられている。

第2章

教育をよりよいものにすること

　一見すると誰にも異論などなさそうに見えるのは、教育の中で、そして教育に関して研究を行う主要な動機が、教育をよりよいものにするためだということだ。しかし、コンセンサスが成立するのはそこまでである。なぜなら、教育をよりよいものにするというのが実際のところ何を意味しているのか、そのような願望がどのように達成できるのか、また実際に教育が改善したかどうかをどうやって判断できるのかを問い始めた途端に意見が食い違ってくるからである。教育をよりよいものにするというのは、まことにけっこうな願望のように聞こえるけれども、実際には様々な困難を孕んでおり、駆け出しの研究者はもちろん、経験豊かな研究者もこうした困難を十分認識しておくことが重要である。本章では、「教育の改善に対する研究の貢献は、教育の有効性を高めることにある」という提案にまつわる多くの問題を中心に論じる。ここで述べるのは、有効性を高めることが改善とみなせるかどうかは、何を達成しようとしているのか、つまり教育の目的に関する問いに依存するということである。そのためには、有効性を高めることに伴う「コスト」について判断が求められる。これに加えて、有効性を高めることが教育実践に対して研究が意味を持ち得る唯一の方法かどうかという問いも存在する。そこから教育研究が持っている実践技術的役割と文化的役割の区別に立ち戻る。

┃ はじめに——研究を通じた教育の改善

　1779 年にドイツのハレ大学 [1] で教育に関する最初の教授職が制度化

されて以来、教育学者や教育の専門家たちは、教育実践の改善に対して研究が貢献し得ることに疑問を投げかけてきた。初代教育学教授となったエルンスト・クリスティアン・トラップは、教育における理論と実践の問題として知られるものに自身の就任記念講義を捧げただけでなく（Trapp 1779）、複数の著作を通じてこの問題を論じ続けた。その著作の中には、「効果的知識の促進に関して（Von der Beförderung der wirksamen Erkentniß）」（Trapp 1778）という現代的にも響くタイトルのものも含まれている。

　教育研究にとって重要な課題の一つが教育的行為の有効性を高めることにあるという考え方は、教育研究の役割に関する議論に繰り返し現れるテーマであった。最近で言えば、学校の効果運動[2]（例えば Townsend［2007］を参照）や、教育研究は「何が役に立つか」に関するエビデンスを生み出すことに重点を置くべきだという提言（例えば、Thomas & Pring［2004］, Biesta［2007］, および本書第 3 章も参照）が挙げられる。研究と実践の溝を埋めようとする比較的最近の試みとしては、TLRP の効果的教授法の 10 原理（James & Pollard 2012a）を挙げることができる[3]。これは、英国の教授・学習研究プログラムで実施された研究[1]に基づいてまとめられたものであるが、ジェイムズとポラード（James & Pollard 2012b, p. 269）によれば、この研究は「英国史上最も大規模な教授・学習に関する教育研究のプログラム」であった。

　本章では、教育の改善という考え方と、研究がそこで果たし得る、また果たすべき役割について疑問を多く投げかけたい。TLRP の 10 原理を例に、研究と改善に関する議論に共通に見られるいくつかの問題と私がみなすものを示す。最初にこの 10 原理を簡潔に示し、3 つの問題に焦点を当てる。1 つ目は、教育の過程や様々な実践の有効性を高めるこ

---

[1]　この 10 の原理は、教授・学習研究プログラムの中で実施された全てのプロジェクトの結果や洞察ではなく、そこから選ばれた一部のプロジェクトについての考察に基づいてまとめられたものだということに注意しよう（James & Pollard 2012a, pp. 323–28）。例えば TLRP の中で生涯学習に関して実施された研究（Biesta et al. 2011; Goodson et al. 2010）は含まれていない（また、Brown［2009］, David et al.［n.d.］においても含まれていない）。

とが教育の改善の要件だという考え方に関わる。ここで私は、有効性に関するいかなる議論も、より広い、教育の目的・目標と結びつけた考察が常に必要だということを論じる。2点目は、教育のダイナミクスを支えている前提、すなわち、教育が「うまくいく」とはどういうことか、そして「うまくいく」ようにするにはどうしたらよいかに関する見解に関わるものである。ここで私が示すのは、教育改善の議論の大半は準因果的概念に依拠しており、そこでは重要な変数を見出すことが研究の課題とみなされており、その過程全体、もっと具体的に言えばインプットとアウトプットの関係が統制可能だとみなされているということである。この議論に対して私は、うまく機能している教育とはどのようなもので、どうやったらそのような教育が実現できるかということに対する別の見方を提案したい。そのさい、システム理論と複雑性理論から得た洞察を利用する。この第2の論点が本章で指摘したい3つ目の点とつながっているのだが、それは、教育研究がどのような種類の知識を生成可能であるか、また生成するべきなのかという前提に関わる問題である。教育にとって実践的に役立つ知識とはどのようなものなのか、ここでは、実践に関する研究の技術的役割と文化的役割の区別を詳細に論じ、教育の改善に対する研究の技術的役割の限界を指摘する。

TLRP の効果的教授法の 10 原理

本章で私が目的とするのは、TLRP の 10 原理それ自体に批判的分析を加えることではない。教育における研究と実践の関係についての、具体的に言えば教育の改善という考え方についての新しい事例として、この 10 原理を利用したいのである。この原理自体の背景にあるのは、ジェイムズとポラード（James & Pollard 2012b, p. 277）によれば、「指導・学習に関わる領域の範囲を示すために TLRP が開発してきた概念地図」（実際の地図は同書の p. 278 を参照）と、個々のプロジェクトの知見の統合を目的とするプログラムの中で実施された研究（同書を参照）である。原理の最初のヴァージョンは 2006 年に刊行され（James & Pollard

2006)、そのさい、この原理が 10 の「エビデンスに裏づけられた効果的指導・学習の原理」として提示された（James & Pollard 2012b, p. 279）。やがて以下の 4 つの見出しのもとにそれらの原理はまとめられるようになった。すなわち、(1) 教育的価値と目的、(2) カリキュラムと教授法、アセスメント、(3) 様々な個人的・社会的過程と関係、(4) 教師と政策である（同書）。

　多くのヴァージョンでこの原理は「効果的な指導・学習の」（同書）原理と提示されているが、最後の版では「効果的教授法の原理」という言葉づかいになっている（同書）。「指導・学習」から「教授法」へと変わった理由をジェイムズとポラードは 4 つ挙げている。彼らの主張によれば、1 つは、「教授法（pedagogy）」は他の表現より「学術用語」の度合いが薄い。2 つ目は、この言葉が「現在、英国の実践者と政策立案者により広く用いられて」いること。3 つ目は、教授・学習研究プログラムが始まった頃に比べると、「『教授法』は指導と学習の間の『随伴的な関係』を表しており、……学習者がどのように学ぶかに関する理解と切り離して検討できるものとして指導を扱わない」ものであること。そして 4 つ目は、TLRP プロジェクトは実際、「学習それ自体に関する新しい知識を生み出すことよりも、学習に関して私たちが知っていることを指導にどう生かすかの考察」に焦点を当てるものだったという点である（James & Pollard 2012b, p. 280。カギ括弧で示した強調は原著のもの）[2]。

　したがって、「教授法」という用語は「指導・学習」という表現に代わって用いられているように見えるが、それにもかかわらずジェイムズとポラードは、教授法とは「指導行為とそれに伴う談話行為」というアレクサンダー[4] の定義（James & Pollard [2012a, p. 280] に引用された Alexander [2004, p. 11] による）を引いて、この定義は「TLRP の教授法の理解の仕方と合致している」と付け加えているので、「教授法」は何よりもまず指導（teaching）を指しているという印象を与える。この意味で、ここで用いられている「教授法」という概念は「依然として」

---

[2]　重要な例外は、すでに指摘したように、TLRP 原理のまとめに用いられなかった「生涯学習」プロジェクトかもしれない。

(Simon 1981; Alexander 2004)、ヨーロッパでこの言葉に対応する語の概念とは大きく異なっているのだが、この問題には第5章で立ち戻ることにしよう。

　TLRP プロジェクトのレビューの成果を原理に基づいてまとめようとする発想は、英国アセスメント改革グループがかつて、「効果的な『学習のためのアセスメント』に関するエビデンス」を要約するために用いた形式に由来している（James & Pollard 2012a, p. 279）。10 原理の最終版は次の通りである（なお、この原理は TLRP のウェブサイト[5] 上では「TLRP のエビデンスに裏づけられた教授法原理」の見出しの下で、ジェイムズとポラード（James and Pollard 2012b）では「TLRP の効果的教授法の 10 原理」として掲載されている）。

1．効果的な教授法は、その最も広い意味において、学習者に人生に必要なものを身につけさせる。

　学習は、個人や集団が知的資源や個人的・社会的資源を開発できるようにすることを目的とすべきであり、それによって個人や集団が能動的市民として参画し、経済発展に貢献し、多様で変化し続ける社会において個人として活躍できるようにしなければならない。このことは、役に立つ学習成果というものに関して広義の概念を採用し、公平さと社会正義の問題を何より真剣に引き受けることを意味する。

2．効果的な教授法は、価値の高い知識の形態に関与する。

　教授法が学習者になすべきことは、重要な考えや鍵となるような技能・様々な過程、談話様式、思考法・実践法、態度や関係に触れさせることであり、これが特定の文脈において最も価値のある学習過程や成果となる。学習者は、異なる環境でクオリティやスタンダードや、専門知識を構成するものが何であるかを理解する必要がある。

3．効果的な教授法は、先行する経験と学習の重要性を認める。

　教授法は、学習者や彼らの学習を支援する者が次に進むべき段階を計画できるものになっていなければならない。学習者がすでに

知っていることを考慮に入れるべきで、これには、先行する学習の上に新たな学習を構築し、様々な集団の学習者の個人的・文化的経験を考慮に入れることも含まれる。

4. 効果的な教授法においては、学習に足場がかけられていなければならない。

　教師やトレーナー、学習仲間など他者の学習を支援するあらゆる者が、知的で社会的で感情的な支援の活動・文化・仕組みを学習者に提供し、それによって学習者が自身の学習を前に進めるのを支援しなければならない。こうした支援が剥奪される場合でも、学習の安全性は保証されなければならない。

5. 効果的な教授法は、アセスメントと学習との一致である。

　アセスメントは、学習成果と学習過程の両面において最大限の妥当性を達成するという目標をもって計画・実施されるべきである。それは、学習が生じたかどうかを決定するだけでなく、学習を前に進めるのに役立つべきものである。

6. 効果的な教授法は、学習者の能動的関与を促進する。

　学習の主要な目標は、学習者の独立と自立性を促すことであるべきである。そのためには学習の方略と実践のレパートリーを獲得させ、自身の学習の主体となる意志と自信を持たせることが必要である。

7. 効果的な教授法が育むのは、個人的・社会的な過程と成果の両方である。

　学習者は、様々な学習目的のために他者との関係やコミュニケーションを構築することを促され、支援されるべきであり、それによって互いの知識構築を助け、個人と集団の達成を促進しなければならない。自身の学習について他の学習者の意見を聞いたり、他の学習者に意見を述べたりするのは、期待されていることであると同時に権利でもある。

8. 効果的な教授法は、インフォーマルな学習の重要性についても理解している。

　学校外や、職場から離れたところでの学習のようなインフォーマ

ルな学習は、少なくともフォーマルな学習と同じくらい重要なものと認識されるべきである。それゆえ、インフォーマルな学習は、フォーマルな学習過程においても適切に活用されるべきものである。

9. **効果的な教授法は、他者の学習を支援する者全員の学習に依存する。**

継続的に学ぶ講師や教師、トレーナー、同僚の必要性が認識され、支援されるべきである。継続的な学習によって、特に実践ベースの探究を通じて、知識や技能を伸ばし、適応し、自身の役割を発達させなければならない。

10. **効果的な教授法には、学習支援を最重要ポイントとする一貫した政策枠組みが必要である。**

組織的・体系的レベルでの政策に必要なのは、個人やチームの成功、組織的・体系的成功のためには、継続的学習が根本的に重要であるという認識であり、あらゆる学習者にとって効果的な学習環境が生み出されるような計画が必要である。

教育の改善──有効性、それともよりよいものへの変化？

「効果的な教授法」という考え方は、教育の改善とは、教育の過程や様々な実践の有効性を高めることだと示唆している。私たちはここに、ごくありふれていながらも、非常に根本的な、教育の改善に関する言説の問題を見出すことができる。その問題とは、「有効性」が過程的価値だという事実である。すなわち、それが問題にしているのは、特定の「成果」を「産出する」特定の過程に関する能力についての価値なのである。有効性の考えには、得られる成果自体の望ましさに関する判断は含まれない。荒っぽい比喩でこのことの要点を示すならば、効果のない拷問と効果的な拷問の両方があって、拷問法の効果を高めるために一生懸命努力する人がいたとして、それが何かよい成果をもたらすわけではないのと同じである。一方、効果的ではない拷問も、この点については、効果的な拷問と同程度に道徳的に非難に値する。

それゆえ、教育の取組みに関して、効果的でないやり方より効果的な

やり方のほうが一般的な意味では望ましいかもしれないし[3]、教育の目的の多次元的な性質がこの問題をいささか複雑にもするのだが［下記参照］、その活動が達成せんとしているものが何なのかを指定しないのであれば、有効性を高めることが教育の改善につながると言っただけではなんら意味がないのである。「有効性」が過程的価値であるとすれば、教育の改善に関して問うべき重要な問いはしたがって「何に対して効果的なのか」であるはずだ（Bogotch, Mirón & Biesta 2007）。そして、ある個人や集団にとって効果的であるものが別の個人や集団にとって必ずしも効果的ではないこともあるとすれば、「誰にとって効果的なのか」というもう 1 つの問いを付け加えたくなるだろう（同書 ; Peterson［1979］も参照。後者は短い著作だが、この論点が昔からのものであること、しかし、ひょっとすると今では忘れられてしまっていたかもしれないことを教えてくれる）。10 原理の大半において、目的に関する問いと結びつけた議論は欠けているように思われる。

　原理 2 から 10 を別の観点から見たときに注目すべきは、教育がどのように進められるべきかに関して、いかなる現実的な「枠付け」も与えずに、すなわち効果的な教授法によって何をもたらすことが期待されているかについて何らの洞察も与えずに、一般的で脱文脈化された主張がなされていることである。例えば、価値のある知識形態にふれさせることがよい場合や目的がある一方で、まさにそれによって教育を進めてはいけない場合や目的もある。教育が目指しているものが、知識ではない場合もあるし（例えば、技能の教育について考えてみよ）、「最も価値のある」知識のようなものは抽象的には存在しないと学習者が理解するこ

---

[3] 有効性（effectiveness）は効率性（efficiency）とも区別されるべきだという点に短く言及しておくことも重要だろう。有効性は、特定のアプローチや方略が望まれる結果や成果をもたらすかどうかという問い、同時にまたある特定のアプローチや方略が他の方法よりも確実に望まれる結果を生み出すかどうかという問いに関わる。他方、効率性は、「かどうか」ではなく「どのように」に焦点がある。望まれる結果や成果をもたらすために用いる必要がある資源が何であるかを問い、そのような資源をどのようにすれば可能な限り最適な方法で用いることができるかに関心がある。

とがまさにポイントとなる場合もあるからである。誰かに価値づけられ
たものが必ずしもそのほかの人からも価値づけられるとは限らないし、
ある文脈で価値があるものが別の文脈で価値があるとも限らないのであ
る。

　同様に、先行する経験や、学習者がすでに知っていることを考慮に入
れ、先行する学習の上に新しい学習を組み立てる重要性を認識すること
がよい場合もあるが、そうした学習から決然と袂を分かつ必要がある場
合も存在する。例えば理解の進展を阻むような偏見を学習者が持ってい
るとか、あるいは学習者が学んで内在化してしまったものが、例えば
フォーマルな教育にうまく参加することに適さないようなものだった場
合である。これは、学習に関する問いを生涯学習という視点から検討す
る場合に必ず問題になるテーマである（Biesta et al. 2011; Goodson et al.
2010）。

　より一般的な論点をここで指摘するならば、リストで言及されている
10 原理のいずれかが、効果的な教授法の例であるかどうかは、到達し
ようとしている目標が明確な場合に限って判断可能だということであ
る。この点で決定的に重要なのは、教育が目的的実践であるというこ
と、すなわち、実践は目的（ギリシア語で言うところのテロス[6]）に
よって枠づけられているだけでなく、その目的によって構成されてもい
るということである。つまり、目的や方向、方針の感覚なしに教育は存
在しないということ、さらに言い換えれば、教育的行為は、その行為が
何のためのもので、何を達成しようとしているかに関する問いを常に投
げかけるものなのである。しかし、だからと言って、そのような目標が
前もって完全に決定できるとか、そうすべきだということではない。起
こり得る結果がまったくわからないようなことを始めようと教育者が決
めることも可能だからである。また、その教育的行為の目標の設定が教
師や保護者だけに「認められる」べきということでもない。ただし、彼
らには教育の様々な過程や関係に責任があって、それは学習者や子ども
の責任とは根本的に異なるものだと主張することは可能であろう。

　こんなことを言うと、反論する人もいるかもしれない。10 の原理は、
最初の原理で述べられている通り、「効果的な教授法は、その最も広い

意味において、学習者に人生に必要なものを身につけさせる」という提言を通じてこの問題を問うているではないか、と。「効果的な教授法」という観点からかなり奇妙な定式化をしてしまっているという問題を不問にするならば（そもそもこの定式は、教育的営為の全体に関するかなり大雑把な声明といったほうがよいだろう）、学校教育がその最も広い意味において、学習者に人生に必要なものを身につけさせるべきという想定に問題はほとんどないのではないかと言われるかもしれない。仮にあったとしても、この声明は非常に意味が広いので、様々な教育の過程や実践に対してほとんど何も方向性は与えないと言う人さえいるかもしれない。しかし、この一般的声明がどのように操作化されているかを見てみると、とりわけジェイムズとポラードが、教育の目的に関してかなり「機能的な」見方を選好しているようにみえるだけに、その一般的声明なるものが非限定的なものではないということが明らかになる。彼らは満足気に「教育の様々な目的に関する哲学的・政治的思考の3つの主要要素」を特定している（James & Pollard 2012b, p. 276）。すなわち「経済的生産性」、「社会的結束性」、そして「個人の発達」である（同書。カギ括弧で示した強調は原著のもの）。さらに、教育の目的論に関わるこれら3つの要素はかなり特定的で、しかもかなり特殊な教育的・政治的イデオロギーと結びつけられている。つまり、ホモ・エコノミクス（経済人）のイデオロギーが、例えばホモ・デモクラティクス（民主主義人）のイデオロギーよりも重視されているのである。結局のところ、「効果的な教授法」がなぜ経済的生産性に焦点を当てるべきということになるのか。限られた天然資源や社会的リソースへの持続可能で尊厳あふれる関わり方に焦点を当てないのはなぜなのか。同様に、なぜ社会的結束性にフォーカスを当てるべきで、平和的で民主的な共存のあり方ではないのか。なぜ個人の発達や自己実現・自己表現にフォーカスを当てるべきで、情熱や、思いやりや利他の心や倫理的関わりにではないのか。そんな問いが次々に出てくるのである。

　さらに、教育的営為に方向性を与えるであろう具体的な教育的価値と目的の表現にさえ、よりいっそう多くの問題が存在する。1つは、他の9つの原理が原理1で述べられたものと切り離されたままだということ

である。例えば足場かけが、あらゆる場合において、効果的であること
を示す試みはなされていない。個人の活躍や経済的生産性に対して行わ
れる足場かけのほうが、例えば、自己決定学習や発見学習よりも有効か
どうかはわからないのである。次に、原理1に挙げられた価値や目的に
は正当な理由づけが欠けており、この点で、学校教育を社会の一機能
（もっと具体的に言えば、国家や現政権の一機能）とみなすべきか、そ
れとも教育はその領域外にある目的によって裏づけられ、導かれるべき
なのかという深い疑問が生まれてくる。この問いとはつまりは、教育
「分野」の自律性に関する問いであるが、少なくともルソー以来、教育
に関する文献でずっと議論されてきた問題である。学校教育は社会の一
機能であり、社会やその国家にとって役に立つ存在であるべきか、それ
とも教育には、フランスの教育者フィリップ・メイリュー[7]が述べて
いるように、「抵抗する義務」が必ず含まれるのかどうかに関する問い
と言い替えることもできるだろう（Meirieu 2008）。第3に、TLRP原理
は、教育の目的に関する問いを「学習の成果」の言語化という問題に矮
小化しているように思われる。教育の望ましい「成果」を言語化するさ
いには必ず、教育の目的を明確に表現することが前提であり、成果が目
的にすり替わってはいけないということが忘れられているのである。

　それゆえ、教育の目的に関する問いは教育の改善や効果に関するいか
なる議論とも不可分ではあるが、しかしだからと言って、教育の（諸）
目的に関する議論を様々なイデオロギー的立場の言語化にのみ基づいて
考えるべきだとも思わない。別の場所で詳しく論じたように（Biesta
2010f）、何がよい教育か（何が効果的かではなく）ということに関わる
議論でもっと明確にすべきことがあるはずである。そのためには、教育
が単独の目的やいくつかの目的の組み合わせとの関係でのみ機能するこ
とは決してなく、教育的行為は常に多くの様々な領域の教育目的との関
係で作用するということを認識する必要がある。ここでの問題のポイン
トを理解する方法の一つは、学校教育が実際にどのような領域に影響を
持っているのかをまず検討することである。この点に関して、私はこれ
までにも、教育の機能が現れやすい3領域を区別することは可能だとい
うことを述べてきた。1つは、「資格化（qualification）」の領域である。こ

れは、教育を通じて、生徒が知識や技能、特定の物事を遂行するのにふ
さわしい態度をどう身につけるかに関わる問題である。そしてこの場合
の「遂行すること」には、例えば数学的操作を行う能力や実践的技能を
遂行する能力のように特定的かつ限定的なものもあるし、複雑な多文化
社会をうまく舵取りする能力のような非常に幅の広いものでもあり得る。

　第2は、「社会化（socialization）」の領域である。これは、教育を通じ
て、既存の伝統や文化、存在・行動様式の一部になることと、そういっ
たものへの指向性を獲得させるものである。この領域においては、例え
ば教育が、意図的なものであれ目的が「隠れた」ものであれ、特定の社
会的・文化的ありようとアイデンティティをどのように再生産するのか
という問題が考察の対象となる。こうした問題こそ時に教育がねらいと
するものであり、時に教育の現実的な機能の仕方だからである。しか
し、職業的な社会化、すなわち、学生を特定の専門職コミュニティの有
能な一員にしようとする意図的な試みは、これとはまた別の例であり、
ある種の宗教教育や道徳教育の形式と似たところがある。教育が機能す
るこの2領域に加えて、私がこれまでに提案してきたのは、教育という
ものが常に個人に影響を与えるという側面である。学生を既存の構造や
慣習に依存させるようにすることもあるし、そのような構造や慣習から
独立させる意図を持っている場合もある。後者は、教育を解放の過程に
結びつける考え方に連なる考え方である。

　資格化と社会化、そして私が「主体化（subjectification）」と呼ぶとこ
ろの、人間を主体化していく過程、この3つを教育が有するそれぞれ別
個の3機能とみなすことができる。この3つは、全てではないにして
もほとんどの教育が果たしている役割と影響がどのようなものなのかを
示しているのである。その一方、資格化・社会化・主体化は、教育の3
つの目的になりうるものと見ることもできるし、また、その3つのいず
れかに関してなすべき重要な選択が存在すると認めるために、これらを
教育目的の3領域と見ることも可能である。このような形で教育の目的
に関する問いを考えるためには、少なくとも議論をより精緻なものにす
る必要があるが、本章固有のフォーカスに対しては、教育の目的に関す
る問いをこのような視点から検討することには別の重要な利点がある。

その利点とは、教育目的の3領域がそれぞれに異なる方向に教育を牽引することになるという事実から生じる。言い換えれば、3つの領域の間に完全な相乗効果は存在せず、むしろ緊張とコンフリクトの余地が生まれるのだ。例えば、競争は資格化の領域では学習を駆動する望ましい「原動力」かもしれない（例えば、競争的な環境に置かれたほうが学生はより多くを達成するであろう）が、社会化の領域においては（例えば、もし協同的態度を育てたいと望むのであれば）必ずしも望ましい価値というわけではない。同様に、主体化の領域においても、もし例えば「ホモ・エコノミクス」ではなく、「ホモ・デモクラティクス」を養成したいのであれば、競争的な環境がそのまま望ましい方向性となるわけではない。

　私は、教育目的は多次元的な特性をもち、教育は多くの様々な「領域」に関連するものだという事実が、教育という実践に特有のものだと考えたいのである。単一の目的によって構成され枠づけられる、人間による他の様々な実践、例えば健康（の促進）という医療の目的や正義（の推進）という法制度の目的などとは異なり、教育の目的の多次元的特性が意味するのは、教育が促進しようとする異なる「関心」の間にどう均衡を図るかの判断の必要性が常に存在するということであり、多くの場合それは「トレード・オフ」の問題になるということだ。つまり、他の領域に関する特定の達成を推進するためにある領域についてどの程度「妥協する」つもりがあるかということで、例えば、資格化の領域における達成を少しでも減らせば、主体化の領域でより多くの達成が得られるという具合である。

　これに関して指摘したい重要なポイントは、それが「効果的な教授法」という問いに対して、そしてより一般的には教育の効果という問いに対して、極めて特殊な問題を提起するということである。なぜならある目的領域の推進に効果的であり得ても、別の領域においては効果的では「ない」かもしれないからである。それゆえ教育の効果に関する問いというのは、特定の教育方略と、その方略が達成しようとしているものにどのような効果があるのか、その関係性を論じれば済むという問題ではないのである（だからこそ、その教授法が何に対して効果的であるべ

きなのか、つまり何に影響を与えるべきかを特定しないかぎり「効果的な教授法」というものは無意味な考えにとどまってしまうのだ）。さらに厄介なのは、教育は常に（少なくとも）3つの異なる教育の目的領域に対して働くので、ある領域に対して効果的であるものが別の領域には効果がない、あるいは少なくとも別の領域の効果を制限したり妨げたりするかもしれないということである。これは、手段と目的の関係に関してだけでなく、目的の間の潜在的な緊張と葛藤に対しても判断が必要だということを示唆する。

こうした特殊な問題を論じるにあたり、学校教育は、資格化にのみ焦点を当てるべきで、社会化と主体化の問題は教師ではなく保護者の権限に属すると論じる者もいる。私たちは、こうした傾向を政策レベルで目撃することができる。とりわけごく狭い意味での資格化の問題が唯一重要なものとして、教育において重要視されるべきものとして推進されているケースである。もっとも学校の機能をそのように人為的に絞り込めるかどうかはまだわからない。結局、完全に資格化に基づいて構成されている学校でさえ、依然として社会化と主体化の役割を果たしていると論じ得るのである。人生で唯一重要なものは知識と技能であり、「価値のある人間である唯一の方法は資格化を通じてである」という考え方に生徒を社会化しているという言い方も可能だからである。

10の原理と「効果的な教授法」という考え方に関する私の観察は、「有効性」はそれ自体では決して教育的によいものではなく、教育の（諸）目的に関する見解に照らして初めて意味のある考え方になると要約できる。その意味で、私は、教育分野においてはそれ自体で望ましいアプローチや取り組み方は存在しないと論じたい。あらゆることは達成しようとするものに依存するのであって、教育は柔軟で、個別化され、生徒主導で、意欲を湧き起こさせるようなものであるべきか、それとも厳格で、構造化され、生徒全体に向けた、教師主導の、難しい内容のものであるべきかどうかは、それによって達成しようとするものに完全に依存する。この点で、教育の様々な過程と実践に関するあらゆる判断は完全にプラグマティックなものだと言うこともできよう。それらの判断は、決して教育の様々な過程と実践それ自体の望ましさについてのもの

ではなく、常にそれがもたらすことが期待されるものについての判断である[4]。教育の有効性を高めることは、教育の改善の定義としては限定的で、かなりテクニカルなものと考えたほうがよく、変化を改善とみなすかどうかに関する判断は究極的に、その活動を方向づけるより広い目的に照らして行われなければならない。教育目的の多次元的性格を考慮すると、さらに厄介なのは、ある目的領域に関して効果的であるものが必ずしも別の目的領域に関して効果的とは限らないということである。このことが、一般的な意味で教育の有効性を高めることについて語ることを、不可能ではないにせよ、極端に難しくする。究極的には、教育目的の個別領域との関係に照らしたものでなければ、いかなる議論も意味をなさないのである。

　こういったこと全てが示唆するのは、一般的かつ抽象的な意味で「効果的な教授法の諸原理をまとめる」というまさにその考え方が根本的に欠陥を抱えているということである。しかしそれは、教育実践に対するいかなる原理を述べることも事実上不可能だということを含意するだろうか。私は不可能だとは思わない。ただ、そのような課題には、プラグマティックなアプローチで臨むことが重要である。つまり、例えば、「もし生徒の試験のスコアを高めたいならば、試験で問われる特定のタスクについて可能なかぎり生徒をトレーニングしたほうがよい」とか、「理解を深化させたいのであれば、応用や省察、議論の機会をたくさん生徒に与えたほうがよい」といったように。「もし〜であれば」という命題の形で取り組むことが重要である。研究に裏づけられた原理を定式

---

[4]　ここで補足するならば、教育の手段は道徳的に受け入れられるものであるべきである。私の議論は、目的が手段を正当化するというものではなく、手段の望ましさは究極的に、目的に関する問いに照らして初めて決定されるというものである。さらに但書きをつければ、教育において手段と目的は内的に結びついている。これを平たい言い方に変えるならば、生徒は私たちが教育手段として行うことから学ぶのと同じ程度に、目的に向かわせようとして私たちが言うことからも学ぶということになる。それゆえ、教育の手段は目的に関して中立的ではなく、それ自体教育的な「効力」を持っている（例えば、Carr [1992] を参照）。

化して教育改善を図るこのようなアプローチはローレンス・ステンハウス（Stenhouse 1975）の「手続きの諸原理」という考え方にまでさかのぼることができる[8]。手続きの諸原理は教育のねらいと目的によって（すなわち、何が望ましいとみなされるかについての言明によって）導かれ、それによってその達成にプラスの貢献をしそうなアプローチや取組み方について述べようとするものである[5]。

教育がうまくいっている理由を説明する——因果関係か複雑性か

どのような種類の問いを立てれば、教育的「操作」の有効性を高めるという問題とは異なるものとして教育の改善という問題に取り組むことができるのか、前節がその考え方を示すものだったとすれば、続いてこの問題の中で研究が果たすべき唯一または複数の役割に関する問いに目を向けたい。本節では、教育の様々な過程や実践のダイナミクスに関する前提に目を向ける。次節では、これに関して研究に期待し得る知識とはどのようなものか、そして実践のダイナミクスが教育実践に関する研究の有用性に対してどのような含意をもつのかを問う。

　教育とその改善に関する多くの議論に影響を与えている前提は、教育を因果関係のようなものとして捉えるというものである。一方の端に、指導やカリキュラム、アセスメントのような「入力」変数があり（場合によっては生徒の能力や教材リソース、より広い指導方針のような変数も含まれることがある）、もう一方の端に、程度の差はあれ、広範囲に及ぶ学習の「成果」が見出されるというものである。あらゆる変数間にどういう関係があり得るのか、わかっていないことは依然たくさんあると多くの研究者や政策立案者が認めているし、「入力」と「成果」の間に成立しているかもしれない関係性の網の目が複雑だということも多くの人が認めているものの、それは単にプラクティカルな問題だというのが一般的な傾向であるように思われる。すなわち、より多くの研究を行

---

[5] このアプローチの具体例はジェイムズとビースタ（James & Biesta 2007, pp. 143–60）を参照。

いさえすれば、やがてはある学習成果の産出を規定する要因を特定でき
るだろうと期待しているわけである[6]。あるいは、よく知られたもうひ
とつ別の言説を借りれば、「何が役に立つか」が判断できるだろう、と
いうことになる。この前提が（準）因果的なものであるということはす
でに、用いられている言葉、すなわち「入力」や「成果」、そして「効
果的」や「産出」という言葉からもわかるが、こうした前提は、「違い
をもたらす」要因を特定しようとする研究において言及されることもあ
る（例えば Hattie [2008]）。

　TLRP の 10 の原理も、準因果的前提に影響されているように思われ
る。このことは、「有効性」という考え方が中心的な役割を果たしてい
ることや、多くの入力変数を基本的に構成している「概念地図」を一瞥
すればすぐに理解できる。この概念地図はカリキュラムや教授法、アセ
スメントが作用する処理スペースを表現するもので、こうした入力変数
の全てが「学習成果」に流れ込んでいくのである（James & Pollard
2012b, p. 278）。ジェイムズとポラードは、TLRP の研究プロジェクトに
おいては、「分類的知識や因果関係に基づいて研究の知見に関して明白
な主張をすること」ができなかったと強調し（同書、p. 277）、また、大
半のプロジェクトは現実の環境で行われたので、「ある時点で影響を与
える全ての変数をコントロールすることが不可能だった」（同）ことに
ついて謝罪しているが、まさにこうした発言が、彼らが理想的には上で
描いたような準科学的方法で教育のダイナミクスを捉えていることを示
している。

　教育に関して因果関係を前提としてしまうと、教育に関与する行為者
の主体性（agency）、もっと詳しく言えば再帰的主体性（すなわち、教
師と学習者が自らの思考と判断と決定に基づいて考え、行動できるとい

47

教育がうまくいっている理由を説明する──因果関係か複雑性か

---

[6]　教えることの目的は学習を「もたらす」ことであるというよくある前提に
関して、フェンスターマッハ（Fenstermacher 1986）が非常に重要な問題を
提起している。その前提に代わって、教えることが何かを促進したり産出した
りできるとすれば、フェンスターマッハは、それはむしろ「学習者化
（studenting）」であるという観点から考えるべきだと論じている。

う事実）に目を向けることが困難になってしまう。もちろん、こうした再帰的主体性の問題こそ、教育が正しく効果を発揮することができているのならコントロールしておくべき側面だと反論する人もいるだろうし、実際、学校の有効性に関する研究には、教師と学習者の再帰性を、教育の現実の一部としてではなく解決すべき問題とみなす傾向がある。しかし、こういう見方に対しては、再帰的主体の行動の結果として教育が「うまくいっている」という事実に鑑みれば、その取り扱いに関して違った考え方をすべきで、関係者の背後で生じる準因果的な機械的現実としてではなく、むしろ再帰的主体の意識的行為によって（複雑な）社会的現実が構成されていると考えたほうがよいという見方も成り立つ。ある意味においてこれは、教育研究の分野で、より一般的には社会科学研究において、かなり前から広く行われている議論と関係してくる問題である。つまり、教育研究や社会科学研究の目的を自然科学の目的になぞらえることができるのか、それともそれ自身に特有の性格があるのかという問いである。もちろんこれは重要な議論なのだが（私見では、この問題は、いわゆる「質的」研究か「量的」研究かという知的水準のぐっと低い方法論の議論に置き換えられてしまうことが本当に多いのだが）、本章の目的に対してはやや大きすぎる問題である。話をもう少し先に進めるためには、システム理論と複雑性理論の議論が有効だろう[7]。

　さて、そのシステム理論が教えてくれるのは、教育を1つの産出過程として、つまり入力・処理量・出力という過程として捉える考え方は、準因果的な、究極的には完全な因果的過程として教育を捉える考え方であり、こうした考え方はごく限られた特定の条件の下でしか意味をなさないということである。そのような条件はそもそも閉鎖決定系において見られるものである。外部からいかなる干渉も受けず、その内側では、そのシステムを構成する要素が厳格に決定論的に（つまりaがbを引き起こし、bがcを引き起こすといったように）動いているようなシステムでのみ成立するものである。物理的現実のシステムの中には（実際はそれほど多くないものの）そのように作用するものもあるが、教育とい

---

[7]　この点については Biesta（2010c）で詳細に論じた。

うシステムにおいてはそのようになっていない。このことがすでに、な
ぜ教育に対して（完全な）因果性に基づく前提を持つのが問題なのかを
示している。その理由は、教育というシステムがオープン（開放
系[9]）で、記号論的で、再帰的なシステムであるという事実にある。

　教育というシステムは、環境との境界が決して完全には閉じていない
ので、「オープン」なシステムである。例えば子どもたちは学校のあと
家に帰るので、学校環境でコントロールされるものよりも多くの「変
数」の影響を受けることになる。また、教育というシステムは「記号論
的」で、教師と学習者の相互作用は物理的な作用・反作用ではなく、コ
ミュニケーションと解釈に基づくものである。学習者は、教師が言わん
とすること、しようとすることの意味を理解しようとし、この理解を通
じて教師から学ぼうとする。そして教育というシステムは、システムの
「要素」（すなわち教師と学習者）の行為が当のシステムに返され、その
システムが展開する方向を変えるという点で「再帰的」である。その主
な理由は、システムの「要素」が刺激−応答の機械ではなく、思考し感
じる存在であり、認知と解釈に基づいて幅広い様々な行動を選ぶことが
できる存在であることから来ている。

　そういう風に教育を見ると、あまりにも多くの不一致や達成の遅れ、
不確かさがあるので、教育というシステムはいったいどのようにしたら
うまくいくのかという問いが生まれるかもしれない。そして、研究に
よって入力と出力の相関を見つけることができたという条件が整うので
あれば、教育をオープンで、記号論的で、再帰的なシステムとして描く
こと自体が間違っているという議論がなされることもあるだろう。なぜ
なら研究によっては実際、教育が準因果的な仕方で「うまくいく」可能
性があると示しているからである。これに対する応答は3つある。考え
るべき第1のポイント。それは、オープンで記号的で再帰的システムで
あっても、その多くにおいて、様々な変数間に相関関係を見いだすこと
が可能ではあるものの、教育システムが「うまくいっている」ことを因
果的に解釈するというこの特殊な理解方法が示しているのは、実は、そ
のような相関関係を「成立させ」ている条件なのではないか。すなわ
ち、その因果関係が成立しているのは、意味づけをし、相互交渉を行

い、教え教えられようとする関係者の努力の結果なのであって、そういう関係者の背後に相関関係が成立しているわけではないと考えるべきではないか。

　第2の論点。教育というものを私が述べたやり方で定義することから必然的に導き出される論点であるが、研究は、オープンで記号的で再帰的なシステムをより予測可能なものにするために何をなすべきか（そして、いま何をなしているか）を理解する一助にはなるという見方である。ここで鍵となる概念は、複雑性の縮減である。複雑性の縮減とは、システムを構成する様々な要素に働きかけることができる行為の「オプション」の数を減らすことである[8]。話を教育システムに限定して言えば、複雑性を減らすには3つの方向性が考えられる。(1) システムのオープン性を減じる、(2) システム内で進行している意味づけ（記号論的な現象）を減らす、そして (3) システムの再帰性を減らすことの3つであり、この3番目については、フィードバックのループを断ち切るか、システム内の要素が再帰的に振る舞うことのないようにする必要がある。教育について考えてみるとき、私たちは実際、教育を機能させるために、複雑性を減らしている具体的な例を見ることができる。学校の校舎、カリキュラム、時間割、宿題といったものは全て、教育システムのオープン性を減らす試みなのであり、それによって外の世界から生じるかもしれない影響力を減らそうとしている。アセスメントも意味づけを縮減・統制する重要な方法であって、生徒が生成する可能性のある全ての解釈から選択を行って、あるものを正解、適切、真実であるとして、そしてあるものについては、誤り、間違い、偽であると特定するのである。そして、教員研修はもちろん、教師のミーティングや、苦情処理のような教育運営上の手続きは全て、フィードバック・ループを減らし、制御するための手段である。

　ある意味で、教育のシステムがうまくいくのは複雑さの縮減によるの

---

[8] マクドナルドのようなファストフード・レストランの運営方法は、オープンで記号論的で再帰的なシステムの複雑さを縮減するとはどういう意味なのかについて秀逸な例を与えてくれる。

であるから、教育というシステムの複雑さを減らすことには何ら誤った点はない。しかし、教育がうまくいくようにするためのいくつかの手立てを見ていると、複雑さの縮減が正当化され得ない制御に変わってしまう転換点があることが想像できる。例えば、外世界とのあらゆる相互交渉がブロックされたり、唯一の正しい答えや適切な振る舞い方があると学習者が言われ続けたり、教師の省察や学習者の省察がシステムから排除されているような場合である。この論点が意味するのは、教育のようなオープンで社会的なシステムをかなりの程度まで閉鎖決定系に変えることは可能だが、それは常に犠牲をもたらすということである。だから、重要な問いは、教育というシステムの複雑さを減らそうとすべきかどうかではなく、どの程度その努力を続けるべきなのか、どのような理由で、そしてどのような代償をそのために覚悟し続けるべきなのかということである。それでは、1つの決定的な「転換点」はどこなのか。私としては、その転換点とは、学習者が自主的行動や責任の主体として登場することができず、教育的介入の対象に転化してしまう瞬間である。それは、教育が教化に変わってしまう瞬間であり、教育自体が終わりを迎える瞬間である。

　こうした観察が教育の改善とそのための研究の役割に対して持つ意味とは何だろうか。私が指摘したいのは、教育の改善という課題に挑むにあたり、教育の様々な過程と実践のダイナミクスに関して準因果的理解に基づいてしまうと、私たちはある意味で、「ブラックボックス」の概念を教育に適用することになってしまうということである。「入力」と「出力」の間にある種の（不思議な）結びつきがあると仮定してしまうのだ。しかし、そのような結びつきが実際にいかにして達成されるかについてはほとんど何もわからないのである。だからこそ、教育を支えているダイナミクスに関する適切な理論が存在しないかぎり、「入力」と「出力」、「媒介変数」との間の相関をいくら研究しても、そのような相関がいかに「達成」されるかについての理解が与えられるわけではないし、改善に向けた「教育上の変化を駆動する潜在的な力」が何であるかを教えてくれるわけでもないので、実際に役に立つ範囲が限られてしまうのである[9]。

もちろんどの理論を適切とみなすかという問題も残るのだが、私がここまでで示したのは、システム理論や複雑性理論の考え方が、教育がどのようにして「うまくいく」かを理解するのにかなり役に立つ方法を提供してくれるということであった。これらの理論によって私たちは、教育をうまくいかせているのは、わけのわからない（準）因果的力などではなく、再帰的エージェント（教師と生徒）によってなされる働きだと認めることになるのである。

研究の実践的役割

　前述の観察には、私たちが研究に期待するものに対する重要な示唆も含まれている。有効性と「何が役に立つか」に基づいて教育を改善しようとする議論において、研究に対する唯一ではないにせよ主だった期待は、テクニカルな知識、すなわち変数間にどんな関係があり得るかについての知識を生み出すことである。そして教育のフォーカスも、まず第一に、変数間の関係を教師がコントロールすることにあり、（狭い意味での）教授法やカリキュラム、アセスメントがその中に含まれるのかもしれない。しかしテクニカルな知識は、教育のダイナミクスについては準因果的前提に依存する傾向がある。これまで述べてきたように、教育のような記号論的・再帰的システムは、その運用に関する複雑さを減らすことで高い予測可能性に持っていくことができるものの、準因果的な観点から考えることによって、実際働いているダイナミクスに関して何ら理解を生み出さない「ブラックボックス」アプローチを前提としてしまうことになる。この点で、教育におけるテクニカルな知識の探究には疑義が残るのであり、ひょっとすると、そもそも、そのような知識はそれ自体では、「なぜ」物事が実際そのように働いているのかに関する洞察を与えられることができないからそうした探究には疑義が残るのかもしれない。一方、もしそのような知識やそうした知識を生み出す研究と

9　前節で「有効性」や「改善」について述べてきた文脈に照らして、私は「改善に向けた変化」という言い方を用いている。

いうものを、教育というシステムの複雑さを減らし、究極的に制御しようとする広い試みの一部と考えるならば、複雑性縮減のポリティクスが研究・政策・実践の「複合作用」に一貫して機能していることが理解できるだろう。

　こうした議論については、違うタイプのテクニカルな議論が必要であり、それゆえこれまでとは違うタイプの研究が必要なのだという議論であると捉える向きもあるかもしれない。教育というシステムのダイナミクスをさらに深く探究することのできる研究が必要というわけだ。ある意味で、私が本章で追求してきた方向性もこの線に沿うものであるが、これが依然としてある種のテクニカルな知識であると認めてしまうと、ここで私が詳述してきた社会的存在としての教育に関する重要な点を見失うことになってしまう。その重要なポイントとは、社会的存在としての教育という特別な領域においては、再帰的エージェントの意図的活動の結果として教育が機能するということが前提になるという事実である。このことが意味するのは、改善に向けて教育を変える重要な道筋は、その状況にあるエージェントがその状況とその内部で起こる活動をどのように理解するかによって決まるということである。

　行為と結果の間に成立する結びつきに関する知識が教育的エージェントの認知や判断、行為に影響を与えるかもしれないのとまさに同じように、これから起こるかもしれないものについての様々な概念や解釈もエージェントに影響を与える。結局のところ、教育をどう見るかによって様々な違いが生まれるのである。教育過程や教育実践を意味づける様々な視点をここでいくつか挙げれば、行動目標や学習の困難さ、包摂、正統的周辺参加、批判的人種理論、贈与としての教育などである。こうした問題に関して研究（私は「研究」という言葉を実証的かつ理論的学識を含む広い意味で使っている）が提供してくれるような知識は、すでに前章で述べたように、「文化的」知識と呼ぶことができる (De Vries 1990)。これは、教育的現象に関して様々な解釈を提供するような知識である（そもそも教育的現象を現象として「名づける」ということがどういうことかに関する重要だが難しい課題もこの知識の中に含まれる。第 5 章を参照）。

デ・フリース（De Vries）は、知識の2つのモードの区別を利用して、研究が実用性を持ち得る2つのあり方を区別している。1つは、デ・フリースが言うところの研究のテクニカルな役割であり、もう1つは彼が言うところの文化的役割である。研究が教育実践に対してテクニカルな役割を果たすという場合、研究が提供するのはテクニカルな知識、すなわち「入力」と「出力」の間の関係についての知識である。そして最も重要なことは、「入力」に関する知識についてはなんらかの方法で教師と他の教育的エージェントがこれをコントロールすることができるということである。一方、研究が教育実践に対して文化的役割を果たす場合、それは実践に様々な解釈や意味づけの仕方、意味理解の仕方を提供する。

　デ・フリースの指摘のうち、これこそが、私が本章で論じようとしている方向性だと考えるのは、研究はその2つの役割に沿って教育実践の改善に貢献することができ、そして、そのことによって、有効性や「何が役に立つか」に関する議論で想定されているものよりも多くのことを研究はなし得るということである。これに加えて私が論じようとしてきたのは、テクニカルな役割は実際はかなり限定されたものであり、教育の様々な過程と実践のダイナミクスをより緻密に理解しようとすれば、様々な知識や理解が必要であること、とりわけ再帰的で意図的に振る舞うエージェントを考慮に入れた知識や理解が必要となるということである。ここで皮肉なのは、厳密にテクニカルな「モード」に絞った教育研究の多くがそのような再帰的で意図的なエージェントの存在を前提としていることだ。そうでなければ、なぜ研究者はわざわざ教育実践の改善に対して原理などをまとめようとするだろうか。それにもかかわらず、教育上の助言がテクニカルな形でなされるときには、教育がそのような再帰的で意図的なエージェントのいないところで行われていると暗に主張していることになるのである。

　ジェイムズとポラード（James & Pollard 2012b）は、TLRPプロジェクトは実際にはごく限られた量のテクニカルな知識しか生み出していないと認めている。しかし、だからこそ、10の原理が主として教育の準因果的理解に基づいて公式化され、かつ教育の改善にはまず全体の運用を

より効果的にする方法についてのテクニカルな知識が必要だという考え方の上に 10 の原理がまとめられているということが突出して見えるのである。

結　論

　本章では、教育の改善と研究がそれに果たし得る役割について多くの批判的問いを投げかけてきた。そうした問いを詳しく検討するための一つの「事例」として、効果的な教授法に関する TLRP の 10 の原理を取り上げた。教育の改善は、単に教育の運用の有効性を高めるものとして理解することはできず、教育が何のために有効であるべきかという問い、すなわち教育の目的に関する問いと常に関わる必要があるということを論じた。教育の変化と教育の改善を区別できるのは、教育目的との関係においてのみだからである。ある目的（の領域）に対して有効なアプローチや方略が別の目的に関して効果的ではないことがあり得るという点で、教育の目的の多次元的性格が有効性という考え方にさらなる制約を課すと述べた。教育に関しては常に判断が要求され、研究を効果的教授法に関する抽象的・一般的原理に還元することができない理由はこれである。

　加えて、教育の改善に関する議論の多くが、基本的に教育のダイナミクスを理論化できない準因果的概念に依存していること、そして「入力」と「出力」の間の相関に関してはブラックボックスを想定する説明にならざるを得ないことを示した。私が、複雑性理論とシステム理論の洞察を用いたのはこのブラックボックスを開けるためであり、教育には常に再帰的・意図的エージェントが関わるということを特に示したいと思ったからである。私が示したのは教育を「社会的な存在」として論じることで、教育の改善に対する新たな道を切り開くことができるのではないか、また教育システムをより予測可能なものとするための代償が何であるかという規範的問いと常に関わることが重要であることを示すためであった。また、こうした議論によって、教育に関するテクニカルな知識を生み出す可能性に歯止めをかけ、同時に、教育の改善に対する

「文化的知識」と呼ぶものの重要性をもっとよく理解できるようになるということも述べた。

　それでは、教育の改善にコミットしようとしたとき、これからの教育研究の方向性についてこうした視点から何らかの教訓が引き出せるだろうか。私は引き出せると考えている。ただし、ここから引き出すべき主な教訓は、教育というものを目的的実践として理解することが急務だということではないだろうか。だから教育改善に関するいかなる問いも常にプラグマティックに扱われるべきであるし、教育を通じて達成しようとしているものとの関係で扱われるべきである。また、教育改善を考えるにあたっては、複雑性に裏打ちされた理解の重要性を述べたように、教育のダイナミクスについてもっとよく理解することが急務だという問題も考慮に入れる必要がある。これは部分的には、もっと多くの、よりよい教育理論が必要だという主張でもある。さらに、「質的」と「量的」に関する無駄な議論を超えて、教育の様々な過程と実践に固有の性格に関する問いを議論の出発点とする必要性を指摘している。効果的な教授法に関する TLRP の 10 原理は、「英国史上最も大規模な教授・学習に関する教育研究のプログラム」において、上で述べた論点の大半が依然として欠如していることを示す事例なのである。

議論とさらなる考察のための 5 つの問い

---

1. あなたの研究はどのように教育の改善に貢献しようとしているか。
2. 教育の改善を考えるとき、教育の目的の 3 つの領域（資格化、社会化、主体化）に照らしてあなたの見解はどのようなものか。
3. 教育のダイナミクスに関するどのようなモデル（それが暗示的であれ明示的であれ）があなたの研究の背後にあるか。そのモデルは、オープンで、記号論的で、再帰的なシステムという教育の見方とどのように違っているだろうか。
4. あなたの研究が教育の改善への示唆をもたらすとして、そのような改善を達成するための財政的、教育的、あるいはその他の「コス

ト」について言っておくべきことはないだろうか。

5. 知識、ならびに知識と教育実践の関係に鑑みて、あなたの研究は「テクニカル – 文化的」のスペクトラムのどこに位置づけられるだろうか。

［訳　注］

[1] ハレ（Halle）大学は、1694年創立の、ドイツ東部ライプツィヒの近郊にあるザクセン＝アンハルト州ハレ市の大学。1817年に、ヴィッテンベルク大学（1502年創立）と合併し、後者で教鞭をとっていたマルティン・ルターに因み、マルティン・ルター大学ハレ・ヴィッテンベルクとなって現在に至る。

[2] 学校の効果（school effectiveness）研究には、半世紀以上の歴史の中で様々な内容が含まれるが、「『学力をはじめとした様々な点から、学校が子どもたちに与えている効果を測定し、その効果の増大あるいは縮小のために何ができるかを考えていく』ことに主眼をおく研究領域」と特徴づけることができる（川口俊明（2006）「学力格差と『学校の効果』――小学校の学力テスト分析から」『教育学研究』73(4), p. 351）。特に英国では、サッチャー政権以降、New Public Management、すなわち「『成果』をスタンダードとする企業経営手法を公的部門に持ち込む改革」が積極的に採り入れられたことにより、教育の質保証の一環として、「学校が教育目標を成し遂げ、運営上、教育上もしくはサービス上の効用を果たすことの成功する度合い」で学校の教育効果が測られる動きが加速した（有本昌弘（2005）「わが国義務教育への『質保証』概念導入の意義と課題――海外における質保証（quality assurance）論議から」『国立教育政策研究所紀要』134, pp. 82, 84）。

[3] TLRPは、Teaching and Learning Research Programme（教授・学習研究プログラム）の略。本章で記述されている以外の制度上の概要や経緯については、高野和子（2012）「激動のなかで教師教育研究を創る――教師教育担当教員 teacher educators を念頭においたイギリスでの試み」『明治大学教職課程年報』35, pp. 73–87, および朝倉雅史・髙野貴大・髙野和子（2022）「教師教育における『省察』言説の生成と展開に関する

海外動向と予備的考察——英米の NPM 型改革下の教師教育政策・スタンダードに着目して」『筑波大学教育学系論集』47(1), pp. 29–52 に詳しい。

[4] ロビン・アレクサンダー（Robin Alexander）は、ケンブリッジ大学ウルフソン・カレッジのフェロー（特待校友）で、ウォリック大学教育学名誉教授。引用されている論文でアレクサンダーは、ケンブリッジ大学での講義をもとに、2003 年に公表された政府の教育改革方針（the Primary National Strategy）とそこでの EBPM（Evidence-Based Policy Making）を批判的に検討している。その端緒としてアレクサンダーが引いたのが、下で言及されている Brian Simon の「なぜ英国には pedagogy が存在しないのか」という 1981 年の論文であり、アレクサンダー自身の論文もこれに因んで「<u>依然として</u> pedagogy は存在しないのか。初等教育における原理・プラグマティズム・コンプライアンス」というタイトルとなっている（下線は訳者による）。ジェイムズとポラード（James & Pollard 2012a）による恣意的な引用を批判する意図で言及していると思われる。

[5] 原著では、この後の 10 の原理の引用の最後に「最終アクセス 2012 年 10 月 10 日」の日付で TLRP の URL が記載されているが、訳書刊行（2024 年）時点でこのウェブサイトは現存していない（そのため本訳書では URL とアクセス日時の記載を除いた）。Teaching and Learning Research Programme の Wikipedia ページに記載のリンクから、アーカイブ記事として The TLRP website を開くことはできるが、原著に記載されている 10 原理のページは存在しない。

[6] telos（τέλος）.「完成・目的・終わり」を意味する。

[7] フィリップ・メイリュー（Philippe Meirieu）は、小中高の教師を経て、フランスのリュミエール・リヨン第 2 大学の教育学教授。2010 年から 2015 年までローヌ＝アルプ地方副大統領（生涯学習担当）を務め、2021 年からは社会教育団体 CEMEA（能動的教育法研修センター全国協会）会長を務めている。学習者の主体性を重視し、引用されている文献では、現代社会における教育を通じた「管理、分類、監禁の台頭」に警鐘を鳴らし、それに対する教育（学）者のより喫緊かつ積極的な貢献の必要性を訴えている。

[8] ローレンス・ステンハウス（Lawrence Stenhouse）はイギリスの教育思

想家（1982年没）。英国ノーフォークの国立大学イースト・アングリア大学で教育応用研究センター（the Centre for Applied Research in Education）の創設者の一人となり、英国教育研究協会の会長も務めた。

[9] 熱力学では、取り扱う対象を「系」と呼ぶ。系と無関係なものを「外部」（あるいは「外界」、「環境」、「周囲」）と呼ぶが、その外部とエネルギーや物質のやり取りが行われる系のことを「開放系」と呼ぶ。逆に、外部とエネルギー・物質のどちらもやり取りしない系を孤立系と呼び、エネルギーのやり取りのみを行う系を閉鎖系と呼ぶ。

訳

注

第3章

「何が役に立つか」では不十分だ

　教育研究とは「何が役に立つか」[1]に焦点を当てるべきものであると口にするのは容易であり、この提案に反論することはほとんど不可能であるようにも思える。それだけ「何が役に立つか」というお題目は魅力的な響きを持っている。しかし、より詳細に考えてみると、研究は「何が役に立つか」という知識を生成しなければならないという考え方、それが大規模なランダム化比較実験によって可能であるという主張、そしてそれによって教育実践の強固な「基盤となるエビデンス」[2]が与えられ教育の改善に大きく貢献するはずだとする向きには大きな問題がある。この章で批判するのは、教育はエビデンスに基づく営みであるべき、そして「何が役に立つか」という知識によって教育がエビデンスを基盤としたものになるという考え方だ。その議論の中で私は「知識に関する欠陥」「有効性に関する欠陥」「適用に関する欠陥」と呼ぶ3つの欠陥に注目する。ここまでの2つの章からいくらかのテーマと考察を引き取りながら次のように結論づける。教育実践は何がよい教育かということに関する規範的判断に基づいてのみ可能になるのだから、教育はエビデンスに基づくよりもむしろ価値に基づく必要があるのだ。

はじめに──エビデンスに基づく営みに向かう？

　教育のような専門的実践は、エビデンスに基づくかあるいは最低でもエビデンスから情報を得て行われるべきであるという考え方は、世界中の多くの国で支持されるようになった（概観のために、Wiseman［2010］を参照）。学会誌のタイトルをざっと見ただけでもエビデンスに基づく

実践という考えが人気になっていることが読み取れるだけでなく、それが多くの専門領域にまたがって存在しているということが明らかである。1990年代前半に初めてエビデンスに基づく実践という考えが発展した薬学（Guyatt et al.［1992］を参照）を皮切りに、社会福祉、メンタリング、図書館情報学にまで浸透し、教育に及んでいるのである[1]。もちろんエビデンスが専門的職業の中で役割を持つべきだという考えには直感的には魅力的に映る何かがあるし、エビデンスを参照したり生み出したりすることに反対する議論というのは想像すらし難い。専門職というのは他の職種と異なり、「人間の生活にとって価値があると考えられている特別な知識や技能」を持っていることを主張するものであるからこそ、よりいっそうエビデンスが重要であると思えるのである（Freidson 1994, p. 167）。このことは専門家の持つ知識や技能の基盤とはどんなものであるかという問いを生むだけではない。専門職というのは一般的に人間の善き生（well-being: ウェルビーイング）のためにあるものだという前提に立てば、利用可能な最高の知識に基づいて専門家として行動することは妥当なことのように見えるのだ。

　しかし、エビデンスだけが専門的実践の中で問題になるわけではない。問うべき重要なことは専門的行為[3]の中にエビデンスの担う役割があるかどうかではなく、どのような役割を担うべきかである（Otto, Polutta & Ziegler［2009］も参照）。それと同時に、エビデンスに実現不可能なことを求めても無意味であるから、エビデンスがどのような役割を担うことができるのかという問いについても深く考える必要がある。後者の問いは政策立案者がエビデンスに基づく実践という考え方を取り込

---

[1]　エビデンスに基づく実践という考え方を前面に押し出している雑誌のタイトルを（無作為に）列挙する ——*The Journal of Evidence-Based Medicine, The Journal of Evidence-Based Healthcare, The Journal of Evidence-based Dental Practice, Evidence Based Nursing, The Journal of Evidence-Based Social Work, Journal of Evidence Based Health Policy and Management, The International Journal of Evidence Based Coaching and Mentoring, The Journal of Evidence Based Library and Information Practice, The Journal of Evidence-Based Practices for Schools.*

む際に特に重要である。なぜならそういう場面では、人はエビデンスからかけ離れたことまで期待する傾向があるからだ（例えば、Weiss et al.［2008］を参照）。専門職者は有効性を示す研究のエビデンスがあることしかやるべきではないとまで言われるような場合には、これは深い問題となる。実際これは、ホームズら（Holmes et al. 2006）の的確な言葉を借りると、全体主義[4]の一形態とも言えるアプローチであると私は考える[2]。

　エビデンスに基づく実践という考え方は、専門的実践の中でエビデンスにより高い地位を与えることを好む者と、エビデンスに基づく実践という考え方一般およびその特定の専門領域での応用可能性に懸念を示す者の間に、相当な量の議論を生んできた（例えば、Hammersley［2005］; Smeyers & Depaepe［2006］; Holmes et al.［2006］; Cornish & Gillespie［2009］; St. Clair［2009］を参照）。科学的エビデンスから期待され得ることについて警鐘を鳴らす者もいれば、全てでなくとも多くの教育分野の問題の解決策として「医療モデル」[5]に倣った研究を推進し続ける者もいる（そのような見方に関しては、Prenzel［2009］を参照；そうでない見方に関しては Biesta［2010g］を参照）。この議論に対する私自身の貢献として、教育におけるエビデンスに基づく実践という考え方の持つ「民主主義上の欠陥」という面を強調してきた。つまり、特定のエビデンス利用がどのように目的や目標および教育的行為に関する専門家の判断やより広い民主主義的な熟慮を奪い去ろうとするかを前面に出して論じたのだ（Biesta［2007］を参照）。この章ではこの以前からある議論のいくつかの次元に再度立ち返り、さらなる次元を分析に加える。私はエビデンスに基づく教育の代替案として、価値に基づく教育の正当性を主張する論拠を示す形で、私自身の考えを表明する。価値に基づく教育という考え方を代替案と呼ぶからと言って、その中でエビデンスが果たす役割が何もないということではない。そうではなく、エビデンスの役割は実践を教

2　ホームズら（Holmes et al. 2006）はまた「マイクロファシズム」という考え方を用いて健康科学におけるエビデンスのディスコースを批判し、その考え方を用いることがいかに説得的であるかを論じている。

育的実践として構築する価値に対して付随的なものであるということを強調している。

　私の分析では、以下の3つの側面に注目する。認識論、存在論、実践の3つである。そのそれぞれについて、次元の異なる2つの「潮流」を紹介する。認識論については表象的認識論とトランザクション[6]的認識論、存在論については閉鎖系と開放系、実践については適用と統合の2つだ。3つの側面それぞれについて、十分理解されていない欠陥が存在することを指摘する。認識論の領域には「知識に関する欠陥」、存在論の領域には「有効性に関する欠陥」、実践の領域には「適用に関する欠陥」がある。これらの欠陥は3つ揃ってエビデンスに基づく実践というアイデアそのものに対する重要な問いをいくつか提示するだけでなく、規範、権力、価値観の持つ役割を前面に押し出す。最後の節では、教育実践におけるこれらの欠陥の意味するところを議論することで、私の提唱する価値に基づく教育の議論に導く。私は常々教育のような専門的実践に関してエビデンスができることとすべきことについて政策立案者が抱いている幻想を危惧している。そのため、私の貢献はまず第一に教育者が自らの実践におけるエビデンスの役割に関する不当な期待に抵抗し、実践への不当な介入にもより強く抵抗するのを助ける見識と議論を提供することである。

「何が役に立つか」についてのエビデンス

　エビデンスに基づく実践という考え方について議論するためには「エビデンス」という言葉そのものの意味から始めるのが有益だろう。オックスフォードの英語辞典は「信念や命題が真であるかどうか、妥当かどうかを示す利用可能な事実や情報の総体」と定義している[3]。つまりエビデンスは真実かどうかという問いに関係するのだが、重要なのは、この定義のもとではエビデンスそのものは真か偽か問われるものではない

---

[3]　*The Oxford Pocket Dictionary of Current English*. 2009. 2009 年 9 月 15 日 Encyclopedia.com: http://www.encyclopedia.com/doc/1O999-evidence.html.

と理解することだ。仮に私たちが知識を「正しいと判断された真実の信念」と定義するのであれば、それはつまり誰かが何かを知っているということはその何かが真実であり、そして真実であると信じられており、その信じていることは正しいと判断されているということを意味し、そうであればエビデンスはそのような信念の正当化において重要な役割を担う[4]。言い換えれば、エビデンスは特定の信念を真実として保持することに貢献し、その点において、その意味は「知識」という言葉の意味とは少々異なる。これは単なる言葉遊びではない（「エビデンスに基づく実践」と「知識に基づく実践」のレトリック上の効果の違いを考えることは興味深いことではあるが）。エビデンスとして考えられるものは単なる知識より広範になり得るという可能性が開かれるからだ（例えば、裁判においてエビデンスを作り上げる証言や目撃情報のことを思い浮かべてほしい）。さらに言えば、エビデンスと真実の間には機械論的につながりがあるというより、むしろある信念や命題を支えるエビデンスとして提出されているものの軽重については判断の必要性があるということである。

これらのことは全て理論上正しいのかもしれないが、現実には、もっと雑な理解になりがちだ（Hammersley［2009］も参照）。エビデンスに基づく実践に関する議論の中では、「エビデンス」はただ単に認知に関わる言葉で考えられている。つまり、エビデンスは知識であると、あるいはより限定すると、「真実の」知識であると考えられているということだ。それにとどまらず、エビデンスは科学的研究により生成された知識、つまり科学的知識にまで意味が限定されてしまっている。事実上、いわゆる「実験的研究」という特定の種類の研究、中でもランダム化比較実験が参照されることが多い。なぜなら、それが「何が役に立つか」についての妥当な科学的知識を生み出し得る唯一の信頼できる方法だと

---

[4] 知識を「正しいと判断された真実の信念」として想定することは可能かというのは別の問題だ。この問題はゲティアー（Gettier 1963）が知識として数えられないが、正しいとされた真実の信念ではある例を提示して以来議論され続けている。

考えられているからである。全てとは言わないが、多くの専門家がより
よいあるいはより望ましい状況を生み出すために変化を導入するという
モデルに基づいて活動しているという事実に鑑みれば、「何が役に立つ
か」に注目することそれ自体は妥当である。それゆえ、専門的介入が望
ましい「効果」を持つか否かは重要な問題なのである。こう考えれば、
エビデンスに基づく実践に関する議論の中で「何が役に立つか」という
問いが中心的な役割を担うのはなぜかということがよくわかるだろう。

　しかしながら、先述の通り、これに関連して考えるべき3つの問題が
ある。最初の問題は「認識論的」議論の次元である。この次元は、私た
ちは「何が役に立つか」についての知識をどのように生成し得るのか、
そして、より具体的には、私たちは実験的研究を通して生み出された知
識の地位をどのように理解するべきなのかを問う。2つ目の問題は議論
の「存在論的」次元である。介入と効果の間のつながりは実際どのよう
に実現されるのか、そして特に、物事が社会の中でうまく機能するとい
うのはどのようにして可能なのかと問いたい。3つ目の問題は議論の
「実践的」次元である。専門的実践は実際どの程度まで知識やエビデン
スに基づいていると言えるのか、そして私たちはエビデンスに基づく実
践を本当に科学的知識の適用という見地から理解するべきなのかという
問いである。

認識論——表象かトランザクションか

　ここまで、「エビデンス」という概念にはより精密な意味が与えられ
得るにもかかわらず、実践の基盤を作るべきエビデンスは一般にランダ
ム化比較実験の適用を通して生成される「何が役に立つか」についての
真実の科学的知識と見られていることを指摘してきた。ここから立ち上
がる一つの問いは、この文脈において「真実」とはどのように理解され
るべきかである。エビデンスに基づく実践の認識論的次元には比較的注
意が払われてこなかったが、この問いについて考えてみるとエビデンス
に基づく実践は表象的認識論に依拠しているという印象を持つ。つま
り、「物事」が「世界」の中にどのように存在しているかを正確に表す

ものが真実の知識であるとされるような考え方に基づいているのである。物事が世界にどのように存在しているか、そして物事のつながりを規定する法則についての真実かつ完全な知識を生成することが私たちに実際に可能だとしたら、いくらかのことについては A をすれば B という結果が出ると確信をもって言うことが可能なのではないか。この角度から見ると、教育のような分野でそのような知識を未だ持ち合わせていないという事実は「構造的」問題ではなく「実践的」問題だと考えられることになる。つまり、教育の現実を作り上げる全ての要因、側面、次元を取り入れるだけの十分な研究に私たちは未だ取り組み切れていないということになる。もし私たちが研究への力の入れ方を自由に調整でき、全ての利用可能なリソースを同じ方向に注ぎ込むことができると仮定すると、（例えば Prenzel［2009］がそうであるように実際に多くの議論が次のように続いていくのだが、）私たちはいつか教育実践の完璧なエビデンスの基盤を得ることができ、同じ理屈で教育以外のあらゆる実践についてもそうであるということになる。

　真実であり、客観的で、完全そして完璧な知識というのは存在するのか否かという抽象的な議論に踏み込むことは実りあることではないと私は考える。それはそのような議論では賛成派も反対派も似たような前提に立って議論をしていることが多い（Bernstein 1983; Biesta & Burbules 2003; Biesta 2005）という理由もあるが、それだけではない。むしろ私が強調したいのはより実践的な点であり、それは表象的認識論と実験的手法の間にある緊張関係に関わるものである[5]。表象的認識論では知識はそれを持っている人から独立し、その人からの影響はいっさい受けない、世界の写し絵として見られる（デューイが「傍観者的視点」の知識と名づけた考え方だ）。しかし実際は、実験は常に世界への「介入」である。表象論的視点から見ると、そのような介入は世界の歪みとしてしか見られず、真実の知識を得る可能性に脅威を与えるものだということになる[6]。この難しさを乗り越える方法は知識の生成における実験の役

---

[5]　これはデューイによって極めて詳細に語られたことをかなり短くまとめたものである。例えば、Dewey（1929）を参照のこと。

割を信用しないことではなく（実際のところ、全てとは言わずとも現代的技術を支えるほとんどの知識は実験や介入を通して生成されてきたと言えるのだから）知識生成に対する介入主義や実験的アプローチの認識論が示唆することを研究することである。これはまさにデューイが知識や知ることに関する彼の著作の中でとったやり方である。

　第7章でデューイの考えについてより詳細に検討する（Biesta & Burbules［2003］も参照）。ここではデューイの考え方の重要な示唆を強調しておきたい。それはエビデンスに基づく実践の考え方を下支えする認識論的土台を揺るがす重要な波及効果を持っている。重要なことは、知識とは何であり、そしてそれはどのように得られるかということをきちんと理解したうえで実験というものを真剣に解釈するならば、私たちは知識を静的で観察者から独立した現実であるとする知識の傍観者的視点を手放し、実験から得られる知識は「関係性」についての知識、より正確に言えば、（私たちの）行動と（それらの）結果の間の関係性についての知識であるという事実を認めなければならない。「表象的」認識論とは区別して、私たちはこれを「トランザクション的」認識論と呼ぶことができる（Biesta & Burbules 2003）。トランザクション的認識論では実験はもはや現実の歪みとは見られず、私たちが現実に関する知識を得るのに欠かせない要素となる。そのような知識は静的に「そこにある」世界を描写しているわけではない。伝統的な意味合いで言えば、そのような知識は客観的ではないということである。なぜなら私たちがその生成に関わっているからだ。しかし、それはまた私たちの心によってのみ創られた知識でもない。つまり、これもまた伝統的な意味合いで言えば知識は主観的なものでもないということである。ここでいう知識とは、世界に関する私たちの介入を受けて生まれる知識である。このように、実験を真剣に捉えるとは、現実に関する完璧な知識に辿り着くことが可能であるという考え方を放棄することを意味する。それは私たちの知識が常に現実の主観的な近似にすぎないものになるというカール・ポパー[7] が支持した考え方によるのではなく、「世界」が常に私たちの介

6　これは量子物理学の解釈を難しくする問題でもある。

入を受けて存在しているからであり、また「世界」が私たちの介入を受けて変化するからである。完成された宇宙の傍観者になるのではなく、私たちは常に発展し続ける未完成の宇宙の参与者であるという考え方にデューイのプラグマティズムは至ったのである。

　デューイのトランザクション的認識論は「何が役に立つか」という考え方によりよく適合しそうである。つまるところ、焦点は全て行為と結果の間の関係性に当たっているのだから、実験から生成される知識は「何が役に立つか」を実際私たちに教えてくれると言えそうだ。しかし、「何が役に立つか」という考えを表象的認識論の見地から捉えるのと、トランザクション的認識論から捉えるのとでは、決定的な違いがある。表象的認識論においては、何が役に立つかという知識は「未来」にまでつながる。つまり、ありのままの現実そのものについての完璧な知識を手に入れたとすれば、その知識は未来永劫変わらないはずと考えるのである。一方、トランザクション的認識論の考え方では私たちの知っていることは全て「過去」に観察された行為と結果の関係性に関することであるとされる。表象的認識論は私たちに「確信」を与えてくれるのに対し、実験を真剣に捉えることができるトランザクション的認識論は過去にどのようなことが「可能」であったかを示し、そこには過去に可能であったことが未来でもまた起こるという保証はいっさいないのである。

　トランザクション的認識論を受け入れることで私たちは過去に何が「役に立ってきたか」については正当な根拠のある主張をすることができるが、未来において何が「役に立つであろうか」ということについてはそうはできない。今ここで起きている問題に対処しようとする私たちの営みにおいて、過去に何が役に立ったかという知識は言うまでもなく極めて重要である。なぜならそれは私たちが今ここで出会っている問題を理解するための様々な新しい道筋を与えてくれるからであり、また現在の問題解決のための仮説を与えてくれるからである。デューイの言葉を借りれば、私たちの行為と問題解決をより知性的なものにしてくれるということだ。しかしながら、トランザクション的認識論の考え方に従えば、実験を通して生成されたエビデンスは、私たちに行動のルールを

与えることはできないし、ましてや命令などできるはずもない[7]。実験的研究を通して生成される知識とその知識の利用される方法との間にあるこのギャップを私はエビデンスに基づく実践の「知識に関する欠陥」と呼びたい。これはつまり、実践ではなく構造の問題として、私たちの持っている知識と私たちの行動しなければならない状況の間に「常に」ギャップがあるということを示している。この点において、実践のためのいわゆる「知識の基盤」は十分ではないし、今後も十分にはなり得ない。このことは、今度は、実践の中でこのギャップはどのようにして埋められるかという問いを生み出すことになる。この問いについては、また後ほど議論することとする。

存在論——因果性か複雑性か

エビデンスに基づく実践の議論では、介入と効果の間の関係性に関する完璧な知識は存在するのかという問いだけでなく、その関係性そのものに対する問いについても考えなければならない。介入はどのように機能するのか。行為と効果のつながりはどのように構築されるのか。単純な、そして今となっては単純化しすぎたというべき考え方は、介入が原因となり結果として効果を生み出すというもの、そして最適な環境下ではそれが必ず起こるというものだ。これは「百発百中」の因果関係という考え方であり、社会的領域では、仮にあるとしても、極めて特殊な状況下でしかあり得ないものである。すでに第2章で詳しく論じたように、そのような「強い」因果関係システムは直線的かつ決定論的方法で

---

[7]　私がここで指摘していることはトランザクション的認識論のほうが優れているという前提に依って立つものではないということを強調しておきたい。私の主張は一般的な哲学的主張の一つというよりは、実験というものをきちんと捉えることのできる認識論を採用することから自然と導き出される帰結である。つまり、トランザクション的認識論に肯定的な主張は、エビデンスに基づく実践の支持者の考え方の中心的役割を担う実験的手法と、その手法を通して生成された知識の優位性を主張するのに用いられる表象的認識論との間の、矛盾とまでは言わないものの、緊張関係を乗り越える試みなのである。

機能する閉鎖系の中でしか起こり得ない。そして教育は決してそのような
ものではない。教育とは開放的で記号論的で循環的なものである。教
育は決定論的方法ではなく意味と解釈を通して機能し、直線的ではなく
循環的に機能するものなのである。

　システム理論と複雑性理論から導かれるこれらの考え方は有用であ
る。なぜなら、すでに述べたように、これらの考え方は「何が役に立つ
か」という議論の多くが閉鎖決定系を無根拠に前提として語られている
一方で、実際の社会的現実、つまりエビデンスに基づく実践に昇華させ
られようとしている多くの実践の現実は決して閉鎖決定系ではないとい
うことを強調するからである。換言すると、「何が役に立つか」という
ことに関する多くの議論は、そもそもそういう議論が可能だとして、人
間的交流の領域における標準ではなく例外である機械論的存在論の前提
に基づいて行われているのだ。「実践の基盤となるエビデンス、特にラ
ンダム化比較実験から得られたエビデンスの実践への適用」の結果とさ
れる「薬学や農学やその他の分野の目覚ましい発展」(Slavin 2002, p.
16) が教育のような分野ではそう簡単に期待できないことの理由の一つ
がこれである。教育のダイナミクスはじゃがいもの栽培や化学のそれと
は根本的に異なるのである [8]。

　私はこれをエビデンスに基づく実践の「有効性に関する欠陥」と呼び
たい。私がここで言いたいのは、社会的領域では介入は機械論的あるい
は決定論的には効果を生み出さないということ、そして、実践上の問題
ではなく構造上の問題として開かれたプロセスを通じて介入が機能する
ので、介入と効果のつながりは非直線的であり、よくてもせいぜい確率
論的でしかないということである。ただし、これは「介入」と「効果」
という言葉が意味をなすとすればの話だが。

---

[8]　この議論には存在論と方法論のいずれの議論として考えるべきかという問
題がつきまとう。システム理論は方法論的道筋を辿ることが多く、そこでは現
象は閉鎖的であるとか開放的であるとか循環的システムであるとか「あたかも
そうであるかのように」語られる。因果関係という概念および社会的相互行為
の中でのその機能の仕方ということに関しては、因果的存在論か社会的存在論
かというような存在論的レベルで区別して考えることが得策である。

介入によって何らかの効果を生み出すという有効性に関して欠陥があると考えると、専門的行為の領域やより一般的な社会的領域では物事はどのように達成されるのかと疑問に思われるかもしれない。第2章ですでに詳しく述べたことだが、この疑問への答えは「複雑性の縮減」と呼ばれるものだ。複雑性の縮減とはシステムの要素に対する行動の選択肢の数を減らすことと言ってよい。例えば、ファストフード店は複雑性が取り除かれたシステムの好例である。客にとっても店員にとっても素早くスムーズな対応が可能なように行動の選択肢が十分絞られている（だから世界中のほとんどどこであってもファストフード店でハンバーガーをいとも簡単に注文できるわけだ）。コールセンターの従業員の用いるマニュアルもよい例だ。ただし、その場合得られるものはプロセスのスピードではなく理解のし易さである。つまり、一つのマニュアルで全ての要素がカバーされており、必ずしも客には便利でなくとも、従業員にとって便利なものであることが確約されている。これまで議論してきたように、学校も複雑性の取り除かれた環境下で動くシステムのわかりやすい例である。

　一般的に、複雑性の縮減によって、複雑な開放系はより開放的ではないシステム、つまりインプットとアウトプットそして行動と結果の間にあり得る結びつきの数が減って、結果的に規則性と構造が立ち現れるようなシステムに見えてくる[9]。原因と結果の結びつきがいかに生じているかを見ることで、どういう種類の、そして、どれだけの量の仕事をこなせばいいかが可視化され始める。どういう秩序が生じていれば、物事が思惑通り「役に立ち」、行為と結果のつながりがより予測可能で安定的なものになるのかが可視化されるようになるのである。そのような規則性を自然に起こる現象とするのは正しい考え方ではなく、その規則性は実際のところまさに文字通りの意味で社会的構築物なのである。社会的構築物が存在すると主張することは、それがよいということも悪いと

---

[9]　この章で扱うことのできない問題は複雑性を縮減しようとする試みが同時に複雑性をどれほど引き上げるかという問題だ。この問題の興味深い考察としては、Rasmussen（2010）を参照されたい。

いうことも意味しない。複雑性の縮減が益となる場合もある一方で、それが足枷になる場合もある。しかしシステム内の「要素」への働きかけの選択肢を縮減する試みは力の行使に関わることであるため、複雑性の縮減は何よりもまず政治的行動であることが理解されなければならない。

実践——適用か統合か

　複雑性の縮減という考え方は、教育といった複雑な開放系のなかで、なぜ、そしてどうやって物事は役に立ち得るのかを理解するためだけに重要であるわけではない。それはまた教育のような分野がエビデンスに基づくものになるべきだと主張するためによく使われる理屈を批判することにも役立つ。上で引用したように、そういった理屈によれば「薬学や農学やその他の分野の目覚ましい発展」は「実践の基盤となるエビデンス、特にランダム化比較実験から得られたエビデンスの実践への適用」の「結果」であるということになる（Slavin 2002, p. 16）。ここで浮かび上がる疑問は、そのような分野の発展を科学的知識の適用または応用の結果と理解するべきだというのは本当に妥当なのだろうかということである。

　現代科学の技術的成功に関するこのような考え方に反対する最も興味深い議論の一つはラトゥールによるものである。特に『フランスのパスチャライゼーション』（Latour 1988）や『科学が作られているとき』（Latour 1987/1999）が顕著な例である。これらの著書の中でラトゥールは現代的な技術科学（ラトゥールはテクノ・サイエンスと呼んでいる）が現代社会に与える影響の認識論的理解を批判している。認識論的理解では、技術科学者ら（techno-scientists）が「ファクトとマシーン」を実験室で作り出し、それが実験室の外の世界に分配されていくと考えられている。ファクトとマシーンが広い世界にうまく分配されること自体がそのファクトやマシーンの裏にある知識の特別な質の保証と受け取られる。

　ラトゥールは技術科学者らが実験室でファクトやマシーンを作ることができることを疑っていないし、そのようなファクトやマシーンが生み

出された場所とは違う場所で利用されることもこれまでにあったということを認めているが、彼が問題視しているのはこのことをもって実験室で生まれたファクトとマシーンが実験室外に適用されたと理解するべきだとする考えである。ラトゥールによれば、むしろそこで起こっているのは外の世界こそが実験室の環境に変形させられているという事態だという。彼はこう書いている。

> いまだかつて実験室で生まれたファクトがありのままの外の世界に適用された例はない。もしファクトが実験室の外へ出て行ったとすれば、それは、実験室のほうがまず最初に外の世界に影響を与え、実験室であらかじめ決められたことに合うように状況を作り替えてしまったのである。(Latour 1983, p. 166)

ラトゥールはパストゥールに関して書いた著書の中で、パストゥールのアプローチ[8]が成功したのは特定の技術をフランスの田舎の全ての農場に適用した結果ではなかったとしている。パストゥールの技術が役に立ったのには、それを可能にした「わけ」がある。フランスの農園の多くの部分が、技術が生み出された実験室の環境に近づくように変えられたのである。ラトゥールの言うように、実験室での実践の限られた条件を遵守する環境でしか、パストゥールの実験室で生み出されたやり方を全てのフランスの農園に広げることはできなかったのである（Latour 1983, p. 152）。「フランスのパスチャライゼーション」（Latour 1988）は現代科学によって現代の世界がどのように変えられてきたかということを示す一例であり、これはファクトやマシーンを外側の世界に持ち出した結果によるものではなく、世界のほうを作り変えて物事が役に立ち真実であり得るような実験室環境の一部にしているのだとラトゥールは繰り返し主張している。

　ラトゥールは「ファクトやマシーンが生き残ることができる内の世界を外の世界に反転させてしまうこの壮大な企て」を「測定学」[9]と呼んでいる（Latour 1987, p. 251）。測定学はファクトとマシーンのための「滑走路」を創り出す過程として理解される（同書、p. 167）。その過程

は社会を変えることであり、社会を技術科学のネットワークに統合することであり、その結果ファクトもマシーンも目に見える努力なしに「飛び立って行く」ことができるのである。それゆえ、ラトゥールが説明するように、「科学の外側というものはなく、存在するのは科学的事実の流通を可能にする長く狭いネットワークなのである」（Latour 1983, p. 253）。このプロセスが最もよく見える分野は薬学である。医療に関する豊富な知識や技術は極めて限られた状況下でのみ役に立つことが多いからだ。そのような環境を作ることが個人に託される場合もある。例えば、薬をアルコールと一緒に服用してはいけない、車を運転する前には服用してはいけない等の指示が与えられる。また、医学的知識や技術がより厳しくコントロールされた病院という環境でしか役に立たないこともある。こう考えると、病院というのは医学的知識と技術を役に立たせるための、実験室と世界の「中間地点」であると言える。病院、ケアホーム、クリニックといったものがそこら中に溢れていることをありがたい進歩だと捉えることも可能だが、一方で心に留めておくべきことは、こうした施設の全てが、ずっと広い領域を持っている医薬のネットワークの複合体の一部であるために何をしているかということである。つまり、人、物、金、キャリア、その他の関心事からなる広大なネットワークがあり、そのとてつもない規模と数のつながりゆえに、健康や投薬について別の可能性を考えることが、不可能ではないとしても非常に難しく、さらに重要なことに、別の可能性を「実行」することなど当然極めて難しいのである。

　すでに述べた2つの欠陥に即して、私はこの側面をエビデンスに基づく実践の「適用に関する欠陥」と呼びたい。エビデンスに基づく実践やエビデンスを用いた実践の考え方の根幹をなす考え方、つまり現代科学が社会に及ぼす影響を科学的知識の適用という観点から捉える見方をすることで、そのような知識の適用を可能にしているものの重要な側面（特に、知識の適用を可能にする外部世界の改変に必要な労力の問題）が見落とされてしまうということ、そしておそらくそれが特定のネットワークへの実践の統合を見えなくしてしまうイデオロギーとして機能しているということを強調しておきたい。これが重要な意味を持つのは、

このような科学の発展があることで、人々は他と異なる行動や思考を制限されることになるからである。それは「代替」医療の機会を設けるうえで実際に起きている闘いに顕著なことである（そもそも「代替」という言葉こそが「標準」と考えられているものの力を示している）。ここまでわかれば、私たちは規範、権力、そして価値についての問いに向かうことができる。

エビデンスに基づく教育から価値に基づく教育へ

　私はエビデンスに基づく実践という考え方について、「知識に関する欠陥」（行動と結果の関係についての知識は私たちに可能性を与えるだけで、確信を与えることは決してない）、「有効性に関する欠陥」（全てとは言わずともほとんどの社会的なやり取りにおいて、私たちは開放的で循環的なシステムとして機能するプロセスを持っており、それゆえ行動と結果のつながりを完璧に定めることはできない）、「適用に関する欠陥」（科学的知識の適用を通じて実践が変わるとする考え方のせいで知識が機能し始めるように実践のあり方を変えるという作業が見落とされる）という3つの欠陥を特定してきた。これらの3つの欠陥はエビデンスに基づく実践の「取組み」とそのよくある喧伝のされ方に対してすでに大きな疑問を投げかけている。加えて、私は開放的・循環的・記号論的システムの中で何かが「役に立つ」という場合それがいかにして可能か、つまり行動と結果の間のより「パターン化された」つながりを生み出すことがいかにして可能かということを理解する方法として、「複雑性の縮減」という概念を導入した。これはシステム内で可能な行動の選択肢の数を減らすことであるが、これが「権力」への疑義を生むことを強調した。なぜなら、これはつまり、誰に対する行動の選択肢を減らす権力を誰が持っているのかというのが問題だからである。また、複雑性を縮減する恣意的な試みは何が望ましいかについて特定の好みを明瞭に示すことになるため、「規範性」についての問いにもつながる。これらのこと全てが教育実践の中で中心的な役割を果たす。なぜなら、教育とは単に学習に関することにとどまらないし、教師が生徒に与える影響

だけのことを言うのではないからだ。教育というのは目的論的営み、要するにテロス（つまり目標や目的）に枠づけられた行為なのである。それゆえ、教育的な行為や調整については、それが引き起こすであろう結果の望ましさに常に注意が払われねばならないのである（Biesta [2010f] も参照）。

　教育の目的論的性質は、「何が役に立つか」に関する問い、つまり教育的行為の有効性に関する問いが目的に関する問いより先に来ることはないという主張の重要な根拠となる。ここまで論じてきた全ての制約を考えればわかるだろう。私たちがどのように成果を出すことができそうかということを問い始めるのは、私たちがどのようなところに辿り着きたいと願うかという問いに答えてからしかあり得ない。エビデンスというのはせいぜい私たちに行動と結果のあり得る関係性についての情報を提示するだけであり、それゆえ教育の手段に関する話以上には絶対になり得ないことを考えれば、エビデンスに基づく実践という考え方は問題を抱えているとわかる。なぜなら、もしエビデンスが教育的実践の唯一の基盤であるのだとしたら、教育的行為は完全に目指すべき方向性を欠いたものになるからである。これが、教育においてはまず価値の問題から始めるべき一つの理由である（Ax & Ponte [2010] も参照）。

　エビデンスに基づく実践の支持者がエビデンスを「参考」にした実践というより穏当な選択肢を取ろうとしたとしても、上で述べたことは変わらない。繰り返しになるが、もし私たちが行動と結果の間に存在し得る関係性に関する何かしらの知識を使いたいとすれば、私たちはその知識を適用したいと本当に願うかどうかについての重要な判断を下さねばならず、これはやはり価値判断なのである（Smith 2006; Biesta 2009b）。そのような価値判断には 2 つの側面がある。1 つには、役に立ちそうなことに関する情報の「一般的な」望ましさに関する問いがある。ここで重要なことは仮に私たちが特定の目的を達成する最も効果的な方法を発見することができたとしても、私たちはそれでもなおその情報に従って行動することを拒否する可能性があるということである。例えば、教育的な到達点に対する家庭環境の影響には研究によって得られた確かな証拠がある。しかし、ほとんどの場合私たちは将来のどこかのタイミング

における教育的な成功の可能性を広げるためだけに子どもたちを親から引き離すということを望まないだろう。もちろん、それが最も望まれることだと判断することもある。しかしながら、それは何が役に立つかという知識に導かれるものではなく、最も望ましい行動はどのようなものであるかという複雑な価値判断によるものである。今回の例で言えば、家庭への介入と不介入のもたらし得る益と害を慎重に評価する必要があるということだ。

　教育の場合、求められることは特定の行動の望ましさに関する一般的な価値判断にとどまらない。私たちが教育の中で何か望ましい成果を達成するために講じることのできる手立てに関しては、「教育的」価値判断とでも呼ぶべきものについても考慮しなければならないのである。このことの理由は、教育では手段と結果に内的関係があるという事実を見ればわかる。私たちが教育で用いる手段（指導スタイル、ある行動の仕方や在り方を促そうとする複数の方法）は異なる結果を生むだけでなく、生徒に何かしらのことを教えてしまうのである。このことを理解するには、罰がよい例である。私たちはある種の罰の有効性についての強いエビデンスを持っていると言ってよいかもしれないし、特定の状況における罰の使用については益が害を上回るという価値判断に至る可能性すらある。しかしそれでも罰を与えないことを私たちは選び得るのだ。なぜなら、罰を与えることは子どもたちに「最後の手段として暴力に頼って人の意志を押し付けたり自分の好きなことをしたりするのは致し方ないことである」と教えることになるかもしれないからである（Carr 1992, p. 249）。これは教育において報酬を使うべきか否かと問う場合にも同じように問題となる。

　これらのことが示すのは、価値は教育的実践の単なる一側面であるのではなく、まさに、教育的実践を構成する要素そのものなのである。規範的な方向づけ、何が教育的に望ましいかの決定、教育的実践の「究極の」目的の明示、こういったものなしに実践は、少なくとも「教育的」実践としては、存在し得ないとまで言うことができよう。それゆえ教育的実践の目的と目標についての決定に照らした時のみ、エビデンスと有効性についての問いがようやく意味を持ち始めるのだ。実践の目的や目

標が何かということについての決定を下さないかぎり、生成したり集めたりするべきエビデンスなど存在しないのである。ただしこれは、一度そのような決定さえ下してしまえばエビデンスの重要性が立ち現れてくるという意味ではない。なぜなら、エビデンスが生成され得る範囲内において、何が教育的に望ましいかについてのあらゆる決定によってエビデンスを「濾過」する、つまり教育のあらゆる目的のどれかにそぐわないエビデンスを取り除く必要があるからである。

　しかしこれは単に価値とファクトのどちらが優先されるべきかという議論ではない。私はこの章で、エビデンスやエビデンスが持つ実践のための情報の基盤やソースとしての力に関する多くの議論には穴があるということ、あるいは少なくとも何かしら問題含みであることを示そうとしてきた。これは単に生成され得る知識の種類の限界や、人間と社会の領域において行動と結果が結びつく強さや確かさの限界だけが理由ではない。おそらくエビデンスに基づく実践の最も深刻な問題は、薬学や農業の分野の発展が「何が役に立つか」に関する科学的エビデンスの適用の結果であるという考え方を支持するエビデンスがほとんどないということである。それゆえ、エビデンスに基づく実践の「プロジェクト」は至急再考されねばならない。知識の限界、社会的やりとりの本質、物事の機能の仕方、そこにおける権力の働く過程、そして最も重要なことに教育などの社会的実践を構成する価値や規範的方向づけを考慮に入れる必要があるのだ。

議論とさらなる考察のための 5 つの問い

1. あなたの研究から得た発見や示唆が単に「何が役に立つか」に関するエビデンスとして解釈されないようにするためにはどうしたらよいか。
2. 知識に関するどのような種類の考えがあなたの研究に知見を与えるか、また、それらは表象とトランザクションの区別のどこに位置するか。

---

3. あなたが研究対象としている教育的状況が複雑性（開放性、記号論現象、循環性）の縮減を通してどのようにして生じてきたかを説明できるだろうか。
4. あなたはどの程度この複雑性の縮減が妥当で有益なものであると考えるか。また、それはなぜか。
5. あなたの研究から得た示唆が教育的実践にとって有意義なものであり得るために満たさなければならない条件とはどのようなものか。

[訳 注]

[1] 原文では "what works" である。この言葉は田中智志・小玉重夫（監訳）『教育の美しい危うさ』（東京大学出版会、2021年）では「作用するもの」、藤井啓之・玉木博章（訳）『よい教育とはなにか——倫理・政治・民主主義』（白澤社、2016年）では「何がうまくいくか」と訳されている。本訳書ではエビデンスを用いることばかりに注意が向き、本来目指すべき教育的価値の検討が十分になされていないということを強調するために「役に立つ」という言葉を選択した。

[2] エビデンスを基盤とした実践は日本の学校教育でも政策レベルで推し進められている。例えば、文部科学省は「教育の情報化に関する取組」の一つとして「エビデンスに基づいた学校教育の改善に向けた実証事業」を令和元年度に始めている。そこでは学習指導・生活指導および保護者への情報提供や学校経営に関しても、日々の教育活動の中で生まれたデータを集約・連携・可視化し、指導・支援に活用することが目指されている。数値的な測定によってエビデンスを生成すること及び教育現場に適用することの一般的な問題についてはジェリー・Z・ミュラー（著）、松本裕（訳）『測りすぎ——なぜパフォーマンス評価は失敗するのか？』（みすず書房、2019年）、杉田浩崇「エビデンスに基づく教育」（石井英真［編著］『流行に躍る日本の教育』東洋館出版社、2021年）などを参照されたい。

[3] 原著には processional action とあるが、文脈上 professional action の誤りと思われるため、ここでは「専門的行為」と訳している。

[4] ホームズらは全体主義に対置されるものは言論の自由と視点の複数性に
導かれる政治であるというハンナ・アーレントの主張を引用している。
エビデンスに基づくあらゆる実践は中立ではなく何かしらの利害・関心
を伴うものである以上（松下良平［2015］「エビデンスに基づく教育の
逆説 ── 教育の失調から教育学の廃棄へ」『教育学研究』82［2］,
pp.202–15）、エビデンスに支えられた実践しか認められないという状況
は、個人の自由が抑圧された状態、つまり全体主義の状態であると言え
る。

[5] 教育だけでなく様々な分野におけるエビデンスに基づく実践は「エビデ
ンスに基づく医療（Evidence Based Medicine）」の考え方が分野を超え
て浸透したことで生まれている。

[6] トランザクション的認識論は、事物を要素として他の事物から切り離し
て考えることをしない見方である。「インタラクション」との違いも含
め、より詳しくは 7 章の訳注［1］を参照されたい。

[7] ポパーは個人の知覚は誤りを含む可能性があることを主張し、ある事物
についての客観的事実が個人の観察のみに基づいて確立されることはな
いとした。

[8] パストゥールの発明した低温殺菌法は現在でもワインや牛乳などの製造
過程で用いられており、「パスチャライゼーション」とも呼ばれる。この
技術が用いられることでワインの風味を失わずに微生物を人体に害のな
い程度まで減らすことができるようになった。

[9] 測定（あるいは測量）とは、時間であれ面積であれ体重であれ、自然世
界に対して人工的な単位を付与して、計算し、数値化することである。
科学を社会に実装するプロセスを「測定学（Metrology）」と捉えるラ
トゥールの言葉は、それが紙の上の計算を紙の外の世界に適用すること
ではなく、ひたすらより多くの紙を広げてより細かい計算を重ねること
であるという主張だと理解できる（Latour 1987, p.253）。

第4章

教育の実践

　これまで、私はかなり緩やかで日常的な言葉づかいで、「実践として
の教育」という言い方をしてきた。しかし、教育を実践として考えると
は、実際にはどういうことなのだろうか。そこには何が含まれ何が含ま
れないのか。そもそも実践とは何か、何が教育を実践として成り立たせ
るのか、教育実践における知識、理解、判断の役割は何か、これらをよ
く理解することは、教育研究にとって極めて重要である。なぜなら、教
育の実践はしばしば研究の対象となるからであり、また研究を通して教
育を改善することに貢献しようとするならば、教育の実践に対する
フィードバックが必要だからである。1960年代後半から1970年代前
半にかけて、アメリカのカリキュラム研究者であるジョセフ・シュワブ
は、教育において「実践的であること」の必要性を主張するいくつかの
論文で、教育を理論的ではなく実践的に捉えること、すなわち教育に対
して「実践的であること」を主張した。具体的には、このようなシュワ
ブの主張は、カリキュラム研究という文脈で発表されているものである
が、より広い教育研究の分野にも関連する。現代の教育研究は、シュワ
ブの時代とはかなり異なっている面もあるが、彼の「実践」の分析およ
び実践的であろうとする主張には、依然として多くの価値がある。そこ
で本章では、彼の思想を探ってみたい。

はじめに──実践的であること

　1969年、ジョセフ・シュワブは、1本の論文を発表した。これは、
カリキュラム研究と実践において「実践的（practical）」という考え方に

立ち戻ることを主張した4本の論文の最初のものであった。本章では、シュワブが主張した「実践的なもの」が今日でもどの程度通用するのかを探るために、当該の論文を再検討する。そのために、私はシュワブの主張が位置づけられる、熟慮を重んじる伝統の流れの「過去」に目を向ける。ここでは、アリストテレスの著作[1]を明示的に取り上げることで、特に、アリストテレスが実践に対して、制作（ポイエーシス）と実践（プラクシス）を区別していたことや、不変的な知識（エピステーメー）と可変的な知識（ポイエーシスに対応するテクネーと、プラクシスに対応するフロネーシス）を区別していたことが、シュワブの主張を補強し、教育において必要とされる知識や判断の種類についてよりよい理解へとつながることを示す。カリキュラムの研究と実践の現状に関して、シュワブが論文を発表した当時と「現在」の状況がどのように変化しているかは、特に以下の3つの観点から考えられる。その3つとは、教師が専門的判断を行う裁量が著しく減少していること、エビデンスに基づく（evidence-based）教育が求められるようになっていること、カリキュラム研究が日常的な教育の実践的問題から遠ざかってしまっていることである[2]。一般的なカリキュラム研究や教育研究を日々の教育実践と接続し直すという課題に対して、研究−政策−実践それぞれの接点が変化している現状において、シュワブの熟慮的なアプローチが提供できることは多い。シュワブの主張は、教育研究と実践の「未来」にとって、間違いなく今もなお有効である。

　シュワブの「実践的なもの――カリキュラムのための言葉」（Schwab 1969）[1]を出版から50年経った今読むことは、カリキュラム研究の長い歴史と、教育研究、政策、実践における広範な研究動向について、興味深い切り口を提供してくれる。特に、シュワブが論文を発表した当時とある程度異なるとはいえ、今日でも教育実践を悩ませているカリキュラムとカリキュラム開発に関する「技術主義的」概念に代わる選択肢として、熟慮的な観点を盛り込もうとする目論見があるという点で、シュワ

---

[1]　読者にはぜひシュワブの原文に目を通してもらいたい。

ブの論文は極めて現代的なテーマを扱っている。またシュワブはカリキュラム研究に対して特に、「検証のないまま理論に依存すること」（Schwab 2004, p.103）に対して批判的であるという点でも現代的である。現在のカリキュラム研究分野において支配的な理論は、当時シュワブが批判した理論とはかなり異なるとしても、シュワブの批判自体は現在でも妥当なものであろう。カリキュラム研究の危機に関するシュワブの個別の分析は、現在の文脈ではあまり適切ではないかもしれないが、彼が学問の危機という概念に対してとっている主にトーマス・クーン的なアプローチ[3]は、今日のカリキュラムの研究・調査の状況を考えるための一連の興味深い問いを提供する。そしてそれはより広く教育研究にも関連する問いとなっている。また、シュワブがカリキュラムの開発と改善という「古典的な」問題に焦点を当てているのも斬新な点である。それはすなわち、「私たちの学校で、どのような手段で、誰に対して、どのような環境の下で、どのような目的をもって、何を教えるべきか」（Reid 1999, p. 1）に関する問題だからである。

　また、現在の見方からすると、シュワブの主張には問題があると思われる面もある。特にシュワブが、「アメリカの学校で何が行われているのか、行われてきたのか」を詳細に知る必要があるということ（同書、p.111）にこだわって、「（児童生徒が）あるトレーニングを実際に受けた場合と受けなかった場合の影響を明らかにする」（同書、p.113）ことを提案している点である。シュワブは、技術主義的観点からの学校の効果に関する調査に対してオルタナティブを提示したいと考えていた。それにもかかわらず、学校という「カリキュラム・マシン」（それ自体、熟慮的アプローチとしてはかなり残念な比喩である）の働きや、児童生徒が学校を出た後の長い期間も含めて、カリキュラムの「効果」や「有効性」に関する総合的な知見を求めようとすることは、結局、技術主義的な立場と同様であると受け取られかねないのである[2]。

　また、シュワブの論文には、見当違いと思われる部分もある。特に、

2　このようなシュワブの議論の危険性について、違った角度から共感的に論じているものとして Reid（1999）がある。

シュワブが「理論風（theoretic）のもの」（原注：理論的［theoretical］ではない）と「実践的なもの」の違いを明確にするために用いている理論についての考え方がそうである（後述するように、理論的なものに対するシュワブの反論よりも、実践的なものに対する彼の擁護論のほうが、実際にははるかに強い主張である）。また、シュワブが実践的なものの例として法律を引用することにも問題があり、規範に関することと認識に関することが区別されていないのではないかとも思われる。さらに、実践的なものに対するシュワブの擁護論は、それ自体、ほとんど理論化されていない（Van Manen［1977］も参照）。もちろん、シュワブの 1969 年の論文は、一連の 4 本の論文の最初のものであり（Schwab 1969, 1971, 1973, 1983[3]）、この一連の諸論文もシュワブの幅広い研究の一部であったことは念頭に置かなければならない（Westbury & Wilkof 1978）。したがって、この最初の論文でシュワブの立場の全ての側面が詳細に展開されているとは期待できないが、それでも、この論文はシュワブの貢献を十分に表しており、だからこそ、私はこれを主な資料として考察を進めることにしたのである。

過去──教育における熟慮の伝統

　シュワブが貢献している議論において重要な論点は、教育とは実際にどのような実践なのかという問いである。この問いは、カリキュラム研究、教育理論・研究により広範に見られる積年の課題でもあり、教育実践の「性質」という観点から提起されてきたものである。ここでは、教育に関する 3 つの区別が前提となっている。1 つ目は、インプットとアウトカムの因果論的・決定論的システムとしての教育と、意味・解釈・

---

[3]　この論文の長いヴァージョンは、当初、1970 年に全米教育協会教育研究センターから出版された。その後、Westbury & Wilkof（1978）の pp.287-321 に再掲された。この再掲版でシュワブは「理論的追求」から区別すべきものとして、「実践的」「準実践的」「折衷的」という実践（operation）の 3 つのモードを提示している（p.288）。

理解の開放系としての教育との区別である。2つ目は、没個性的な機械的教育と、人と人の出会いとしての教育との区別である。3つ目は、生産プロセスとしての教育と出来事としての教育との区別である。教育がどのような実践であるかという問いは、教育を現在進行形で生起する営みとして捉えるかどうかという観点からも提起されており、それは教育を科学として捉えるべきかアートとして捉えるべきかという古典的な問いに立ち戻ることになる（James 1899, pp.14–15）。

　科学かアートかという二者択一において、シュワブが選択しているのは明らかに後者である。そして、実践が「選択と行為に関わる学問」であることを強調するとともに、「実践の性質」を「目的を持った行為のパターンの維持と改善」に関わるものであると特徴づけている（Schwab 2004, p.112）。だからこそ、「根拠のある結論」を生み出すことに焦点が当てられる理論的な領域とは異なり、実践的な領域では「弁明可能な決定」に焦点が当てられるのである（同書）。したがって、シュワブは、実践の領域で物事をうまく進めるために必要な知識を特徴づけるのは、「行為とその結果として起きることに関する経験」（同書、p.111）であり「蓄積され伝承されてきたもの」であると言う。このことは、ひいては、実践の方法が「具体的な状況における行為の決定」に関わるものであるため、演繹的もしくは帰納的というより、熟慮的であるという指摘につながる（同書、p. 115）。カリキュラムの領域における熟慮の最も決定的な側面は、「目標と手段の両方を扱い、なおかつ、それらを相互に規定し合うものとして扱わなければならない」（同書、p. 116）ことである。したがって、熟慮は単に技術的なもの、つまり教育の手段に関するものであるだけでなく、教育行為の目的と目標、つまり「その時々の望ましさ」（同書）に関わるものであるという点で目的的なものでもある。シュワブにとって、熟慮の目的は正しい代替案（シュワブ自身は実践の領域に「そんなものはない」と主張しているが）を選ぶことではなく「最善のものを選ぶこと」であることを意味する（同書）。

　これに加えて、シュワブは、『民主主義と教育』（Dewey 1966）におけるデューイの民主主義擁護論と同様の考え方で、熟慮には「最も効果的であるために、最も多様な選択肢を検討し」、それぞれの選択肢を「最

87

過去──教育における熟慮の伝統

も多様な光」で見ることが求められるとしている（Schwab 2004, p. 116）。そして、熟慮のためにも「新しい公共性の形成とその構成メンバー間の新しいコミュニケーション手段」（同書）が必要だと論じている。シュワブは、そのためには、教育の専門家（シュワブは教育心理学者、哲学者、社会学者、テスト制作者を挙げている）同士の壁や、そうした専門家と教師、監督者（supervisor）、学校管理者（school administrator）間の壁、異なるカリキュラム科目間の壁（およびヒエラルキー）など多くの壁を取り除く必要があると考えており、全ての当事者間のコミュニケーションを改善しようとしている（同書参照）。

　シュワブが実践的なことについて擁護論を展開する際に、アリストテレスについて明確に言及しないのは注目に値する。アリストテレスは、シュワブの主張が位置づけられている熟慮的伝統の源流の一人であることは明白である（Dunne 1992; Reid 1999）。しかしシュワブがここでアリストテレスに明示的に触れていないことは、シュワブの思想的立ち位置がアリストテレスの影響を受けていないことを示しているわけではない。シュワブの論文や業績の端々に、アリストテレスの影響は見てとれる（Levine 2006）。しかし、アリストテレスにもっと明示的に言及していれば、実践の領域で問題となる2つの側面、すなわち、制作（ポイエーシス）の次元と実践（プラクシス）の次元をより明確に区別し、その結果、実践の領域で問題となる様々なタイプの知識や判断をより正確に強調できただろう。そのことはまた、理論風のものに対するより正確な反論を行うことにも寄与したはずである。この場合、議論の対象となるのは科学的知識それ自体ではなく、特定の種類の科学的知識、すなわち、可変的な知識とは異なる不変的な知識である。この2つの点について、簡単に触れておく。

　ポイエーシスに関して必要な知識は、アリストテレスがテクネー（τέχνη）と呼ぶもので、しばしば技術（英語では art）と訳される（Aristotle 1980, p.141）。テクネーは「ものの作り方の知識」（同書、p. 141）として理解され、「制作という営み自体とは別の目的」（同書、p. 143）を持つ活動に関するものである。つまり、テクネーとは、自分が作ろうとするもの、もたらそうとするものを実現するための手段を見出

すことに関わる。シュワブの言葉を借りれば、テクネーとは「行為とその行為による結果」についての知識である（同書、p.111）。テクネーには、私たちが扱う材料に関する知識と、その材料を扱うために使うことができる技術に関する知識が含まれる。これは決して、マニュアルやレシピに従うというだけの問題ではない。例えば、鞍を作るための一般的知識が、「この」馬のために、その馬に乗る「この」人のために、そして「この」革を使う際に利用可能かどうか判断する必要がある。これは教育現場でも同様で、目の前にいる児童生徒に対して、今ここで必要な判断が常に行われるのである。

　ポイエーシスが「存在することもしないことも可能であるような、しかもその生成の始まりが制作物の側ではなく制作者の側にあるような」（Aristotle 1980, p.141）ものであるのに対し、プラクスィスとは、ものの生産についてではなく、人間の善、すなわちアリストテレスの言う「人生全体として善く生きる」ことを実現するためのものである（同書、p.142）。そしてそこで重視される判断とは、どのようにすればできるかというテクネーの問題ではなく、「何がなされるべきか」（同書）についての判断であり、アリストテレスはこれをフロネーシス（φρόνησις）と呼んでいるのである[4]。

　テクネーとフロネーシスはともに判断を必要とし、この点で、明らかに「根拠のある結論」ではなく、シュワブの言う「弁明可能な決定」の領域にある。テクネーとフロネーシスは、教育の手段に関する熟慮と教育の目的に関する熟慮の違いにかなりの部分で一致している。この点で、アリストテレスの区別は、問題となる判断の種類の違いを強調するという点で有用であり、アリストテレスを援用すれば、シュワブは自身の実践への転回を理論的に正当化することができたはずなのである。シュワブは、教育問題に関しては、手段に関する熟慮と目的に関する熟

---

[4]　シュワブの論文の中で、特に実践的なもの、準実践的なもの、折衷的なものについての議論の中で、「知恵」という言葉が大きく取り上げられていることは有益であるが、ポイエーシスとプラクスィスの違いの重要性を明確に説明することはなかった。

慮を切り離すことができないと強調しており、この点でも間違ってはいない。なぜなら、教育において、私たちが用いる手段は、目的に対して決して中立的なものではないからである。そして、私たちが何を行うかということと同じかそれ以上に、私たちが何を言うかということから児童生徒は多くを学ぶのである（もちろん、多くの児童生徒は、教師の言動が一致していないことを見抜くことにも長けている）。

　アリストテレスがシュワブの議論を補強することができたかもしれない第2の点は、アリストテレスが不変の領域、すなわち「生成もせず、消滅もしない」もの（Aristotle 1980, p.140）と、可変（ポイエーシスとプラクシス）の領域（同書、p.141）を区別していることと関係がある。この区別は、教育の現実が永遠で不変的なものではなく、可変的な行為とその結果に関係しているということを表している。また、アリストテレスがエピステーメー（ἐπιστήμη）と呼ぶ不変的な知識（同書、p.140）と、テクネーやフロネーシスという可変的な知識・判断を分けるという意味でも重要である。シュワブの理論についての意見やカリキュラム研究における理論の使用に関する問題提起は、実際にはエピステーメーについて述べているのであり、実践の知であるテクネーやフロネーシスについて問題視しているわけではない。この点をはっきりさせるためにも、アリストテレスの知識に関する区別は優れていると言える。つまりアリストテレスを援用することで、シュワブの論考に見られる「反理論」的な印象を軽減させるとともに、教育という可変的な領域において必要とされる様々な理論を、はるかに肯定的に主張することができるのである（Biesta, Allan & Edwards 2011; Van Manen 1977）。

　カリキュラム研究における理論についてシュワブの批判する対象が、主に不変的な知識としてのエピステーメーであることは、シュワブによる理論やそれを言語化することの議論にも見ることができる。そこでは、理論は常にある視点や前提を踏まえた選択的なものであり、理論が言語化される場合も必然的に不完全なものになってしまう（「実際の行動を表す言語が血の通っていない不完全なものになってしまう」同書、p.111）ことが論じられている。「もし知識というものを自分の『外にある』現実を言語化したものと理解するのならば、不変的な知識と可変的な知識

を区別することにも合理性が生まれてくる」。そして、不変的な知識は行為の領域では決して十分ではなく、それゆえシュワブは「別のリソースから得られる他の種類の知識」が必要だとしている（同書、p.111）。

　また、シュワブが理論について考える際、真っ先に言語化の問題から始めているため、実践の領域にふさわしい知識／理論の例として法律を持ち出すことがいくつかの問題を引き起こす。シュワブは「法の奉仕者は法を知り尽くしていなければならない」（同書、p.112）と主張するが、ここで問題とすべきはそこではない。むしろ問題なのは、認識の領域と規範の領域の間の決定的な区別に関するところである。「法の奉仕者」が知識を持つべき法は、結局のところ、法的現実を記述したものではなく、法的な判断の方向性を指し示すための処方箋である。それゆえ、それらは人々の認識に関するものではなく、規範に関するものなのである。このように、シュワブが法律に言及することによって明らかにしていることは、教育のような人による実践には、「どのようにするか」という技術的な問題だけではなく、私が前章で詳しく論じたように「何をするか」「何を目指すのか」という規範的な問題が常に存在することなのである。

現在——何が違うのか？

　カリキュラムは理論からではなく実践からアプローチする必要があるというシュワブの中心的な主張には私も同意する。また、教育的な取組みの性質に関するシュワブの直感は基本的に正しいと思うが、特に、理論と実践の間に過剰な対立を持ち込んでしまっている点では、役に立たない面もある。繰り返しになるが、シュワブが実践について主張していることは基本的に正しい。ただし、シュワブがアリストテレスについてもっと明確に言及していれば、実践の領域で問題となる様々な知識や判断についてより正確に議論することができ、教育における「制作（ポイエーシス）」と「実践（プラクシス）」についても、より明確に区別することができたことも事実だろう。議論が錯綜しているのは、シュワブが議論を組み立てるにあたって用いている理論的な知識を概念化するとこ

ろである。シュワブは主としてエピステーメーについて論じているのであり、アリストテレスに従うならば、エピステーメーとは教育という可変的な領域には関係しない種類の知識に関する議論なのである。私としては、シュワブの実践的なことを擁護する主張は現在でも有効なものであると言いたい気もするし、アリストテレスやそこから発展した熟慮の伝統からインスピレーションを得ている他の研究者たちの貢献の結果として、シュワブの主張が年々力を持ち始めていると結論づけたい気もする（Kessels & Korthagen 1996; Reid 1999; Coulter & Wiens 2002）。しかし、重要な課題の一つは、このような主張が依然として有効なのは、どのような文脈でなのかということであり、その文脈がシュワブのオリジナルの論考の時点から大きく変化していることも明らかである。ここでは、文脈の変化について3つの重要な点を確認する。

シュワブによる実践への「転回」の主張から導かれる重要な含意の1つは、教師の判断が持っている中心的な役割の問題である。結局、教育のような実践的な領域では、私たちは常に「具体的な状況における行為の決定」（同書、p. 115）を行っているのである。言い換えると、教育の実践には、私たちの行為についての具体的な手段と、具体的な目的に関する熟慮と判断が関係しているのである。シュワブは、このような熟慮がまず具体的で状況的なものであり、その意味で、基本的に熟慮は「教師のもの」であることを指摘している。しかし、シュワブはまた、判断を共有し、検証し、集団として支持されるように、より幅広い構成員による熟慮の必要性、つまりは熟慮の持つ公共的な側面を強調している。過去20年、世界中の多くの国で、かつてないほどに政治家や政策立案者が教育の細部にまで干渉するようになった結果、何よりも教師の判断をめぐる状況に重大な変化が起きてしまっている（例えば、Gewirtz［2001］を参照）。これは、新自由主義体制によって説明責任が重視されたからであり、この体制にあっては教育実践とその過程をサポートするというより、むしろそれらが歪められてしまうことが多い[4]。

教育の内容と形態、つまり「何を」「どのように」ということに関するトップダウンの指示は、教師が個人的にも集団としても判断を下す機会を著しく減少させ、教師は教育の「成果」を常に測定するような体制

の下に置かれることになる。OECD や世界銀行のような超国家的組織による教育へのさらなる介入は、教師の専門家としての行為と判断にさらなる圧力をかけている。私たちは、このような変化が教育に限ったことではなく、他の多くの専門的な分野で起きていることを忘れてはならない（例えば、Noordegraaf & Abma［2003］; Noordegraaf［2007］を参照）。このことが引き起こす深刻な問題は、現在の政治的文脈のなかで、いかにして実践的なものを擁護することが可能かということだけではない。今までとは大きく異なる政治的文脈のなかで、いかにして実践的なものの擁護論が現代の教育にインパクトを与えることが可能なのかが問題なのである。後者の問題はより深刻な問題である。なぜならそれは、現在の教育政策の方向性に対する批判が不足しているというよりも、実行可能な代替案が不足していることを示しているからである[5]。

　第 2 は、シュワブが、当時のカリキュラム研究や教育学の主流であった、特定の形式の研究に対して異議を唱えていたということである。シュワブの批判の対象は、しばしば実証主義的研究と呼ばれるものだったと思われるが、むしろ狭義の「科学」の力を前提とした科学主義的なものを批判していたと考えたほうがよいだろう。しかし、シュワブの論考が発表されて以降、教育・カリキュラム研究の分野も大きく変化してきた。そこには、部分的に正反対の二方向の研究的潮流がある。特に英語圏では、質的研究、より正確に言うなら解釈的研究（Biesta 2010b）と呼ばれる研究が盛んである。このタイプの研究は、「理念的に、そして、大きな議論」として、カリキュラムとは何かについて語るのではなく、教育の経験や解釈の多様な側面を、具体的実践に関する小規模な調査を通して詳細に探究することが多い。ある意味で、これはシュワブが

---

[5]　これは、そのような代替案がまったく存在しないとか、世界の教育政策が同じような（憂鬱な）様式で運営されていることを示唆しているわけではない。スコットランドの新しいカリキュラム "Curriculum for Excellence" を「事例」として、最近のカリキュラム政策と実践における様々な傾向の分析を行ったものとして、Priestley & Biesta（2013）を参照のこと。また、教師の主体性のダイナミクス（その条件、限界、可能性）については、Priestley, Biesta & Robinson（2015）を参照のこと。

その必要性を主張していた「アメリカの学校で何が行われており、何が行われてきたか」（同書、p.111）についての知と言える。しかし、シュワブが重視したのは、教育経験や実践の記述、またその解釈に関する知ではなく、教育行為とその行為の結果に関する知というような、より実践的な形の知の必要性であったことは認識しておく必要がある。ここでシュワブが示唆していたいくつかのことは、教育研究における2番目の大きな変化と一致しているように見える。それは、教育の効果に関する研究が盛んになり、教育実践のためのエビデンスの基盤を構築するために、「何が役に立つか」についての科学的研究が求められるようになったということである（前の2つの章でも述べた）。

このような2つの潮流、すなわち、一方では小規模な解釈学的・エスノグラフィックな教育研究が爆発的に増加しており、他方では教育の効果と「何が役に立つか」に関する研究が強く進められていることは、シュワブがその考えを示した当時とは著しく異なる環境である。表面的なレベルでは、シュワブが提唱していたことは、教育の効果と「何が役に立つか」という研究の発展の2つ目の方向性として現実のものとなったように見えるかもしれない。しかし、シュワブの立ち位置をより細かく読み解くと、実際には、シュワブは、第3の選択肢を考えていたことがわかる。つまり、教育の効果に関する疑問を真摯に受け止めつつも、シュワブは、実践的かつ状況に応じた問題として捉え、この問題を解決するには教育の目的と手段についての熟慮が必要だと考えていた。研究のレベルで問いを立て、答えを出し、それを教育実践への処方箋として変換すればいいということではなかったのである[6]。

シュワブが論文を書いた当時と現在で状況が大きく異なる3つ目の点は、カリキュラム研究という分野そのものの発展に関係している。欧州の立場からこの分野を見ると、2つの方向性が見て取れる。1つは、特に北米で優勢なトレンドで、この分野にグローバルな影響を与えているカリキュラム研究の見直しである。カリキュラムの開発と改善の問題を

---

[6] Reid（1999）もシュワブをこのように読んでおり、私も彼の読みに同意したい。

学校教育の文脈から捉える立場から距離を置き、カリキュラムをその伝記的、社会文化的、歴史的、政治的側面からより広く理解することを目指しているものである（Pinar 1975; Pinar et al 1995; Pinar 1999）。また、この方向性の研究は、学校や他の状況で「生起する」カリキュラムの複雑さについての理解を間違いなく深めた。しかし、こうした研究は、場合によってはカリキュラム研究をある種のカルチュラル・スタディーズへと変貌させることになり、さらにまた、ある種の人にとっては、カリキュラム研究が「本来取り組むべきこと」とは関係のないものになってしまったのである（Westbury 2007）。ただし、カリキュラムとカリキュラム研究の見直しにおいて問題になっていたことの一つは、まさにカリキュラム研究の「本来取り組むべきこと」の自明性なのであり、それを誰が定義するべきなのか、という問題だったはずである。

　シュワブは、特に他の研究成果において、学校におけるカリキュラム開発がどのように行われるべきか、また、大学教員や大学で教育を受けたカリキュラム専門家がこの作業にどのように貢献すべきかについて、非常に具体的な懸念をもって実践のための主張を展開しているが（Schwab 1983）、シュワブの実践のためのより一般的な主張は、カリキュラムの「理解」だけではなく、「実践」に強く焦点を当てている。この意味で、北米でカリキュラム研究がとってきた文化への「転回」とは異なるアプローチとなっている。しかし、シュワブのアプローチは、カリキュラムの分野が欧州でより強力に進めてきた方向性、つまり、学習と指導の技術的な側面に関する実証的な研究とも異なっている。欧州では、カリキュラムの研究は、「教授と学習」の研究、また、あるところでは「学習科学」として知られている分野へと変化している。カリキュラム研究の見直しが、おそらくこの分野を「なぜ」の問い、つまりプラクシスの領域に大きく近づけたとすれば、学習と指導の実証的研究への転回は、この分野を主に「どのように」という問い、つまり、ポイエーシスの領域に近づけたと言える。ただし、アリストテレスのテクネーよりも、より技術的目論みを含んだものである。

　シュワブは、あるいはより正確な言い方をするならば、シュワブの熟慮的アプローチの新たなヴァージョンは、今なおこの2つの立場の中間

地点に新たな枠組みを提供できるかもしれない。このような中間的な立場は、一方では、カリキュラム理解への転回がこの分野の研究にもたらしたものよりもカリキュラムの開発と改善の実用性に関心を持つ立場である。もう一方では、学習科学がこの分野の研究にもたらしたものよりも、教育における方法と目的の間の本質的な関係性と、目的論の重要性についてより意識的な立場である。前者において、カリキュラム論にはいまだに理論が多すぎだということになるだろうし、後者においては、明らかに理論が少なすぎだということになるはずだ。こうした状況からすれば、シュワブがカリキュラム研究において「検証のないままに理論に依存している」と評していた点についても新しい意味が生まれてくるかもしれない。

未来──これからの時代。どこへ行くのか、何をするのか？

　シュワブの論文と、彼の研究に流れ込んでいる熟慮に関する教育的な伝統の議論において、私は「実践への転回」がいくつかの極端なものの中間地点を用意してくれることを示唆した。シュワブの「実践への転回」は、明らかにカリキュラムの開発と改善の実践に焦点を当てており、この意味で、カリキュラムの「遂行」ではなく理解に焦点を当てたカリキュラム研究におけるカリキュラム開発よりも、教育の日常的実践に近いところにとどまっている。しかし、このことは、シュワブを、あらゆる教育的努力において必然的に問題となる規範的問題への関心を持たずに、ただ指導の技術的なことに関心を持つようなアプローチに導くものではない。言い換えると、シュワブの「実践への転回」の中核をなす熟慮的アプローチは、カリキュラム研究における現在の発展に対しても、重要な教育的注意を呼び起こすものであり、それは教育的「是正」と呼ぶことさえできるかもしれないのである。

　私がこれを「教育的」是正と呼ぶ理由は、シュワブの実践的な事例によって、教育過程と実践のいくつかの重要な側面を捉えることができるからである。すなわち、（1）教育は実験的性質を持つということ、すなわち教育活動は基本的に未来に向かって開かれており、介入と予測可

能な効果という「ロジック」ではなく、行為とその行為によって起こり得る結果との関係において常に作動するということである。(2) 教育は目的性という性質を持つということ、すなわち、教育は、学習や「ただ一緒にいること」とは異なり、常に何かを目指している（誰が目的を設定するのか、あるいは誰が目的を設定すべきなのかという問題も開かれたままになっている）ということである。(3) 教育は決して（学習成果など）特定のものの産出の問題ではなく、常に人間の利益の増進に寄与することを目指しているということである。アリストテレスの言葉を借りれば、「善い生」である（ここでも、人間の善とは何か、人間の善の概念を明確にすることに関与するのは誰か、あるいは関与すべきなのは誰かという問題は開かれたままである）。このように、シュワブのアプローチが問題にしている教育の「現実」とは効果的な介入を行う教育への転換で問題としているような「現実」ではないのである。

　また、私にとって興味深いのは、シュワブが実践的なことに関して独特の分析をするにあたって、熟慮の公共的な次元に注目している点である。シュワブは、カリキュラムのプロセスや実践の形状、形態、方向性に関する問題を、個人の趣味や嗜好のレベルから、公共の、したがって潜在的に民主的な熟慮のレベルへと明確に導いているのである。シュワブの手にかかると、カリキュラム研究における実践的なものへの転換は、教師と学習者の間の文脈性のない相互作用というロマンチックな概念を支持するものではなく、カリキュラムを集団的、民主的、政治的なレベルへと明確に引き上げるものとなる。カリキュラム研究の見直しは、カリキュラムを「政治的なテキスト」(Pinar et al. 1995) として理解することに大いに貢献してきたが、カリキュラムに関する熟慮に公的な形態を与える必要性を訴えるシュワブの主張は、政治的理解をさらに政治的行動に変える、あるいは少なくともそうする可能性を持っているのである。世界各国の現代の学校教育をめぐる政治的文脈が変化しつつあることに鑑みれば、こうした問題はとりわけ重要になってくる。このことはすでに前章でも議論したことだが、本書の後半でもこの問題に立ち返るつもりである。こうした政治的文脈は、学校教育の政治性を含んでいるだけでなく、教育研究の政治性をも含んでいるのである。

結　論

結論として、このことはカリキュラムの研究・調査の未来に何を示唆するのだろうか。おそらく最も簡潔な言い方をすれば、シュワブの実践への転回の主張は、カリキュラムを理解することのみに集中するのではなく、カリキュラムを「実践する」ことに（改めて）つなげるように促すものである（もちろん、これは行うことと理解することの間に新しい対立を作り出すという意味ではなく、実践に関連づけられない理解というものの危険性を指摘している）。カリキュラムを実践することは、二重の意味で強調される必要がある。一方では、前述のように、カリキュラムを「実践する」ことへの関与の重要性を示し、他方では、「カリキュラム」の実践に関与するにあたっては、特に、カリキュラムの実践と教育的目的の問題との関わりが完全に切り離されている場合には、内容や目的、関係性に関する重要な教育的問題が、いつの間にかプロセスや技術に関する形式的な問題にされてしまわないようにすることが重要であることを示している。そのような学問研究は、分析のあり方というよりも、その運用方法において、明らかに政治的であることが求められる。つまり、公的な学問分野の一形態として、そして教育の手段や最も重要な目的についての公的な熟議を促進するものとして行われる必要がある。シュワブのオリジナルの論考は、カリキュラム研究に対する熟慮的アプローチとして最も洗練され成功したものではないかもしれないが（シュワブのアプローチのどこをどのように更新すべきかを、先に示した理由もそれである）、それでもやはり、その理論的内容とその実践的方向性の双方において、明確に教育的な視点を持つカリキュラム研究のありようを想起させてくれる重要な文献である。

議論とさらなる考察のための5つの問い

---

1. 教育を実践と呼ぶのは簡単だが、本章で示されている考え方や概念を援用したとしたら、実践の特徴的な側面はどのように特徴づける

ことができるだろうか。

2. 自分自身の研究で取り組もうとしていることについて、不変的な知識（エピステーメー）と可変的な知識（テクネーとフロネーシス）の違いという観点から、どのように整理することができるだろうか。

3. ポイエーシスとプラクシスの違いという観点から、研究で取り組もうとしていることについてどのように整理することができるだろうか。

4. カリキュラムに関するどのような概念が、あなたの研究のどこにどのように関係しているだろうか。

5. シュワブは、教育における熟慮は、単に教師など個人の問題ではなく、公共的なものであると主張している。このことに同意するか。また、そのことは自分自身の研究にどのような意味をもたらすだろうか。

[訳　注]

[1] 本章ではアリストテレスの『ニコマコス倫理学』への言及があり、その日本語訳は渡辺・立花訳（2019）を参考にしている。当該訳書では、鍵となる用語がそれぞれ以下のように訳されている。「テクネー＝技術」「エピステーメー＝学問的知識」「フロネーシス＝思慮深さ」「ポイエーシス＝制作」「プラクシス＝実践」。ただし、渡辺・立花（2019）で訳出されている語をそのまま本章で用いることで、読者に対して混乱を引き起こしてしまうことも考えられた。例えば、アリストテレスの言う「プラクシス」もビースタ自身の言う practice も、どちらも訳語が「実践」となり日本語で読んだ際に区別がつかなくなる。そこで本章では、文脈上明らかにアリストテレスの用語として用いられている場合や、原著でギリシア語が当てられているものについては、そのまま「ポイエーシス」「プラクシス」「エピステーメー」「フロネーシス」「テクネー」のように、カタカナ語をあてるか、または「制作（ポイエーシス）」「実践（プラクシス）」のように渡辺・立花の訳語にカタカナ語を付記した。またアリストテレスの引用部分についても、一部は前後のつながりなどを考慮

して渡辺・立花とは異なる訳をあてた。なお原著でギリシア語が記載されている場合は、本章にもそのまま記載した。

[2] これらの変化には教育の専門性と民主性の対立やバランス、株式会社経営の手法を行政の事業マネジメントにも取り入れようとする New Public Management（NPM）や公的取組みの目標・成果を数値化する Key Performance Indicator（KPI）の導入などが関わっている。村上祐介・橋野晶寛『教育政策・行政の考え方』（有斐閣、2020 年）などでその課題が指摘されている。

[3] クーンの科学哲学論とシュワブの科学に対する見方には非常に親和性があるとされている。大貫守（2018）「ジョセフ・シュワブの科学的探究論に関する検討——その前史に着目して」『教育方法の探究』21, pp.13–20 参照。

[4] 公教育領域に対して、営利企業の運営方法を導入する NPM の潮流は世界的な傾向となっている。教育は NPM とは相性がよくないと言われているが、それでもこの潮流には抗いがたいものがある。[2] で紹介した村上・橋野（2020）等を参照のこと。

第5章

教育研究の様々な伝統

　教育を含めほぼあらゆる分野において、英語がますます研究の「リンガフランカ」としての地位を高めている状況は、研究について語り、研究を行うのにどういう言語が用いられているかによらず、研究はおおよそどこでも同じものだということを示しているように思われる。言語間の翻訳は比較的たやすいもので、英語は中立的なパイプ（conduit）のようなものだと示唆しているようでもある。英語の遍在はそれが事実だという印象を与えるかもしれないが、英語以外の言語を駆使する誰もが、翻訳はそうたやすいことではないと知っているだろう。そして他の言語的文脈で発展してきた教育実践と教育研究の伝統を知る者は誰でも、事情はどこでも同じというわけではないとなんらかの形で気づいているだろう。本章では、この研究分野の英語圏（特にイングランド）での発展の仕方とドイツ語圏（特にドイツ）[1]での発展の仕方を比べ、教育研究の2つの「ありよう」に焦点を当てる。本章の目的は何より、教育研究は一枚岩ではなく、様々な文脈と背景で研究の捉え方はかなり異なったものになると示すことである。アングロ・アメリカ型と大陸型の比較は両者の強みと弱みを見分け、それによって、それぞれの教育研究のありようについて、自身の「盲点」を把握するのにも役立つだろう。

はじめに

　英語圏では、教育研究は通常、教育の過程や様々な実践に関する学際的、ないしは総合的研究と考えられている。それゆえ教育研究は、幅広く様々な学問領域からの理論的インプットに強く依存している。時代に

よってそれぞれの学問の影響の強弱は色々と変化してきたが、歴史的に最も顕著な4分野は哲学と歴史学、心理学、社会学であった（McCulloch 2002）。この4分野の特別な影響力が近年低下してきたと論じる者（例えば Bridges［2006］）もいる一方で、依然として、教育研究の現在と未来に関する議論の重要な参照枠を提供しているだけでなく（例えば Lawn & Furlong［2009］, Pollard & Oancea［2010］）、教育研究の社会的な組織に対しても重要な影響を及ぼしていると論じる者もいる（Lawn & Furlong 2007）。私が本章で教育研究のアングロ・アメリカ的[1]ありようと呼ぶものにほぼ欠けているのは、教育がそれ自体で独自の学問領域をなしているという考え方である。この点で、このアングロ・アメリカ的ありようは、大陸ヨーロッパ、とりわけドイツ語圏での教育研究の発展の仕方と大きく異なっている[2]。そこでは教育研究がよりはっきりと、理論化に関して独自の形式と伝統を有する、独立した学問領域として発展してきたからである。

　教育という学問研究が異なる文脈の中でこれほど異なった形で発展してきたという事実が提起するのは、こうした異なるありようをもたらしてきた出来事に関する重要な歴史的問いである（例えば Keiner［2002］）。現代的視点から見るとさらに、ありようの異なる教育研究の間で交わされる対話から学べることは何かという問いもある[3]。本章の範囲に限っ

---

[1]　本章での私の考察は、教育研究に関する英国の（イングランドの、と言うほうがもっと正確かもしれない）構造に限られるが、私が論じる教育研究のこの個別の構造は北米や他の英語圏の国々でも顕著に観察できるものだ。だからこそこうした構造を、イングランド的、あるいは英国的と言わずに、アングロ・アメリカ的と呼んでいるのである。
[2]　教育研究に対するこのようなアプローチは、ドイツ語が主要な言語、あるいは主要な言語の一つである国々に限らず、オランダやベルギー、デンマーク、ノルウェー、フィンランド、ポーランドのような国々にも影響を与えている。
[3]　「教授学」の大陸的伝統をアメリカのカリキュラム研究の伝統と比較しようとしたビョーグ・グンデム（Bjørg Gundem）とステファン・ホップマン（Stefan Hopmann）、そしてその同僚たちによって行われたプロジェクトにヒントを得ている（Gundem & Hopmann 1998）。

て私が特に興味をもつのは、「他の」領域を通じて生成されたものではない、教育特有の理論形式と理論化があるのかどうかである。学問領域性の観点からこの問いに迫る理由は、教育分野の「本質」のようなものを探し求めているからではなく（結局のところ、学問領域の境界は社会歴史的構築物である［Gieryn 1983, 1999; Van Hilvoorde 2002]）、それが、教育という学問研究の様々なありようを特徴づけるのに有効だからであり、より重要なこととして、それによって教育研究において理論的資源が用いられる様々なパターンに、より直接にフォーカスを当てることができるからである。

　以下では、教育研究の分野に関して、アングロ・アメリカ的および大陸的ありようと私が呼ぶ教育研究を私なりにまとめ直してその比較を示す[4]。そのうえで、こうした個別の教育研究の歴史に関する様々な側面を論じ、その教育研究がなぜそのような特殊な形で概念化・構成化されてきたのかという問題を考える。これによって、2つの教育研究のどこがどのように異なるかを強調できるだけでなく、2つのそれぞれに関して何が特殊か、また教育研究と理論がそこで果たす役割に関する現代の議論にとって、この特殊性がどのように、そしてなぜ重要なのかを示すことも可能になる。本章の主要な目標は、教育研究は様々な形で構築することができるし、実際様々な形で構築されてきたということを示すこ

---

[4]　本章で提示する2つの構造はそれ自体、「構築されたもの」として理解すべきである。両者はある意味で、教育研究が英国とドイツではどのように発展の仕方が違っているかを理解するための理想上の型である（そして両方ともそうした発展が、他の国々や文脈での学術的教育研究の組織に影響を与えた）。章末で論じるように、2つの伝統は、根本的に異なる前提と考え方に基づいているという点で、ある範囲では同じ基準では考えられないものである。ただし、両者の間のコミュニケーションが不可能だとか、2つの伝統が相互独立的に発展してきたということではない。例えば19世紀後半の英国や北米におけるヘルバルト主義の隆盛や、アメリカでのピアジェ心理学の簒奪、プラグマティズムに対するヴントの影響といった、この分野の2つのありようの間の相互の影響ややりとり、結びつきに関する十分な証拠がある。この見地からすると、教育研究がこのように分岐するような形で展開したというのはいっそう驚くべきことかもしれない。

とにある。

アングロ・アメリカ的伝統

　マカロック（McCulloch 2002）が 1950 年代以降の英国の教育研究の発展に関する概観で示しているように、（他の）諸学問領域からの貢献なしに教育研究の前進はなかったという考え方は（マカロックが論じるように、たとえこの期間が諸学問領域の支配力の勃興とその後の衰退によって特徴づけられるものであったとしても）20 世紀の後半を通じて支配的な見解であった（Lawn & Furlong［2009］も参照）。アングロ・アメリカ的教育研究の歴史と、そこに与えられる理由、そして社会的・社会学的次元のいくつかを理解するために、本節では、一つの事例として、『教育の研究』と題する J. W. ティブルの編集による 1966 年刊行の本に焦点を当てる（Tibble 1966a）。マカロックは、本書を「教育研究に対して学問的なアプローチを推進しようとした、この時期のおそらく最もよく知られる刊行物」と評しており（McCulloch 2002, p. 106）、それが本書に「事例」としてフォーカスする主要な理由である。マカロックのまとめによれば、本書で示されているような教育研究の概念規定は、ティブルの 1966 年以前の文献にも、そしてそれ以降の多くの主要な刊行物にもほぼ同一の形で見出すことができるという。

　ティブルの文献が興味深いのはまず、それが実際、教育研究に「貢献し」（Tibble 1966b, p. vii）、教育研究の「根源的な」（Hirst 1966, p. 57）4 つの学問領域、すなわち哲学・歴史学・心理学・社会学からの理論的インプットに基づく学際的ないしは総合的研究としての教育研究という分野のありように関する「パラダイム事例」であるからだ。同時に本書は、この教育研究のありように対してはっきり理論的根拠を提示しているという点でも興味深く、教育理論の諸原理は「（上記の根底をなす学問領域）から与えられた知識の妥当性の上に成立ないしは全面的に依拠する」（Hirst 1966, p. 50）と主張している。第 3 に本書は、英国の教育研究分野への計画的介入を意図しており、それによって当該分野により堅固な構造と（学術的）地位を与えようとしている点でも興味深い

（McCulloch［2002］も参照）。『教育の研究』は、（この本の表紙でアナウンスされているように）少なくとも17の続巻からなる『教育に関する学生向け叢書』シリーズの「中心をなす巻」で、編集主幹のティブルと、ベン・モリス、リチャード・ピーターズ、ブライアン・サイモン、ウィリアム・テイラーからなる編集委員の手によるものだった。編集委員のそれぞれが本書の教育心理学・教育哲学・教育歴史学・教育社会学に関する章の著者でもあった。ティブル自身が担当した章「教育研究の展開」（Tibble 1966c）は、このシリーズが介入しようとした状況を彼なりにまとめていて、とりわけ有用である。

　ティブルは、教育研究を「専門家としての教師の準備過程」という文脈の中にしっかりと位置づける（Tibble 1966c, p. 1）。教師教育との結びつきは教育研究に制度的文脈と明確な存在理由を与えるが、彼が強調するのは、大学内の教師教育が歴史的に周辺的な地位にあった結果として、教師教育を中心的に担う制度が総合大学に属さない教員養成カレッジに置かれることになり、「独自の研究対象としての」教育の発達が制限されてきたということであった（Tibble 1966b, p. viii）。ティブルは、「例外（例えばウェールズとシェフィールド）はあるものの、学部段階に科目として存在しない」と指摘し（Tibble 1966c, p. 1）、このことは、「教育の研究とそれに貢献する基礎学問領域の間に深い結びつきを構築すること」がなぜ容易ではなかったかも説明するという（同書）。この問題は、さらに上の学位課程で再現される、とティブルは続け、「主として学士段階の科目として教育学が存在しないために、高等教育のための基盤も否定されることになる」と述べている（Tibble 1966c, p. 2）。

　多くの大学にとっては、このような状況によって、「総合大学卒ではないが、教育については十分な資格を持つ人」（ティブルは、ほとんどの大学において、総合大学の学士を持たない人間が上の学位段階へと進むことが認められていないと付け加えている）と「総合大学卒ではあるが、教育学部以外の卒業生で、教員としての最初の訓練を超えるレベルの教育研究はしたことがない人」を受け入れざるを得なくなったのであった（同書）。これは、「教育に関して十分な能力を持った講師が不足しているという非常に深刻な状況」の主たる原因の一つでもある（同

105

アングロ・アメリカ的伝統

書）。ティブルは、ロビンズ報告 (1963) [2] に従って、英国の高等教育の拡大が「教育研究に関する現在の議論の沸騰」(Tibble 1966, p. 2) を生み出した主な理由であるとし、教員養成カレッジの問題がこの議論を先に進めるための中心的テーマになると述べている。とりわけ、教育研究の構造と形式、そして理論的根拠に関心が持たれる状況を作ったのは、1 年間の教師向けの専門職訓練プログラムではなく、4 年間の教育学士課程の発展だった。もちろんこれは、教育がそれ以前に研究されてこなかったということではなく、ティブルが担当する章の大半においても「教員養成がこの国で始まってから 120 年間の教育研究の歴史的発展」が概観されている（同書、p. 3）。

その概観によれば、20 世紀の最初の数十年間まで、教師教育は主として実践に基づくもので（ティブルは特に、いわゆる「オランダで発展した実習生制度」に言及している［同書、p. 3]）、それをよいとみる人もいればそうではない人もいた、という。19 世紀初頭のアンドリュー・ベル [3] であれば「教師が形作られるのは、学校に通い、そこで何が起きているかを見、職員室でそれを共有することによってであって、講義や抽象的な指導によってではない」と論じたであろうが (Tibble 1966c, p. 4 からのベルの引用)、C. H. ジャッド [4] は『イングランド、スコットランド、ドイツの教員養成』(1914) の中で、「イングランドの教員養成カレッジの教師は、学校組織の実践的問題や児童・生徒に暗唱をさせる中で生じる実践的問題を科学的な方法で扱う可能性に気づいていない」と書いて、教師教育において「相対的に教育理論が無視されていること」を嘆いている (Tibble [1966c, p. 5] からのジャッドの引用)。しかしティブルは、世紀の変わり目ごろに、いくつかの理論的な流派が「教育に関する萌芽的研究」に入り込み始めたと述べている（同書、p. 6）。それが方法論の研究や教育史研究であり、それに続いて多くなってきたのが教育心理学の研究であった。教育心理学研究は、1920 年代に研究分野としてより強固に確立したが（同書、p. 10）、『教師用心理学ハンドブック』初版の出版は、それより前の 1886 年のことである（同書、p. 8）。

ヘルバルトの学習理論が、「授業の編成に関するその『科学的』処方箋」によって、この時期の「圧倒的影響力をもつもの」として挙げられ

ている（同書、p. 9）。これは、ロンドン・デイ教員養成カレッジの初代
校長であったジョン・アダムズ[5]によって1897年に刊行された『ヘ
ルバルト心理学の教育への応用』というタイトルの本の影響のためでも
あった（同書、p. 11）。もう一冊影響力のあった本は（1920年に最初に
刊行され、1930年に第2版、1945年に第3版が刊行されている）パー
シー・ナン[6]の『教育、そのデータと第一原理』だが、この本は、
ウィリアム・マクドゥーガル[7]の「ホルメー」（目的）心理学に大きく
依存していた（同書、pp. 11–12）。この時期にもう一つ現れたのが子ども
研究への関心である。部分的には進歩主義教育の隆盛の結果として、そ
してそれ以上に、著作が1926年に英国で入手可能となったジャン・ピ
アジェの研究を通じて、そうした関心が生じたのであった。心理学はこ
の時期、教師教育の重要な柱であり続けていた（同書、pp. 12–19）。

　ティブルが教育研究の発展において特定する主要な道筋の2つ目は教
育史の研究であり、そこには比較教育学と偉大な教育者の研究が含まれ
る（同書、p. 19）。ティブルは、19世紀後半以降この領域で相当量の研
究活動が行われていたことを記録している。本の出版が相次ぎ、教師教
育プログラムのカリキュラムに教育史が導入された。ティブルは「歴史
研究で最初の学位を取得した教師志望者が最も多い」ので、教育心理学
や教育哲学、教育社会学に比べても、「自らのスキルを教育史研究に応
用する準備のできている歴史学者は少なくなかった」とも述べている
（同書、pp. 20–21）。それにもかかわらず、「2年課程の極度のプレッ
シャーの下で、そして教育心理学が特に重要視されていたため
（……）、教員養成カレッジのプログラムにおいて歴史研究の量は相対的
に乏しかった」という（同書、p. 21）[5]。ティブルは、4年間の教育学士
課程での教育史の将来的役割に関してあまり楽観的な見通しをもってい

---

[5]　興味深いことにアメリカで『指導についてのリサーチハンドブック』の初
版が刊行されたのは1965年だったと付け加えておこう。このハンドブックは
ある教育心理学者（アメリカ教育学会［AERA］から編者に指名されたスタン
フォード大学のナサニエル・ゲージ）によって編集されたもので、心理学が当
時の教育学で好まれた／支配的な基礎分野だったという傍証になる。

なかった。というのは、「一般的な教員養成カレッジの学生は、理論を短期間に最も実践に応用しやすい教育研究を好み」、多くの学生たちは、「歴史研究の『重要なポイントを理解する』ことには熱心でなかった」からである（同書）。

　ティブルによれば、教育社会学と教育哲学は、その歴史が「浅すぎる」ので「歴史研究の視野にはほとんど入っていない」という（同書、p. 21）。教師教育カリキュラムやプログラムの中で社会学的・哲学的問いに関心が向けられてこなかったというわけではないが、ティブルのまとめは、独立した研究領域としての教育社会学と教育哲学の展開は最近のものにすぎないという印象を与える（McCulloch［2002］はこの点を確認した文献である）。これに加えて、心理学が抜きん出て高い地位を占めていたこと、また、それに比べると、教育史研究が低い位置にあったがゆえに、教師教育においては教育社会学と教育哲学に「体系的な」注意が払われなかったのである。ただし、ティブルは大学の学部段階や教員養成カレッジの選書リストにデューイ、ホワイトヘッド、ラッセル、カンパニャック、ナンといった哲学者たちの著作が存在していたことにもきちんと触れているのではあるが（同書、p. 24）。

　ティブルによる英国の教育研究の展開の説明できわ立っている点が3つある。1つは、教育研究の文脈が教師教育だという事実である。このことは、教育という分野が主に、学校教育の課程と制度に基づいて理解されていることを示唆している。第2に、ティブルは、教育研究の制度的「再生産」が比較的難しい理由をいくつか提示している。その理由のひとつは、学部段階で科目として存在しないことである。これは、修士レベル以上の研究活動において教育的な側面を焦点化することに否定的な影響を与え（そうした段階での研究はあくまでも教育に寄与する他の諸分野を通じて「枠づけられる」ものであった）、教育研究の経験と専門知識のある学術的スタッフの確保に対しても否定的な影響を与えた。第3に、ティブルの議論は、教育研究に寄与する4分野に強く枠づけられていることである。そのうち、心理学が教師教育に最も強い支配力を持っており、教育史はそこからかなり離れて2位の地位にあったように思われる。そして、ティブルが執筆していた当時、哲学と社会学は教

育研究に貢献する領域として出現し始めたにすぎなかった。

教育理論に対する立場

ティブルは教育研究の展開に関して歴史的かつ（ある程度は）社会学的な解説をしているが、『教育の研究』へのポール・ハーストの寄稿論文は、教育研究の個別的なありように対して理論的根拠を与えようとしている点で、より体系的なアプローチを取っている。ハーストは、「教育理論」の見出しのもとで次のように問う。「理論的探究として、教育理論は何を達成しようとしているのか。この理論は教育実践とどのように関連しているのか。理論の組立てはどのようになっていて、実際のところ明白にその一部であるような様々な要素はどのようにそこに収まっているのか」といった問いが「正当な注目をほとんど受けていない」のではないか（Hirst 1966, p. 30）。結果として、「教育研究は、無関係な、あるいは競合することさえある理論的探究がただ羅列されているだけか、哲学・心理学・社会学・歴史学や他領域の諸問題が互いにぶつかって、どれひとつ適切に解決されないままの錯綜した教育問題の議論となりがちであった」（同書）。これは、1963 年にリチャード・ピーターズ [8] が教育研究について述べた「どろどろしていて違いが際立たない」という評を繰り返すものであった（Peters 1963, p. 273）。だからこそハーストは「この領域の研究と指導が発展し得るより適切な枠組み」を作ろうとしている（Hirst 1966, p. 30）。

ハーストは、教育理論に関して、非常に具体的で精密な概念規定を提唱している。オコナー（O'Connor 1957）は「規則体系の集合ないしは様々な種類の行為を導き制御する原則の集まり」としての理論と「観察によって証明されてきた単独の仮説ないしは論理的に相互に関連した仮説の集合」としての理論を区別したが（Hirst 1966, p. 38）、ハーストはこの区別から出発しつつもオコナーと違って、教育に対する最も適切な理論概念として後者ではなく前者を選ぶ。「教育理論は、合理的な教育実践にとって不可欠な背景としてまず理解されるべきものであって、限定的な科学的探究のようなものとして理解するべきではない」（同書、p.

40)。その理由は、実践的活動における理論の役割に関する彼の見解と関わりがある。「実証科学の場合、理論とは、実証実験にさらされ物理的な外界のある側面に関するわれわれの理解を表現する主張の集合である」（シュワブであれば「理論的」と呼ぶであろうもの）が、「教育のような実践的行為」の場合、理論は「探究によって最後に生み出されるものではなく、むしろ行為を決定し導くよう構築される」ものである（同書、p. 40）。これはシュワブの「実践的なもの」に関する理解と議論に近い。したがってハーストは、教育理論を狭い意味とより広い意味とで区別している。前者は「合理的な教育的判断が依拠する科学的知識の集まり」に関係し、後者は「教育実践に対する合理的原理の集まりを構築する企て全体」に言及している（同書、p. 41）。

　ハーストは、こうした理論概念のどれか1つが正しいものだとは論じておらず、教育理論を（オコナーが好んでいるように）前者の概念に還元すべきではないし、異なる2つのタイプの理論を混合するべきでもないということを強調している。後者は前者の重要な要素であるものの、ハーストは「教育実践が依拠するのは、より広い意味での理論の発達であって、単純に科学的研究の発達ではない」とも考えている（同書）。それゆえ、より広い意味での教育理論は「単に科学的モデル上の説明を生み出すことにではなく、実践的行為の領域で何がなされるべきかに対する合理的に正当化された諸原理を形成することに関わりを持つ」（同書、p. 42。強調は引用者による）ことになる。こちらもシュワブの「実践的なもの」の事例にかなり近い。ハーストによれば、これは、「科学理論」と「教育理論」の違いが程度や規模の違いではないのは以上のような理由ゆえであり、「何が事実か」に関する判断と「何が事実であるべきか」に関する判断（同書）（あるいは、もっと正確に言えば「教育的活動において何がなされるべきか」［同書、p. 53］に関する判断）の間の論理的違いを表しているのもこのためである（同書）。かくしてハーストは「道徳的な知識のもとにある理論を特徴づけるには多くの言葉が必要」であると結論づける。なぜなら、ハーストが教育理論の根源的な課題と考えるのは「教育において目指すべきものは正確に何であるべきかの価値判断」（同書、p. 52）であり、しかもその価値判断は一般的な

意味ではなく、実践的なレベルの、しかも「いまここ」の問題としての判断だからなのである。

　そうしてハーストは、教育理論の概念を、1つの実践理論の形にまとめている。その目的は、科学的真理の生成ではなく、教育的行為に対する「合理的に正当化された諸原理」の作成である。この考え方では、教育理論は、一方の側の「[哲学]と歴史、社会理論、心理理論など」の知見（同書、p. 33）、他方の側の教育実践との間を「調停する」ものとなる。この見解にはいくつかの重要な含意がある。ひとつは、教育理論とは単に事実的知識から派生して生まれるものではないということである。事実的知識それ自体は教育において何を行うべきかに十分な正当性を与えることはできないからである。この意味で、教育理論に貢献する資源は「複合的」なものと言ってよく、教育諸原理の根拠は「実証的、哲学的、道徳的、他の種の論理的な」（同書、p. 51）ものから成立しているのである。これは、教育理論は「突き詰めていくと性格上、哲学的なもの」ではないということも意味する（同書、p. 30）。哲学それ自体は必ずしも教育的行為の諸原理を生成し正当化するために必要なこと全てを提供することはできないのである。哲学が与えることができるのは、そのような諸原理を裏づける根拠の1つにすぎないのである。

　しかし、ハーストの主張から引き出される議論の最も興味深い点は、教育的行為の諸原理の妥当性は「こうしたもの（根拠）以上の『教育的』な根拠には依存しない」ということである（同書、p. 51）。教育的諸原理を裏づける根拠はそれが派生してくる具体的な各分野の基準のみによって判断されなければならないと論じる。「心理学的根拠は、その科学の厳格な規範を守る形で示されなければならない。同様に、歴史的、哲学的、その他の真実として提出されるものは、それぞれの場合の関連分野の基準によって判断されなければならない」（同書）。このことが、教育理論は「自律した分野」ではないし、そうではあり得ないというハーストの主張の核心にある（同書、p. 51）。なぜなら教育理論は、「根源的な」学問分野を通じて生み出されるだけでなく（「根源的な」という用語については、同書、p. 57）、「教育に関する何らかの独自な理解形式」なるものを生み出すわけではないからである。教育理論の諸原理は

「[根源的な学問分野]によって与えられる知識の妥当性の上に成り立つか、あるいはそれに完全に依存する」のである（同書、p. 50）。ハーストは自身の見解を要約するにあたって、一方で、教育理論は「それ自体では知識の自立した『形式』ではないし、自立した学問分野でもない。その論理特性に関して独自な概念的構造や独自な妥当性検証を伴わない」とし、他方で教育的原理は「科学的、哲学的、歴史的など、様々な形の知識に直接訴えることでようやく正当化される。こうした知識の形式を超えた理論的統合は必要とされない」と述べている（同書、p. 55）。

　ハーストの教育理論の概念規定は、アングロ・アメリカ的な教育研究のあり方への強力な理論的根拠となっている。それは自立的な学問領域としての地位を教育理論に与えることを拒否すると同時に、自立的な地位を与えないというまさにその理由によって、諸々の「厳格な研究」を「自身の批判的規範に依拠しながら」（同書、p. 55）根源的な学問領域内に位置づけるのである。こうして教育研究は必然的に、それ自体は何ら認知的貢献を果たすことのない教育「現象」の学際的ないしは総合的研究として位置づけられることになる。同様にこれが、様々な学問分野の間にあって一分野としての地位を欠く理由である。『教育研究への誘い』という題の 1971 年の文献（Tibble 1971a）の中で、ティブルはこの点を次のように要約している。

　　「教育」が領域を表すものであり、基本的な学問分野ではないことは明らかである。すなわち、「教育的」思考法が別個に存在するわけではない。教育を研究する際に用いているのは、心理学的、歴史学的、社会学的、哲学的思考法であって、それらによって人間の学習上の問題に光を当てるのである（Tibble 1971b, p. 16）。

　ここから一転して大陸ヨーロッパにおけるこの分野の展開へと注意を向けてみよう。すると、かなり違った風景が見えてくる。

大陸的伝統

　教育研究の大陸的伝統に関して最初に触れるべきなのは、言語に関する問題である。そして、大陸的伝統の中に「教育研究という分野」があると想定すること自体がある意味ですでに誤った言い方である。英語では、「教育」という言葉は特定の概念的まとまりを示すが、ドイツ語には研究「対象」に言及する（少なくとも）2 つの異なる言葉があり、'Erziehung'（［他者に対する働きかけとしての］教育）と 'Bildung'（［自己形成としての］教育）という単語が使われる。'Pädagogik', 'Didaktik', 'Erziehungswissenschaft'/'Erziehungswissenschaften', 'Bildungswissenschaft'/'Bildungswissenschaften' のような、'Erziehung' と 'Bildung' の研究を指す多くの言葉がある [9]。'Erziehung' と 'Bildung' はまったく別の概念というわけではないが、教育的過程と教育実践の異なる側面を浮き彫りにし、またそれらに対するアプローチも異なっている。紙幅の都合上、以下では、'Erziehung' と 'Bildung' に焦点を当てよう。

　'Erziehung' という概念は、'Bildung' よりも歴史的に新しい。エルカース（Oelkers 2001, p. 30）は、ドイツ語で 'Erziehung' が名詞としてやっと一般的になったのは宗教改革以降であったと説明している。ルターと共に、'Erziehung' は、何らかの方法で人間の魂に影響を与え高潔な人格をもたらすような要因を指すようになり、最初はそれがキリスト教の美徳に基づいて理解され、後に世俗的な意味での美徳も含むようになった（同書、p. 31）。これが 'Erziehung' という概念の歴史における中心的考え方だが、エルカースは、'Erziehung' という単語は単一の現実を指す言葉ではないということを強調している。例えば、'Erziehung' という単語は様々な過程や制度、状況、目的に関連して用いることができるし（同書、p. 24）、対話や行為、コミュニケーションや影響、発達、過程や成果、可能性の制限や拡大などとして特徴づけることもできる（同書、p. 33）。'Erziehung' という言葉の様々な用法を束ねるものは、ある要因がある結果をもたらすという考え方である（同書、第 1 章）。ただし、'Erziehung' によってもたらされると想定される結果をどの程度抑制・制御できるかについては幅広い異なる見解が存在する。だからエルカー

スは、'Erziehung' には常に何らかの「希望」やその効力に関する期待が伴うと述べているものの（同書、p. 32）（Oelkers［1993］も参照）、'Erziehung' が成し遂げようとしたものを達成し損ねることはよくあるという事実を指摘している。それは何よりもまず、この本の前のほうで論じたように、'Erziehung' とその「結果」の関係は因果関係ではないからである。

　'Erziehung' の意味と内容、射程に関する見解が複数ある中で、エルカースは、'Erziehung' の理論に共通する3つの特徴を指摘している（同書、p. 255）。第1は、'Erziehung' の理論は全て道徳性に重きを置いていること。第2は、人と人の間の相互作用に言及していること（'Personen erziehen andere Personen'［人間が別の人間を教育する］）。第3は、'Erziehung' は非対称的関係を持つこと。すなわち教師と生徒の間の関係だけでなく、最も顕著なものとしては大人と子どもの間の関係が存在することである。ここから導かれることとして、エルカースは、'Erziehung' の理論は全て次の3つの側面を含むべきだと論じる。すなわち、'Erziehung' の「目標」の定義、'Erziehung' の「過程」に関する説明、そして 'Erziehung' が「対象」とするものの概念である（同書、p. 263）。

　この短い説明ですでに、教育研究のアングロ・アメリカ型と大陸型の重要な違いが示されている。それは、大陸型においては、教育の理論化が「他の」諸領域とそこでの教育に関する考え方から始まるのではなく、独自の分野として記述されていることである。つまり 'Erziehung' の（様々な）定義に関する問題と、'Erziehung' の目標・過程・対象に焦点を当てながら 'Erziehung' を理論化するという問題の両方を扱う分野として記述されているのである。もちろんエルカースのまとめがユニークなものというわけではない。例えばグロートフ（Groothoff 1973）は、'Erziehung' に類似の定義を与え、一方では人間になっていく過程（'Menschwerdung'）を援助するものとして、そして他方では社会を構成する生命体になっていく過程を援助するものとして捉えている（Groothoff 1973, p. 73）。つまり、'Erziehung' は一方で社会機能として理解することができるのに対して（これは例えば、'Erziehung' に対するヴィルヘルム・ディルタイ[10] の考え方でもある［同書]）、グロートフ

は、現代社会では、‘Erziehung’の役割を既存の社会文化的秩序への順応に限定することはできず、教育されつつある者の独立した思考と行為も期待する必要があると強調している。言い換えれば、成熟への志向を含めなければならないということである。あるいは、英語の「自律性」概念に近い、はるかに具体的なドイツ語で言えば、教育される者の‘Mündigkeit’（成熟）を期待しなければならないのである[6]。

こうした考えを背景にして（グロートフは、こうした見方は啓蒙時代にその起源を持つものとして‘Erziehung’の概念を特徴づけている［Biesta（2006）も参照］）、グロートフは、‘Erziehung’の理論は次の要素を含む必要があると論じている。すなわち、(1) 人間になっていくことの理論、(2) 対人的相互作用の理論、(3) 解放的学習の理論、(4) 現代社会生活と未来の展望の理論、(5) 教育の目的と手段およびその相互関係の理論、(6) ‘Erziehung’の様々な領域や制度の文脈における具体的な目的・手段の説明（同書、p. 74）の6つである。グロートフは、そのような理論は、フリードリヒ・シュライアマハー[11]の研究にも、また程度の差はあれディルタイの研究にも見出すことができると論じている（同書、p. 74）。1973年の著作においてグロートフは、そのような教育の包括的な理論はわれわれの時代においてはもはや可能ではないと考えている。それは、‘Erziehung’という分野がもっとずっと複雑になったからというだけでなく、社会そのものが自身への信頼を喪失したからである。それゆえグロートフが‘Erziehung’に代わって提案するのが‘Pädagogik’である。‘Pädagogik’は‘Erziehung’の「科学」として理解されるもので、より断片化した領域である。この領域で個々の研究者が取り組むのは教育についての理論化作業であるが、‘Erziehung’の理論を構成すると考えられる全ての側面に全ての研究者が関わることはもはや想定されていない。

---

[6] グロートフがここで暗に言っている区別は、本書の前のほうで導入した、教育目的の3次元モデルにおける社会化と主体化の区別と同種のものである。

'Pädagogik'（教育学）という分野

　'Erziehung' は目的論的に、すなわち、目的ないしは「テロス」に向かうものとして理解される。そして、'Erziehung' が常に目標と目的を伴うという点で価値判断を含んだ概念であり、それゆえ常にどの目標と目的を望ましいとするかに関する決定を必要とする。だからこそ、正しく教育する方法に関して、教育の手段と目的の観点から問うことは、教育実践にとって中心的な関心となる。ケーニヒ（König 1975）も、少なくとも 20 世紀の初めまでは、これが教育の科学的研究にとっても影響力のある問いだったと述べている[7]。したがって 'Erziehung' の理論家たちは、「教育学（Pädagogik）」を捉えるさいもこれを「規範的」分野と明示的に捉え、それが課題とするのは教育の目標の明確化と、教育実践の指針の開発だとみなした（König 1975, p. 34）。この伝統のうちにある研究を特徴づけるのは、「究極の」教育的目標を説明し、それ以上に重要なこととして、普遍的に妥当すると考えられる教育目標を説明するという野望だった。例えば神学や価値哲学（マックス・シェーラーやニコライ・ハルトマンの研究）、一般的な道徳の慣習、実践哲学（ヘルバルト）に基づいて、そのような普遍的目標を明確化しようとする幅広い様々な試みについてケーニヒは論じている。これによって明らかになったのは、「教育学」は教育目標の定式化だけに限られず、そうした目標の正当化も領域として含むということだった。

　「教育学」に関するこうした概念（文献では「教育学」の規範的概念として知られるもの）は、教育研究の展開の第一段階として示されることが多い。「教育学」が特定の規範体系や学派との結びつきを乗り越えて初めて科学的分野[8]として成熟したのだから、これを教育研究の前段階と特徴づける者さえいるだろう。いずれにせよ、これは、「精神科学

---

[7]　ドイツ語の「科学的」という概念（'wissenschaftlich'）は自然科学に限られないということに注意されたい。

[8]　ここでも「科学的」は、英語の科学概念よりも広い意味で解釈すべきだということに注意されたい。

的教育学（geisteswissenschaftliche Pädagogik）」として知られるように
なった伝統において中心的な考え方だった。解釈学の一つである「精神
科学（Geisteswissenschaft）」としての「教育学」という考え方をはじめ
て提唱したのは、ヴィルヘルム・ディルタイである。ディルタイは、自
然現象の研究と社会現象や歴史現象の間には根本的区別が存在すると論
じた。自然現象の世界は原因と結果の世界だから、まさにその理由に
よって「説明」がしやすいが、社会・歴史的世界は、人間が目標を追求
し、その目標を達成するための行為を計画する世界である。それゆえ社
会・歴史的世界の研究の主たる対象は人々が追求する目標を明確化する
ことであるはずだ、ということになる。

　ディルタイが論じたように、ここで問題になっているのは、どう説明
するかということではなく、必要なのは「理解」である。そのうえ、そ
のような理解は、「外側」からの観察を通じて生み出すことができず、
解釈と内部者の視点が必要とされる。教育は徹底して社会・歴史的現象
であるので、ディルタイが論じたように、「教育学」は「精神科学」と
みなされなければならないということになる。そのような「精神科学的
教育学」にとっての主な課題は教育実践を解釈することであり、それに
よって関与する全ての人の視点からの理解が得られなければならない。
ただしディルタイの「精神科学的教育学」の構想において、規範的な
「教育学」については明示的に否定された。あるいはもっと正確に言え
ば、「普遍的」ないしは「外側」にある教育目標を明確化しようとする
規範的「教育学」の試みについて否定的であった（同書、p. 99）。ディ
ルタイにとって、教育の目標は常に、特定の社会や歴史のありようと関
連し、社会・歴史の内側にあるものだった。このことは、ディルタイに
とって「教育学」は規範的な学問領域のままだったが、解釈学的構造を
持ち、その目的は特定の教育実践に潜在する目標・目的を「明確化」す
ることであって、そのような目標や目的を処方することが課題ではな
かったということを意味する。

　ディルタイの考え方は、20世紀の最初の数十年間におけるドイツの
「精神科学的教育学」の展開の主要な参照枠を提供した。マックス・フ
リッシュアイゼン＝ケーラーやヘルマン・ノール、エドゥアルト・シュ

プランガー、オットー・フリードリヒ・ボルノウ、ヴィルヘルム・フリットナー、エーリヒ・ヴェーニガー、テオドール・リットのような教育学者の労作を通じて、「精神科学的教育学」は、（その影響が1960年代まで続いた［Wulf 1978, p. 15］）ドイツにおいてのみならず、ドイツの伝統に直接影響を受けた国々においても教育の科学的研究の主要な「パラダイム」となった。「精神科学的教育学」は、「教育学」を規範的領域と捉える見方を維持したが、規範的「教育学」が教育の普遍的目標を明確化しようとしたのに対し、「精神科学的教育学」は特定の教育的状況と諸実践に関連する目標の明確化にフォーカスを当てた。

「精神科学的教育学」は、それ自体を理論的な学問領域としてではなく、何よりまず実践的領域とみなした。つまり、教育実践の分野であり、教育実践のための分野としたのである。「教育学」と実践の関係自体、解釈学的な言い方で理解された。その主要な課題は、教育実践の「改善」に寄与することを意図した教育実践の「明確化」であった（König 1975, p. 112; Wulf 1978, p. 17）。明確化の作業には、個別の教育実践の中でそうした行為の目標を特定するような分析と理解が含まれるだけでなく（これはディルタイのやろうとした「プログラム」であった）、教育実践の規範的指針、すなわち特定の状況でどのような振る舞いを「正しい」と考えるかの開発も今後の課題とされた（König 1975, p. 118）。「精神科学的教育学」が教育実践の改善に寄与することを目指していたのは、この方針に沿ってである。

「精神科学的教育学」の理論家たちは、普遍的な教育目標という考え方を退けたが、「教育学」を本来的に規範的なものとみなし、個別の教育環境と状況でどう振る舞うのが「正しい」のかを考えることを目指していた。「精神科学的教育学」の規範性は、その最も興味深い側面の一つと言ってもよいもの、すなわち教育実践の「相対的自律性」と、教育の科学としての、そして教育のための科学としての「教育学」という考えに密接に結びついていたのである。

「教育学」の相対的自律性という考え方はまず、「教育学」を（その規範の2つの重要な源であった）倫理学と神学、そして（ヘルバルトによる規範的「教育学」において重要な役割を果たした）心理学への依存か

ら解放し、それ自身で独立した学問分野として確立できるようにするという意図と関係している（Wulf 1978, p. 35）。そのために、「精神科学的教育学」の理論家たちは、「教育学」の相対的自律性を教育実践の相対的自律性に結びつけたのである。ここで重要なのは、「教育学」が、教育という領域と、より一般的には教育学を通じて子ども時代という領域を、教会や州や経済といった社会的権力から発生する主張から守る役割を果たしたということであった（Wulf 1978, pp. 17, 35）。そのようにして、学問領域としての「教育学」の自律性は、ある特定の教育的な「関心事」の観点から明確化されることになった。そして、「精神科学的教育学」の理論家たちは、その「教育的」な関心事とは、子どもたちにもある程度は認められている自己決定権への関心であると考えていたのである（同書、p. 36）。「精神科学的教育学」の学問的アイデンティティが特定の教育的「関心事」に基づいて明確化されたという事実は、たとえ教育実践の自律性と子どもの自己決定に委ねることが正確に何を意味するのかについての見解が複数になってしまうとしても、「教育学」が、少なくとも「精神科学的教育学」の理論家にとっては、規範的分野であることのさらなる根拠となった。

　「精神科学的教育学」が本章の議論にとって興味深いのは、それが、「教育学」を独自の学問分野として理解し得る方法と理由についてきちんと説明してくれることである。もちろんだからと言って、「精神科学的教育学」だけが教育研究を組織・構想したというわけではないが、ドイツの伝統の中では「教育学」を（心理学のような）他の分野や（神学や倫理学のような）価値体系に依存するものではなく独自の学問分野にしようとする最初の試みとして依然として突出した存在なのである。部分的には実証研究という形式が出現した結果として、さらにはフランクフルト学派のような批判理論の影響の結果として、「精神科学的教育学」の最盛期は過ぎ去ったが、それが議題に挙げた個別の問いは、現代の議論においても依然として重要な役割を果たしている（例えば Oelkers ［2001］, Benner［2005］）。

　前述の説明によって、教育研究の2つのありようの興味深い違いが明
らかとなる。それは、教育に関する学問研究を理解し構築する方法は
様々であるがゆえに、分野や学問体系に関する問いが重要な役割を果た
すということも示している。アングロ・アメリカ的な考え方では教育が
学際的、ないしは総合的研究と理解されているのに対し、「精神科学的
教育学」の主要な目標は、独自の学問領域として「教育学」を展開する
ことであった。ハーストは教育理論が自律的分野であり得ることをはっ
きりと否定し、その理由として、教育理論は教育に関する「固有の理
解」を生み出さず、「根源的な」分野を通じて生み出される知識にもっ
ぱら依存すると述べたが、「精神科学的教育学」の理論家たちは「教育
学」の自律性を強く主張したのだった。興味深いのは、理論家たちが
「教育学」の分野としての自律性を論じたのは、特定の研究対象が存在
すると考えたからではなく、（研究する側の）特定の「関心事」に基づ
いたものだったことである。それゆえ、アングロ・アメリカ的教育研究
のアイデンティティは、それが特定の研究対象（この場合は「教育」）
に基づく点で、「客観的な」ものと特徴づけることができ、その一方
で、「教育学」のアイデンティティは、特定の関心事に基づいている点
で、「利害関係的」な特徴をもつと言えよう。

　この文脈で述べておくべきなのは、ある学問分野のアイデンティティ
が研究の対象ではなく規範的関心に基づくという考えは、大陸的「教育
学」に特有のものではないということである。学問領域は研究対象が何
であるかに基づいて定義されることが多いものの、学問領域が特定の研
究対象と結びつけられるようになるまでの過程においてかなりの量の知
的労力が投資されることも多いということは忘れてはならない。また、
「既成」の学問分野のなかには、研究の対象よりも関心に基づいてその
アイデンティティを獲得している分野が少なくともいくつかは存在する
ことも忘れるべきではない。例えば、健康への関心は医学という学問分
野の特徴となっているし、正義への関心は法学の特徴となっている。

　それゆえ、この分野の2つの型の間には重要な違いがあり、教育研究

と「教育学」の違いが社会組織の違いとなって現れてもいるのだが、2つの間には（本章で述べてきたことからすれば）少なくとも一つの顕著な類似点がある。それは、ハーストの教育的理論においても、「精神科学的教育学」の伝統に連なる「教育学」の概念規定においても、教育の科学は規範の問題から逃れられないということ、すなわち、教育は何のために存在し、よい教育にとって大事なものは何かという問いからは逃れられないという点で見解の一致を見ているのである。「精神科学的教育学」の伝統では、教育実践において正しい行為の仕方に関する指針を生み出すことが目標であり、それはハーストにとって、教育理論が「教育的活動において何が行われるべきか」に関する考えを生み出すことが重要なテーマであったのとまさしく同じなのである（Hirst 1966, p. 53）。

2つの型の間のもう一つの重要な違いは、教育研究の出現と展開の文脈である。教育研究の分野は主として教師教育の文脈で発展してきた。それゆえ学校教育と深いつながりがある。これは、「教育学」の歴史とはかなり異なっている。「教育学」は、指導や学校教育に関する問いと明示的ないし限定的に結びつけられているわけではなく、もっと広い範囲をカバーする。何よりまず 'Menschwerdung'，すなわち人になっていくことに関する問いにフォーカスを当てるのである。このことだけで2つの型の違いが説明されるわけではないが、異なる文脈にある教育研究の展開を導くことになった関心事が別物であったという事実を浮き彫りにするのである。

本章の主な目標は、大きく異なる2つの教育的学術研究に関して洞察を与えることだったが、両者のなりたちを比較すると、それぞれのなりたちに固有なものも理解できるようになる。もちろんそれは、比較のポイントなしにはかなり難しい。最も顕著な違いは、われわれが教育理論と呼び得るものの役割とステータスに関係しているというのが私の意見である。大陸型の見方からすると、独自の理論と理論化の形式を有する独自の学問領域としての教育という捉え方が、アングロ・アメリカ型にほとんど欠けているというのは驚きに値する。これは単なる歴史的事実にすぎないのではなく、今日まで続く状況である。その「注目すべき」例（「注目すべき」というのは、もちろん大陸的見方にとってというこ

121

考

察

とであるが）は、「英国における教育学という学問分野——危機へ立ち向かう」と題された、マーティン・ローンとジョン・ファーロングの編による最近の *Oxford Review of Education* の特別号（35巻5号）である。この号は、教育学の分野の盛衰を記録したうえで、その観点から、英国の現代の教育研究における学問分野としての教育学の地位をかなり懸念する内容となっているが、議論の枠組みとしては、依然としてアングロ・アメリカ的な観点からの議論になっている。この号では、心理学、社会学、歴史学、哲学からの寄稿論文と並んで、経済学、地理学、それに比較教育学の論文もあって、教育学に寄与する学問分野の「混合体」にさらに追加がなされているものの、過去を検討する時はおろか未来を描く時にも、教育学それ自体のありようについては何の問いも投げかけていない。この号のフォーカスは英国の状況にあるが、驚くべきは（特に、国際化の時代であることを考えるならば、その驚きはさらに大きい）、教育理論を「他の」学問に付け加えたものとして、あるいはそれらからの貢献に並ぶものとして捉えたり、教育を独立した学問分野として捉えたりするという発想が、ここで言うところの「危機」への可能な応答としてはまったく存在していないことである。

　この比較はもちろん、反対方向にも作用する。反対方向から見れば、大陸的教育研究が独自の理論と理論化の形式を持つ自律的分野としての教育学という考えに基づくというのは驚くに値することと言ってよい。この考えが驚くべきことと受け止められ、さらにアングロ・アメリカ的見方からすれば「不可能」とさえ受け止められる領域があるということが、最近の議論で明らかとなった。その議論は、独自の領域としての「教育学」という見方を支持する「精神科学的教育学」の提唱者たちによるものであった。ここで問われたのは、教育学以外の諸分野でも独自の角度から教育の様々な過程と実践を研究することができるとしても、そうした分野は、教育の現実を「教育学的」現実として捉える手立てを持たないのではないかという問題である。こうした難題を一言で表す言い方があって、それは、教育心理学は教育に関する心理学的問いを、教育歴史学は歴史に関する問いを、教育哲学は哲学的問いを、教育社会学は社会学的問いを立てるが、残された疑問は、教育に関する「教育学

的」問いは誰がするのか、というものである。心理学や社会学、歴史学、哲学の問いとは異なる、教育に関して問われるべき教育学的問いが存在するという考えは、大陸的教育研究の立場からは完全に意味のある見解であるが、本章の草稿の査読者[12]はまったく無意味であると述べ、まるで「料理についての料理的な質問」というものがあると言っているようなものではないかと言うのである。

　しかし、「教育についての教育的質問」という考え方には重要な論点が一つ含まれていて、そのような教育的観点は単にあり得るというだけではなく、教育研究にとっては必須のものなのである。これは、教育研究の対象に関する問いである。アングロ・アメリカ的教育研究では、教育の対象は「そこ」にあって、教育が何「である」か、そしてどこで生じるかを特定するのはかなり容易いことと想定されている。だがこれはかなり誤解を招く想定である。なぜなら誰かが学校に足を踏み入れて、そこで起きている教育を研究しようとしたとしても、それが可能なのは、何を教育と「みなす」かに関してある特定の考えを持っている場合だけだからである。そしてこれは実際、見かけよりも難しい。なぜなら「教育」が教師と学習者の相互作用と言うのであれば、誰が教師と学習者であるかを特定する追加の基準を持っていなければならないし、彼らの間のどの相互作用が教育とみなせるのか、あるいは、例えば特定の「成果」を目標とする相互作用だけを教育とみなしていいのかどうかも問われなければならない。だからそこには問われなければならない問いがおびただしく存在し、例えば（究極的には学習者の自立を目指す）教育と（学習者の自立した思考や行動を妨げることを目指すであろう）教化を区別するために、あるところで規範的問いを含めなければならなくなる。教育の研究は、それが依拠する学問分野とは関係なく、教育を定義することなしには進められず、その定義が規範的なものであることも避けられない。私の考えでは、それがおそらくアングロ・アメリカ的研究の盲点なのではないかと思うのである。2つの研究のあり方をより生産的対話へと導くことが急務ではないかと言うのもそれゆえのことである。

議論とさらなる考察のための5つの問い

1. あなた自身の研究は教育研究と分類されるものだろうか。本章で示した考えに沿って考えた場合、それは何を意味するだろうか。
2. あなたの研究の対象は何か。それは、どのようにして研究可能な対象として特定できるか。
3. あなたの研究において重要な役割を果たしている学問分野は何か。それは、どういう役割を果たしているか。
4. 教育は独立の学問領域ではあり得ないというハーストの見解に賛成か。
5. 他の諸学問領域の中で、教育学が独自の地位を主張することは重要か。それともそれはまったく妥当ではない考え方だろうか。

[訳　注]

[1] ドイツ以外にもオーストリア、スイス、リヒテンシュタイン、ベルギー、ルクセンブルクはドイツ語が公用語（の一つ）であり、ドイツ・オーストリアと地理的・歴史的につながりの深い国（例えばポーランド、チェコ、ハンガリー）も広い意味でドイツ語圏に含まれると思われる。

[2] 1963年に、経済学者のライオネル・チャールズ・ロビンズを委員長とする英国の高等教育に関する委員会から提出された高等教育についての改革案のこと。産業社会の高度化に対応した大学の拡大を提案し、高等専門学校に大学の地位を与えることを勧告したほか、大学の入学資格が能力と到達度によって適格とされる者全てに与えられるべきであること（ロビンズの原則）を提言し、そのような教育機関が持つべき主要目的を整理した。

[3] アンドリュー・ベル（Andrew Bell, 1753–1832）は、スコットランドの宣教師・教育学者。生徒の中の優秀な者が教師の助手の役割（モニター[助教]）を務めるモニトリアル・システムを提唱したことで知られる。モニトリアル・システムについては、岩下誠（2006）「モニトリアル・システムの条件と限界——サラ・トリマーの教育思想と教育実践を通じ

て」『教育学研究』73(1), pp. 27-38 に詳しい。同時期に教育学者のジョセフ・ランカスター（Joseph Lancaster）も同様の教育法を提唱したことからベル・ランカスター法とも呼ばれる。

[4] C. H. ジャッド（Charles Hubbard Judd, 1873–1946）は、アメリカの教育心理学者。ライプツィヒ大学でヴィルヘルム・ヴントのもとで博士号を取得し、言及されている1914年時点ではシカゴ大学の教育学部長だった（1938年まで）。

[5] ジョン・アダムズ（Sir John Adams, 1857–1934）は、スコットランド出身の教育学者で、アメリカ合衆国の第2代大統領とは別の人物である。ここで言及されているロンドン・デイ教員養成カレッジ（London Day Training College, LDTC）が1909年にロンドン大学（University of London）の附属機関となり、1932年に校名をInstitute of Education（IOE）に改めた。IOEは学部課程を持たない大学院大学であったが、2014年にユニバーシティ・カレッジ・ロンドン（UCL）と合併し、同校の教育学部として現在に至る。こうした経緯から、ジョン・アダムズはUCL IOE の初代校長と紹介されることもある。教育への貢献が認められ1925年にナイトの称号を授与された。

[6] パーシー・ナン（Sir Percy Nunn, 1870–1944）は英国の教育学者。ロンドンのグラマースクールで教え、1903年から訳注［5］で解説したロンドン大学のLDTCのスタッフに加わり、1913年から1936年までLDTCおよびIOEの教育学教授を務めた。

[7] ウィリアム・マクドゥーガル（William McDougall, 1871–1938）は、英国・アメリカの心理学者。行動主義に対して彼は、衝撃・衝動を意味するギリシア語「ホルメー」を冠した目的論的心理学を提唱し、生物の行動の本質を目的追求性に求め、その原動力となる本能の種類を明らかにすることを目指した。

[8] リチャード・ピーターズ（Richard Stanley Peters, 1919–2011）は、英国の哲学者。1962年から1983年まで、訳注［5］で解説したロンドン大学IOEの教育哲学教授を務めた。英国の教育哲学の発展に貢献し、IOEにて、後にキングス・カレッジ・ロンドン（King's College London, KCL）の教育学教授となるハーストと共同研究を行った。

[9] それぞれに確定的な訳語を当てることは難しいが、'Pädagogik' は伝統的に「教育学」と訳され、'Didaktik' は「教授学」と訳されてきた。

'Erziehungswissenschaft' とその複数形である 'Erziehungswissenschaften' は、本書で言及されているディルタイの精神科学的教育学との対置で、「教育科学」と訳されている（市川和也 [2020]「『教授学、カリキュラムに出会う』プロジェクトの到達点——アメリカのカリキュラム研究とドイツ教授学の結節点をめぐって」『京都大学大学院教育学研究科紀要』66, pp. 15–28）。これと 'Bildungswissenschaft'、およびその複数形の 'Bildungswissenschaften' を訳し分けることは容易ではないが、近年、ドイツ語圏において Bildung 概念を再評価する動向があり、「学習に関する医学を含む学際的な新しい学習科学の訳語として Bildungswissenschaft が用いられ」ているという（津田純子 [2020]「Bildung 概念再評価の動向——インクルージョン教育論を中心に」『日本教育学会第 79 回大会大会要旨集録』、p. 15）。

[10] ヴィルヘルム・ディルタイ（Wilhelm Christian Ludwig Dilthey, 1833–1911）は、ドイツの哲学者・心理学者。本書で名前が挙げられているマックス・フリッシュアイゼン゠ケーラー（Max Frischeisen-Köhler）やヘルマン・ノール（Herman Nohl）、エドゥアルト・シュプランガー（Eduard Spranger）らは、教育学分野におけるディルタイの直接の弟子に当たる。ヴィルヘルム・フリットナー（Wilhelm Flitner）とオットー・フリードリヒ・ボルノウ（Otto Friedrich Bollnow）、そしてエーリヒ・ヴェーニガー（Erich Weniger）は、ディルタイの晩年の助手を務めたノールのもとで学び、テオドール・リット（Theodor Litt）は、シュプランガーの後任としてライプツィヒ大学の哲学・教育学教授を務めた。ボルノウも同様に、ライプツィヒ大学の後にシュプランガーが在職したテュービンゲン大学に彼の後任教授として招聘されている。そのような系譜を持つディルタイの「精神科学的教育学」については本文に十分詳しいが、彼の第一著作は『シュライアマハーの生涯』である（訳注 [11] も参照）。

[11] フリードリヒ・シュライアマハー（Friedrich Daniel Ernst Schleiermacher, 1768–1834）は、ドイツの神学者・哲学者・文献学者。分野を超えた一般解釈学の理論を提唱したことから解釈学の祖とみなされることがあり、ディルタイはこれを「精神科学」の基礎理論とした。

[12] 原著のような欧米出版社の書籍では、出版社が依頼したレビュアーが出版可否の判断のために原稿を査読したり、草稿に専門的立場からコメントをしたりすることがある。

第 6 章

教育、測定、民主主義

　教育をよりよくしようという志をもった教育研究が、学校や大学、そのほかのあまたの教育機関や実践に直接的に介入することによって教育改善をするのは困難であるものだ。教育の実践は何よりもまず、教師やその他の教育実践者のなした仕事の結果であるということを心に置く必要がある。

　教育実践者の存在なくして教育は存在しない。となれば、教育をよりよくしていく行為は、常に教育実践者を通して行われていく必要があると言える。これを進めていくには 2 つの方法を考えることができる。1 つは、研究が教育実践者に何をすべきかの規範を示していくものが挙げられるだろう。もう 1 つは、研究が教育実践者に対して洞察や理解をもたらし、実践者がいま取り組んでいる具体的実践の中で、熟慮したり判断したりするときに重要な役割を果たすものが挙げられるだろう。別の言い方をすれば、研究とは、教育者の専門的主体性を低下させることも向上させることもでき、したがって、教育的専門性の民主的な質を高めていくこともできれば、それを抑制したり損なったりすることもできるのである。この章では、教育における専門的判断と教育的営みの射程がどのように変化してきたかを分析し、そこにある課題と可能性の双方を示しながら、この広い問題を検討していく。

はじめに——測りすぎの時代における教育

　この章では、教育という専門性を必要とする場において、測定（measurement）という現代的文化が持つ影響について検討する。特に、

教育そのものにおける専門的行為の民主的性格という問題と、専門性を持った教育が、どのようにして広い民主的な大義を支えるのかという問題の双方に焦点を当てる。1960年代から1970年代にかけて、専門性というものに付与されていた権威性が、より民主的で、より包括的な専門的行為の形態に向けて解放されていったことを、まず示す。そして、福祉国家の変容と統治における新自由主義の台頭をきっかけに、専門性の民主的側面が歪められてきたことを、次に示す。特にここでは教育の受益者の位置、説明責任の性質、専門知の地位といった関連しあった3つの歪みを論じる。一見すると、いま述べたような3つの側面は、専門家の民主化をむしろ推し進めていく動きとして捉えられてしかるべきなのだが、よく考えてみると、実のところこれらは専門家の民主的側面にじわじわと侵食し、さらにこの侵食に測定という測りすぎの文化が入りこみ、次第に民主的な世界に大きな問題を引き起こそうとしている。この章の最終段階では、より民主的な専門家の像をいかに取り戻すか、そして、そうした専門家の像こそが、より広い民主化のプロセスに貢献していくのだということを提案する。

　オスカー・ワイルドは「人々は今、あらゆるものの値段を知っているが、それらのものの価値については何も知ってはいないのだ」と言ったが、皮肉めいたこの言葉は、現代の教育が置かれている「測りすぎの時代」[1] (Biesta 2009c, 2010f) における中心課題となりうる側面をじつによく捉えたものだと思えてならない。個々の学び手、学び手の集団、学校、地域、そして国の教育システムの全体のパフォーマンスに関する情報が今や豊富にあり、そのありさまはグローバルに展開していく測定を生業とする産業が、教師たちに対して正しい「価値」を上から与えていこうとしているのと同じである。しかし、教育システムのあらゆる側面のパフォーマンスは、非常に詳細に、非常に正確に、さらに統計的に精緻に測定されている一方で、測られているものの中にあるプロセスの価値や実践の価値を理解していくことに近づいているのかといえば、それは疑問である。別の言い方をすれば、こうした測りすぎの時代の中で、教育の効果や効率の側面に目が向けられていることと裏腹に、何が教育をよくするのかということに私たちは近づくことができているのか、そ

れは甚だ疑問のままなのだ。

　これは、単に測定の技術的妥当性の問題ではなく、こうした測定が、本来測定すべきものを測定できているのかどうかという問題に関係している。さらに、私が別の場で提案した、「規範的妥当性」（Biesta 2010f）といったより重要な問題がある。これは、測られたものが、実際に私たちが教育において価値を置いているものかどうか、つまり、私たちの考える「よい教育」に応じたものなのか、という問題に関わるものである。ここに、現在の教育が測りすぎ体制の中に巻き込まれている問題の一端が見出せる。私たちは私たちが大切だとしているものを測っているのか、それとも測っているものを大切にしているのか、これはいわゆる正解のないオープンクエスチョンだと見ることもできるが、むしろ世界の多くの国で現在進行形で起きていることを捉えた問いなのだと理解することが、より正鵠を得ているだろう。測定が教育政策と実践を大きく左右し、測定されているものがよい教育観を適切に反映しているかどうかについてはもはや大して問題にされない、という状況になってしまっている。その一例が、「パフォーマティヴ」[2]と呼ばれる（例えば、Ball[2003]を参照）ものだ。リーグ表で特定のランクに到達することが、チームの目標そのものになってしまうような、質の指標を質そのものとみなしてしまう状況——これである。

　測りすぎの体制が現代の教育に与える影響は、たいていはその射程の大きさに起因しており、だからこそ、これはグローバルな測定を司る産業の問題として捉えるのがふさわしいと私は考えている。しかし、こうした射程の大きさも重要だが、測定を司る産業が、どのようにして、研究者、知識人、各国政府、商業出版社、OECDや世界銀行のような超国家機関など、利害が大きく異なる様々な関係者を一つのネットワークに取り込むことに成功したかについても注目すべきである。ラトゥール（Bruno Latour）の言葉を借りれば、ネットワークの内部の人々とその外部の人々の間に強い「非対称性」が生まれているのである（Latour 1987）。そのため、何か有効な代案をもってこのネットワークに対して反対しようとしても、実際には「代案がない」と思えるほどに、困難で、コストも高くつき、エネルギーと時間がかかるものとなってしまう。

この難しさには2つの種類の側面が見いだせる。ひとつは言葉のレトリックに関係するもので、もうひとつはその社会心理に関係するものである。まず、測定の文化は、説明責任、統制、透明性、証拠、選択、社会正義などの概念に関連した、複雑で多角的な側面からなる議論や問題が組み合わさって生まれていることに留意する必要がある。言葉のレトリックのレベルでの問題は、そのレトリックによって異なる言説の間の「素早い切り替え」（Charlton 2002）を許してしまい、結果、測りすぎの体制の世界観に向き合い、批判していくことがどんどん難しくなっていくことである。例えば、教師が教室をコントロールするための1つの形態である測定行為を批判してみるとしよう。しかしおそらくは「誰もがよい教育を受けられるためには透明性が必要なのだよ」と、社会正義の観点から反論カードを切られてはねのけられてしまうだろう。このように、異なる言説、議題、利害が絡むと、たちまちにして、どの目的がどの手段を正当化しているのかが見えにくくなっていくのである。もっと皮肉な言い方をすれば、手段と目的が混沌とした関係にあると、人は本来逃れるべきこと以上の逃げ道を見つけてしまうのである。

　測りすぎの体制の社会心理に関しては、疑問が常につきまとう。なぜ人々は測定に惹かれるのか、なぜこれほどまでに多くの人々が測りすぎの体制に引っかかるのだろうか。ここには「恐怖」が大きな役割を担っている。まず第1に、測定は客観的であり、私たちが仕事上直面する難しい判断から逃れられるという、数字がもたらす疑似的な安全性の発想がある。この安全があくまで疑似的なものであるのは、測定が本来的にはあるものを別の形で表現することであり、その根底にある基準は多くの場合恣意的なもので、常に私たちを判断する行為に立ち返らせるものだからである[1]。また、測定を司る産業それ自体も、リスクへの恐怖に駆られ、またそれをコントロールしようとする欲求にも駆られている。しかし、ここで忘れてはならないのは、本書の冒頭で述べたように、教

---

[1]　デューイは、著作のどこかで、彼が幼い頃、農場で豚の体重を測っていたという話を書いている。秤の片方に豚を乗せ、もう片方に石を乗せて、秤のバランスがとれてはじめて石の重さが測定できるというのだ。

育を完全にコントロールしようとすると、教育というものが、本来教育として重要だったものを最終的に搾り取ってしまうような機械にすり替わってしまうことだ。そして、おそらく測定を司る産業が最も影響を受け、駆り立てられるものとは、取り残されることへの恐怖だろう。これは、他の国や教育システムが、何らかの点で、あるいは何らかの基準で、自分たちよりも「優れている」のではないかという恐怖だ。そこで生み出される問題は、自分たちが本当に進んでいるところと同じになりたいと思っているのか、またあるところが他のところよりも「進んでいる」と位置づけられる基準が実際のところ何であるのか、それを問うことを忘れてしまうことである。だからこそ、改めて問いたいが、私たちはそんなに単純に、どの国も教育制度をフィンランドやシンガポールや韓国のようにしたい、していくべきだ、と考えていいものだろうか。

専門職の民主化

　専門家を専門家たらしめているものに関して、従来、専門家は自らの仕事を自ら飼い慣らし、コントロールするものだと以前から考えられてきたが、こうした考え方の背景には3つの前提があるという（例えば、Freidson［1994］を参照）。第1に、専門家は、人の「善き生（well-being: ウェルビーイング）」を高めていく仕事であり、そこが他の職種と大きく異なっているという考えである。このことを考えると、専門性とは単に技術的専門性を指すのではなく、常に規範的な次元を伴っていると言える。第2に、専門家の教育（例えば医師、弁護士、司祭などの）は常に高等教育機関で行われてきたように、専門家は他の職種と異なり、「高度な専門的知識と技能」に依存しているという考えがある。第3に、専門家は「権威と信頼の関係」の中で仕事をしているため、専門家の仕事は他の職と区別されるという考えがある。この3つの考え方は、専門性を定義するものであり、そのため、新しい仕事が生まれ、その分野の担い手が自らの地位を専門家という地位に高めようとするたびにこの前提が立ち現れてくる。また、こうした前提には、専門家の特別な地位とそれを枠づける制度の存在を「正当化」する側面を持っている。

　専門性の伝統的な考え方では、専門性というものは社会にとって重要な機能を果たしているものの、ある意味では社会から離れたところで機能するものと考えられてきたため、閉鎖的で内向きの存在だともみなされてきた。またこうした伝統的な枠組みの中では、専門家は教育の受益者からも社会全体からも、民主的なコントロールを受けずに進められていくことが多かった。これは、専門性（専門家）が、質のマネジメント、その専門性の世界への参入（専門家の養成の教育をコントロールすることを含む）、そして専門性に起因する失敗や不正行為があった場合の、専門的世界からの「放逐」にいたるまで、自らが自らをコントロールしてきたという事実に明確に表れている。このため、専門職は、自らの機能と人間の「善き生」の重要な領域の双方に対して力を発揮するという、非常に強力な存在となっていく。また、専門性の持つ力は、権威と信頼の関係が、いともたやすく不当な権力の行使や権力の乱用につながってしまうことの理解にもなるだろう。

　しかし 1960 年代から 1970 年代の間に、専門職の民主主義的な欠陥が根底から明るみになり、また大きな批判の対象となった。その背景には、クライアントと患者の解放（例えば、医学や精神医学の領域において）や、健康や精神的な安寧の考え方の変化（例えば、代替医療やロナルド・レインの仕事のような反精神医学［例えば Laing［1960］; Laing & Esterson［1964］, また医学的な方向性については Hellín［2002］も参照]）がある。こうした動きは、当時の広範な抗議運動や解放運動（1968 年の学生運動や「反ペダゴギック」として知られるドイツの反教育運動[3]［例えば Braunmühl［1975］を参照]の高まりを含む）の 1 つとみることができる。こうした中で、特に専門性が織りなす人間の関係性の中に埋め込まれた権力の乱用の存在を明らかにし、それによって専門家とクライアントの関係を民主的に再定義することが目的となった。第二次世界大戦後、多くの専門性を持つ人々が福祉国家の中心に立ったことによって（例えば Björkman［1982］）、専門職に求められるものが、個々のクライアントが持つニーズに対して厳格に対応していくものから、より広い「公共善（common good）」への関心へ対応していくものへと方向性が変化してきたのである。こうした動きは、専門職というものがクライアン

トや社会に対して民主的な説明責任を果たさなければならないという立場を強化するもので、いわば第2の民主化運動だと言える。

民主化の後に生まれた3つの歪み

　ここまで見てきたように、専門職とプロフェッショナリズムの発達史は、1960年代と1970年代に、専門職とクライアントの関係の再定義、さらに第二次世界大戦後に生まれた福祉国家における専門職の役割と社会環境の関係の再定義、この双方の結果として、従来の専門職のありようがどのように民主化してきたのかを可視化するものとして非常に重要である。さらに言えば、こうした展開を知ることは、医療や教育などの専門分野の近年の動きや変化の意味を捉えていくためにも重要である。これらの変化は、専門職の民主化を促進しているように見える。しかしよく見ると、実のところ、専門職の民主的なありようをまったく損ねてしまっているのである。こうしたことを受けて、本節では、(1) クライアントや患者や学び手を消費者に変えてしまうこと、(2) 説明責任という民主的概念を、技術的管理的概念に変えてしまうこと、(3)「エビデンスに基づく実践」の考え方のように、専門知を「エビデンス」に変えてしまうこと、こうした3つの「民主化の後の歪み」に目を向けていく。

　こうした動きは、福祉国家の変容と新自由主義的な統治・支配形態の台頭という背景をふまえて理解する必要がある。福祉国家の変容は、1970年代の石油危機のような経済危機の結果でもあれば、(「サッチャリズム」のような) 小さな国家という保守的な考え方のような思想的な介入の結果でもある (Faulks [1998] を参照)。この変容によって、国家の捉え方を、社会正義と連帯 (「公共善」の考え方) という見方から、限られた公共サービスを提供するのが国家であるという見方へと転換をもたらした。さらに新自由主義は、国家を、公共サービス市場を規制する存在と再定義することになり、もはや公共善のような本質的だからこそ政治的である事柄の意味検討には関心を持たなくなり、「品質」「選択」「顧客第一」といった形式的な概念にばかり注意が向けられるよう

になった。その結果、新自由主義の政府は、もはや自分たちを公共善とは何かを考えるような政治的議論の中心的アクターとみなすことはなくなり、基準、測定、検査といった体制を通して提供される製品の品質を守ろうとするプロセスマネージャーとして自己規定するようになっている。「品質」は非常に形式的な用語として、つまり、特定の提供物やサービスが一定の基準を満たす状況を指すものとして理解されているが、この節の冒頭ですでに示唆したように、それらの基準が実際にどれだけ意味のあるものかということには関心が向けられていないのである。では、専門という分野は、どのような形でこうした動きに巻き込まれ、そしてどのようにその民主的な可能性が歪められてきたのだろうか。

第1の歪み——クライアント、患者、学び手から、消費者へ

　ここまで見てきたように、1960年から1970年にかけての顧客、患者、学生の解放によって、多くの専門性の民主主義上の欠陥が露呈しただけではなく、専門性の転換、より具体的に言えば専門性の関係の転換がもたらされた。クライアント[4]、患者、学生が文字通り声を上げたのは、自らを単に専門家の行動や介入の対象としてではなく、自分たち自身が主体であり、ゆえにそこでは、介入の対象ではなく、対話の主体として扱われることを望んでいることを明らかにするためであった。このような角度から見ると、クライアント、患者、学生を消費者と呼ぶ最近の傾向や、医療や教育の専門家の分野において、顧客が望むものを提供しなければならないことを強調するような傾向は、専門職の民主化の究極のステップであり、言うなれば受け手の人々が完全にコントロールしている民主的状況のように思われる。

　しかし、これは本当に専門職の民主化の究極のステップなのだろうか。これを疑うのは、経済的な活動と専門的な活動は根本的に異なっているからである（Feinberg［2001］を参照）。経済活動においては、クライアントは自分たちが求めているものが何かをわかっており、価格と品質の最高の組み合わせで欲しいものを提供してくれる企業を探すだけであるのに対して、専門家との関係の重要な側面は、専門家がクライアン

トのニーズに応えるサービスを提供するだけでなく、クライアントが何を必要としているかを見定めるという点でも重要な役割を担っていることにある。つまり、クライアント、患者、学び手は、自分が欲しいとすでに知っているものを手に入れるためだけに専門家と関わるのではない。顧客が実際に必要としているものが何なのかを正しく把握することが、重要なプロセスとして存在するのだ。ファインバーグの言う通り、私たちはたしかに、頭痛がするから医者にかかるのだが、医者はその頭痛が何の兆候で、それを取り除くにはどうしたらいいかを考えてくれることを私たちは期待しているはずだ（Feinberg 2001）。このことからもわかるように、クライアント、患者、学び手を消費者として再定義してしまうことは、専門家の実践とは何か、それは何についての実践であるのかということの、根本的な誤解が根底にあることを示している。

　教育や育児は、こうしたことの典型例である。もし親が、子どもが欲しいというものを与えるだけで、子どもが欲しいと言ったものが本当によいものなのかどうかを自問自答することもなく、また、子どもとの対話の中で問いかけることもなかったら、子どもは欲望のおもむくままの甘えん坊になってしまう可能性が高い。本来はそうではなく、自分の欲望を大人の視点で見つめ直し、自分の欲することのどれが本当に望ましいものなのかを判断できないといけないのである。ここにこそ、教育者の責任の具体例を見ることができる。顧客が望むものを与えるだけでは、専門的とはとても言えないというのと似た議論は、全てとは言わないが、多くの専門家が関わる場面でも存在している。医者は患者が望むものを与えるだけではなく、重要な役割として、患者のどこが悪いのかを見つけて、可能なかぎりの治療を提案しなければならない。もちろん患者は、特定の治療のリスクと効果に関して質問する権利をもっているが、これは常に患者が持つ専門的な対象についての経験的知識と、医師の持つ専門的な対象についての専門的知識との間の対話のプロセスとして理解されるべきものである。医者が単に患者の欲するものを売るというプロセスではないのだ。

　こうした理由から、クライアント、患者、学び手を消費者として再定義してしまうことは、専門職の仕事と専門職との関係を民主化に向けて

さらにステップを進めていくことにはならず、むしろ専門家の特質を活かした貢献の可能性を破壊してしまうような動きになってしまうのである。クライアント、患者、学び手を消費者として再定義することは、クライアントに全ての権限を与えることで権威主義的な関係を逆転させるだけだからである。真の解放と真の民主化には、専門家とそのクライアントとの関係を再定義する必要があるということである。そして、その再定義の際には両者はともに重要な役割を担っていて、それぞれのニーズが何であるかを対話的なプロセスの中で定義しなければならない。単に従来の設定を覆すことではないのだ。

第2の歪み──民主的なものから、技術的・管理的な説明責任へ

　第2の歪みは、民主的概念としての説明責任が、技術的・管理的概念としてのものに変わっていったことと関わっている。民主的概念としての説明責任とは、本来、専門家はステイクホルダー（クライアント、患者、学び手、さらに言えば社会全体）との直接的な対話関係の中で、自らの専門的な行為のありようについて説明する責任を負うことである。しかし、技術的・管理的概念としての説明責任という発想のもとでは、もはや専門家の行為のありよう自体が問われないのである。説明責任として問われるのは、その行為が定められた基準にどの程度合致しているかとなる。すでに述べたことであるが、こうした体制の中での国の役割は、専門家が提供した「製品」の質を保証することである。ただ、そうした保証は、例えば、よい精神医療やよい教育が何であるべきかについての実質的な政治的議論を行うのではなく、形式的な基準を策定し、専門家の提供したサービスが基準を満たしているかどうかを確認するための検査と管理のシステムを作るだけである。そこでは基準の規範的妥当性はほとんど検討の俎上にのぼらない。むしろ「イデオロギー的」だとして捨て去られてしまうのである。こうした結果、専門家はもはやプロバイダーとでも言うべき立場に成り代わってしまい、クライアントも消費者とでも言うべき立場に成り代わってしまい、ズレが生じることになるのである。ここで言うズレは、例えば民営化された品質管理者と官僚

的な検査官の関係にしばしば見られるもので、つまり、専門家とそのクライアントとの間の説明責任の関係が直接的なものではなく、「間接的」な関係になっていることを意味している。

　次のもう一つの例は、ちょっと見たところでは、専門職の民主化を促進しているように見えるかもしれない――が、よく検討してみると、これは専門家（職業としても、能力としても）やクライアントの関係において、実質的な民主的対話が損われているものである。オニール（O'Neill 2002）は、「リース・レクチャーズ」[5] という BBC ラジオ講座の中で、説明責任というものがどのような場面で間違っているのかを詳細に示した。ここで述べられたのは、技術的・管理的な発想で語られる説明責任において、2 つの大きな変化が発生しているということである。1 つ目は、説明責任に関わる様々な関係者についての変化である。

　理論的には、説明責任と監査という新しい文化は、専門家や組織が世間の人々に対してより説明責任を果たすことを可能にする。こうした場合、採られる方法は、目標値や達成度を表の形で公開し、人々が専門家や組織のミスに対する補償を求める異議申し立ての手続きをつくっていくことで示されることが多い。しかし、表向きには一般の人々に対する説明責任に見えるこうしたことは、その裏側をのぞいてみると、そこにあるのは、規制当局、政府機関、資金提供者、法的基準に対する説明責任である。そう、こうした新しい形態の説明責任は、中央管理という形が埋め込まれているのである。しかもそこには、かなり様々なものが入り交じり、ときに相互に矛盾するようなシステムの中央管理の形も存在しているのだ。(O' Neill 2002)

2 つ目の変化は、質の定義についてのものである。

　理論的に見れば、説明責任と監査という新しい文化は、専門家と機関を「よりよいパフォーマンス」ができているかどうかについての説明責任に向かわせる。こうしたことは例えば、「改善や水準の向上」「効率化」「ベストプラクティス」「患者、学生、従業員への敬意」と

いった言葉のレトリックにも表れている。しかし、一見よいものに見えるこうしたレトリックの裏側にある本当の狙いとは、パフォーマンスの質を正確に測定することではなく、パフォーマンスの指標を選ぶことで測定と管理をしやすくすることなのである。(O' Neill 2002)

オニールのこうした観察は、民主的な発想による説明責任と、技術的・管理的発想からの説明責任の違いが何であるか、そして両者がいとも簡単にスライドしてしまいやすいことを端的に示している。

第3の歪み──専門知からエビデンスに基づく実践へ

専門性の民主化が歪められた第3の領域は、様々な場における専門家の判断が、エビデンスに基づいたアプローチを求める声によって置き換えられたり、外へ押し出されたりするケースが増えていることにも関係している（第3章も参照）[6]。こうした局面では、専門家の行為が本当に専門的なものになり得るのは、専門家ゆえのユニークな洞察性から来る深い考え（これを、主観的でしかない意見と見る人もいる）に基づくのではなく、バランスのよい科学的知識に基づいて「何が役に立つか」に則っているときのみである。そこでは専門家の介入が「効果的」であることを確実なものとする唯一の方法はランダム化比較実験であると主張され、これが論文の「黄金律」のような立ち位置にあるものとして認識されている。こうした流れを見ると、専門家は介入に効果があるとみなされる肯定的なエビデンスを持てないかぎり、何もすることができないという状況にさえつながってしまっているのである。

エビデンスに基づくアプローチを支持する人々は、農業や医療などの分野で進歩の主役となっているこのアプローチを選べば、教育や社会的労働やケアのような専門分野においても、劇的な改善が期待できると主張する（この議論についてはSlavin［2002］を参照）。しかし、実際には「何が役に立つか」という考え方が思いのほか簡単には取り入れられない理由もまたある。その1つは、ケアや教育などの分野では（じつのところこれは究極的には農業や医療もそうなのだが）問題は単に「何が役

に立つか」という問いでは十分でなく、「何のために何が役に立つか」という形で常に表現される必要があることである。つまり、「役に立つ」という考え方は常にその分野における専門的な営為の目的や目標との関係で理解される必要がある。こうしてみると、「何が役に立つか」という問いは、専門家としての行動の「方法」に何らかの形で関与するとしても、「目的」にはとうてい関係しえないのである。

　エビデンスに基づくアプローチの考え方が、専門的行為の中で意味を持つかどうかということについてより重要な点は、専門的行為というものについて、アリストテレスがすでに「可変的なもの」（Aristotle[1980]を参照）の領域として区別したもの（行為によって「起きるかもしれない」結果として捉えられる領域）において生じるものであって、「不変的なもの」の領域（確実に原因と結果として捉えられる領域）で生じるものではないという事実ともつながっている。この理由の1つに、専門家の行為というのは人と人の間に生じるものなので、決して介入の対象として表れるのではなく（これは介入という言葉がかなり誤解を招くものであることも示している）、常にそれ自体の主体として表れるということが挙げられる。したがって、可変的な領域では、研究は行為と結果の間に「あり得る」関係についての情報を提供することしかできない。したがって、研究という側面で考えてみても、可変的な領域においては、せいぜい行為と結果の間は「起きるかもしれない」関係でつなぐ程度でしか情報を提供することができないのである。過去に見いだされた行為と結果の関係性が、現在においてもまったく同じように生じるというようには、研究は決して保証することはできないのである。したがって研究は、具体的な状況や特定の状況の下で、過去に何が「効果的」だったかを教えてくれても、現在や未来にかけて何が「効果的」なのかは決して教えてくれない。そのため、私たちは、具体的な状況や特定の事例に対して一般的で脱文脈的な知識を適用しようとするときには、専門的な行為の目的について判断する必要があるだけでなく、どのように行動するかについての判断も常に必要なのである。科学的エビデンスは、どのように行動するかという判断にも、専門的な行為の方向性やゴールに対する判断にも、取って代わることはできない。私たちが仮

に、「いや、それはできるのだ」「それをすべきなのだ」と言わんばかり
の主張を見つけたのなら、それは手段が目的を定義づけてしまう「悪し
き実証主義」と言うべきものであって、私たち自身が行為の目的を決め
ていく立場とは異なるものなのである。

　このように、「エビデンスに基づく方法で効果的に仕事を」という、
ときに露骨とも言えるような大合唱は、専門的行為における「どのよう
に」「何のために」についての専門家の判断を、専門性の領域から排除
しようとしているかに見える。それは専門家の仕事を、抽象的な「機
械」に変えようとするもので、そこでは深い洞察や判断が職業のうえで
本質的で不可欠なことと見られず、むしろ弱点とみなされるものになっ
ており、教育のような実践的な行為が何であるかを完全に誤解してし
まっている（第4章も参照）。エビデンスに基づくアプローチを求める声
は、こうしたことを見てみると、専門家の知識と判断をより深めていく
ことにあるのではなく、そうした知識と判断を力でもって覆し、壊して
いこうとするものであることを示している。この意味において、エビデ
ンスに基づくアプローチは専門家や専門性を重視する民主的側面をじわ
じわと食い尽くそうとしているものであり、ゆえにポスト民主主義がも
たらした歪みだと言えるのである。

測定が担っていること

　ここまで見てきたように、教育などの専門分野における近年の発展
は、民主主義の可能性を高めるどころか、むしろ妨げになってしまって
いるということを理解することができるならば、測定という文化がどの
ようにここに関わっているのかという次なる問いも生まれてくる。ここ
に対して私は2つの指摘をしたい。第1に、それぞれの歪みの中心に
は、データ、情報、測定といったことが明らかに求められているという
事態がある。とどのつまり、クライアントが望むものを提供し、お金に
見合った選択肢や価値をクライアントに与えるためには、提供されてい
るものに関するデータが必要となるだろう。第2に、パフォーマンスの
質に対して専門家に責任を負わせるためには、あらかじめ設定されたそ

の仕事の基準をどう満たしたかについてのデータが必要となるだろう。そして、専門家の活動をエビデンスに基づくものにするためには、何が役に立つかについての情報、とりわけ「介入」と「成果」の間の関連性を明らかにするデータが必要となるということなのである。

　このことは、測定という文化がポスト民主主義的な世界での専門家のありようの変化において重要な役割を担い続けてきたこと、そして今もなおそうであることを示している。専門家のありようの変化にはデータと測定が不可欠なのである。同時に、データ、情報、測定の結果が利用できるようになる中で、歪みが修正されていくどころかますますいびつになっていくのである。いったん個人、集団、システムのパフォーマンスについてのデータが入手できるようになれば、そうしたデータを見ないようにすることは難しい。同様にそうしたデータがあるならば、それを使わずして説明責任を果たそうとすることもまた、困難である。また、特定の行為や働きかけについて、ある種の明白な「エビデンス」が構築されると、それを利用しないことはますます難しくなっていく。別の言い方をするならば、データ、情報、測定の利用可能性はとても魅惑的であり、抵抗しがたいものなのである。ここまで、測定が文化的に構築されていく中で起こる「測りすぎ」とでも言うべき社会心理の側面を明らかにし、その魅力と「抗いがたい力」について説明してきた。これに対して「反撃」し、民主的な専門性を取り戻すための選択肢はあるのだろうか。私は3つの提案をしたい。

民主的な専門性の場を再生する

　この章で述べてきたことであるが、まず第1になすべきことは、専門性の置き換えに挑戦し、中断し、それに抵抗することである。とりわけ、私が上で分析した3つの歪み、すなわち、クライアント・患者・学び手を消費者として置き換えること、説明責任を民主的なものから技術的・管理的なものへ置き換えること、専門知を「何が役に立つか」についてのエビデンスに置き換えることに対してである。いずれの場合も、これらの発展の基盤には、専門的な仕事とは何か、教育などの専門的な

実践の性質とは実際には何かということについての誤解があることを示すことが特に重要である。

　第2に、上のような形で進みつつある民主主義上の欠陥を明らかにすることが重要である。たしかに、一見すると進歩しているように見えるかもしれないが、その実、医療や教育のような専門分野において民主的力・運用の進展が損なわれてしまっている。それを押しとどめるためには、私が示したように、専門家の民主化とは、関係者の立場を逆転させることではないこと、つまり権威主義的な関係をひっくり返すだけではだめなのだということを強調する必要がある。むしろここで求められているのは、専門家とクライアントの間の新しい関係性の構築、言い換えれば、両者がそれぞれの経験を持ち寄ることができるような対話の場の構築である。当事者同士（ここでは専門家とクライアント）の経験と専門性が異なり、それはむしろ補完的関係にあることを認めたうえで、当事者全ての貢献があってこそ、権威主義的な専門家との関係を民主主義的な関係に変えることができることを認識すべきなのである。

　第3に、専門家の仕事の様々な次元をポスト民主主義的に変えていくことに抵抗し、その関係を逆転させるのではなく、変容させていくことが大事なのだと述べていくことは、ともすると、時代遅れな考え方や立場を擁護しているようにも見えかねない。例えば、教育の「学習化」（Biesta 2010f）に反対すること、つまり、学習者を中心に置き、教師を傍に置くような教育概念に反対し、こうした動きへの反発として、教えることと教師の重要性を主張すること（Biesta 2012, 2017b）は、前進ではなく後退と受け止められがちである。したがって、ここでは慎重な議論が必要で、学習者へと向かい、教師から離れようとすることは、支配や抑圧としての権威主義的な形態の教育に対して不適切な対応なのだと示していくことが必要であるし、それは学び手と教師の関係の本質を変革しようとするのではなく、単に学び手と教師の関係を逆転させているにすぎないことを示す必要があるのである。同様に、本書の前半で私が述べてきたように、教育はエビデンスに基づくものではなく価値に基づくものとして理解されるべきであると主張することは、科学以前の時代への回帰として捉えられがちであるが、科学というものは、エビデンス

の形であれ、別の形であれ、熟慮や判断の必要性を排除できないことを示しているのである。

　全てにわたって言えることは、教師の役割を規定通りの仕事をこなしていくだけの技術者的役割に矮小化する技術主義的な専門家像に、いかに抵抗していくかということである（Leaton Gray［2007］も参照）。そして、実行可能で力強い代替案を示すことである。本章を通じて、こうした専門家の像の異なる側面も浮かび上がってきた。それをふまえて最後に、専門性の捉え方を変えることで、どのように専門家と民主主義の理念を結びつけ、民主的専門家やその像を形づくることができるのかを、理由と併せて示したい。

民主的専門家の概念を形づくる

　私は、専門家のはたらきの特徴には、(1) 実践の「テロス」[7] への志向、(2) ニーズを定義するプロセスへの関与、(3) 権力を権威性に向かって転換させていくことの３つの側面があると考えている。具体的に次のようなことである。

　この章は、伝統的な専門性の定義からはじめた。そこで私は、専門性は人間の「善き生」に対する志向性によって特徴づけられることを述べた。このことは、専門家の仕事は単なる技術的なものではないし、ゆえに特定の効果や特定の結果を生み出すためにあるのでもなく、むしろ、特定の実践の「テロス」の実現に向けられていることを示している。ギリシア語の「テロス（telos）」は「具体的な目標（aim）」に翻訳することもできるが、実践の「テロス」は、実践がより一般的な意味で促進しようとするものを指すため、「意図や方向性をもった目的（purpose）」として訳するほうが適切である。医療における「テロス」は健康増進であり、法曹におけるそれは正義の推進である。教育において「テロス」は、「教養性」の促進、例えば、学び手の認知や道徳の促進だと言えるかもしれない。

　専門性を伴った行為の目標が、達成しようとする具体的な成果や結果であるのに対して、目的という「テロス」は、実践に意味、アイデン

ティティ、方向性の感覚を与える。だから、例えば教育を、測定可能な「学習成果」を生み出すものと単純に捉えるのは間違っている。もちろん教育にはそういった側面があるかもしれないが、しかしそれは決して教育の全てではない。そのため、より広い意味をもつ教育の「テロス」との関連で考える必要がある。教育の「テロス」が何であるべきかという問題は、一度に解決できるようなものではなく、例えば、何をもって教養ある人とみなすかは、関係者間で息の長い熟慮と議論が求められる問題である。この問いに答えることは決してそこにあるファクトによって答えていくものではない。常に規範に対する選好や選択を伴う。このことは「テロス」によってつくられるほかの専門性を伴う職と同様、教師の仕事が単なる技術的専門性ではなく、規範的専門性をもった仕事だと理解されなければならない大きな理由である（Kunneman［1996］を参照）。

　この章で示した専門性の2つ目の特徴は、専門家はクライアントのニーズに対して単に応じていくのではなく、ニーズがそもそも何であるかを見定めていくということが重要な役割なのだということである。伝統的な専門性の概念においては、「医者が一番よく知っている」と言うように、専門家だからこそこうしたことも果たすべき重要な責任だとみなされていた。民主的な専門性の概念では、専門家とクライアントの双方が互いに貢献できることを持ち寄るような対話のプロセスとして理解する必要がある。その意味で、専門家とクライアントは、こうした関係性の中で異なる役割を持ち、異なる責任を負っていることをよく理解する必要がある。

　教育においてニーズが何であるかを見定めるプロセスは、個人としての生活と他者と共に生きる生活の双方が関わることから、子どもたちをはじめとする学び手（多くの場合は保護者を含む）自身が望むことと、子どもたちにとって望ましいと思われることを区別する形で導入される。例えば、フランスの教育学者のメイリュー（Meirieu 2008）は、教育の中核をなす「関心事」について、子どもが望むものと子どもたちにとって望ましいと考えられるものとの間に区別を設けることで、子どもたちを自身の欲求から解放しようとするプロセスだと述べている。教育

の初期段階では、教育者は担当している子どもたちに成り代わってこの区別の問題に答えていくという重要な役割を持っている。しかし、やがて「私が望むものは、私にとって望ましいものなのか?」という問いかけは、子どもたちが自分自身の欲求について問うていくものとなっていくはずである。そうなったとき、子どもたちは自分の欲求に対して「成長した」視点を持つようになり、もはや欲求に支配されるだけではなくなったと言える。こうしたことは、教育のプロセスが単に子どもたちの欲求を受け入れるというだけの存在ではない意味で肯定的なものとして存在するのではなく、常にこうした欲求が吟味され、問われるような、中断の瞬間を持っていることを示唆している。こうした中断を行い、どの欲求が実際に自分自身に望ましいのかを子どもたちに問うことは、やはりファクトを見るだけで済む問題ではなく、どの欲求が評価されることになるのかの判断が求められるという、まことに規範性に根ざした営みなのである。

　私が本章で提示している専門性の概念の3つ目は、専門家の生み出す関係性は権威によって規定されるということと関係している。ここでは権力と権威、さらに言えば権威的な関係と権威の関係をしっかりと区別することが非常に重要となる。権威的な関係が、一方的な権力と支配であるのに対して、権威の関係は「認められた」あるいは「正当なものとみなされた」権力とでも呼ぶべき関係である。このことを考えるには、まず権威というものが基本的には関係的なものであると理解することが重要である（Bingham 2008）。つまり、権威とはある人が所有して、他の人に行使できるというようなものではなく、関係の中で「広がって」いくものとして理解されなければならず、したがって関係者の全ての当事者から「支持」されたものである必要がある。例えば、教師は自動的に学び手に対して権威を持っているのではなく、相互に関係性をつくっていく中で、学び手から権威を与えられる、いわば学び手から「認可」されるものなのである。権威主義的な発想ではなく、民主主義的な発想で動いていこうとするならば、権力（の関係）を、（関係の）権威に変えていくことは、全ての専門性をとりまく関係を考えるにあたっての重要な原動力となるはずである。

専門性を「テロス」の観点から、ニーズを見定めることの観点から、そして権力を権威に変えていくという観点から考えることは、現在「測りすぎ」の文化が教育のような専門分野を導いていこうとする向きとはまったく逆を行く行為である。さらに、こうした発想の次元を一方向的なものではなく、対話的なものとして考えることで、市場、クライアント、基準から成立している疑似民主主義に支配されるのではなく、教育という職業が真に民主的なものになる方法を浮かび上がらせようとしているのである。このように「テロス」、ニーズの見定め、権威という側面への注目といったことで、民主的な専門家のありかただけではなく、民主主義そのものを規定していくこともできると考えられるのである。

別稿で詳しく論じてきたように（例えば Biesta［2013a］を参照）、民主主義とは何か「自然」なものとして理解されるのではなく、私たちが歴史の中で意図的につくりだしてきたものとして理解されなくてはならない。それは、平等や自由、連帯という一連の価値に重きを置きながら営む集団生活のひとつの形である。ムフ（Chantal Mouffe）が論じているように、こうした価値は民主的な領域をたしかに形づくっているが、この価値群が実際に何を意味しているのかについては、継続的に解釈を続けていく努力が必要なのだ（Mouffe［2000］参照）[8]。つまり、これは民主主義（の実践）それ自体が「テロス」によってつくられており、民主主義に独自性と意味を与えているのも「テロス」であることを示している。もう1つの重要な点は、多くの人が考えていることとは違い、民主主義というのは選択についての問題ではないということである。それは単に自分の好みを表現することでもなければ、その好みの数を数えあげて全ての権力を多数派に与えることでもない。民主主義の重要な点は、個人や集団の「欲求」や願望を集団の中で審議にかけ、どの欲求や願望を私たちの中で合法的に「担う」のがよいのかを検討し見極めていくプロセスなのである。数学的なプロセスとはかけはなれたものであり、真に変革的で、また真に教育的なプロセスであり、つまりは、集団のニーズを見定めていくプロセスと理解したほうがよいのである。このような熟議のプロセスの結果、私たちの集団生活において何が権威を持つべきかが確立されていく。このように、民主主義そのものが権力を権威に変

えていくものだとみなすことができるのである。

　このように民主主義を見ると、民主的な専門家の仕事のしかたと、民主主義自体の運用のしかたは構造的に類似していることがよくわかる。この方向性に沿って専門性の民主化をはかっていくことが、専門分野の「内的」な民主主義の質に関わっていくのみならず、より広範なダイナミクスを持つ民主主義を実践し経験する重要な機会を私たちに提供するのかもしれないのである。この点で、民主的な専門家は、社会の民主化を広げ進めていくことに大きな貢献をしているのである。

｜結　語

　この章では、測定という「測りすぎ」の文化が教育などの専門分野に与える影響を考察し、福祉国家の衰退と新自由主義的な統治やガバナンスの台頭をふまえた専門的職業の変容を分析してきた。こうした変容の中で測定が重要な役割を担っていることを示し、この変化が専門家を基準主導型、エビデンス重視型のサービス提供者にしてしまうものであることも明らかにした。こうした形で専門家像がつくりなおされていくとともに生じる透明性や説明責任、顧客重視の姿勢は一見専門家のさらなる民主化の証のように見えるかもしれない。しかし、こうした動きは実のところ専門家の民主的な可能性をじわじわと脅かしていることを示していった。そこで私は、専門的職業における「テロス」の重視、ニーズの見定めへの関与、権力関係の権威関係への転換を核とした別の形の専門性の輪郭を描いてきた。こうした民主的な専門性の捉え方は民主社会における専門家の本来あるべき営みの姿を取り戻すための契機になる。つまりは、これは、測定という「測りすぎ」の時代において専門家の民主的可能性が脅かされている現在の状況に抗して、力強く理性的な対応を進めていくための出発点なのである。

議論とさらなる考察のための5つの問い

1. 今日の研究は測定の文化に重要な貢献をしているが、あなたの研究はこの点に関してどのような位置づけにあるだろうか。

2. 学び手を消費者として捉えていくことの利点は何だろうか。また、そこにはどのような問題があるだろうか。

3. あなたの研究で役立てたいと考えている特定の個人や集団はあるだろうか。その場合その人たちに対するあなたの役割はどのようなものだろうか。

4. あなたの研究の中で、教育の専門家はどのような位置づけにあり、また、どのように関わっているのか説明できるだろうか。

5. あなたの研究の方法は、その伝え方の点で、より広い民主化のプロセスに貢献できるだろうか。それはどのようにして可能だろうか。本来的にそういう貢献をすべきなのだろうか。

［訳　注］

[1] 原著では age of measurement あるいは measurement era を用いているのだが、ここでは単に「測定の時代」とするのではなく、ビースタがそれを批判的に捉えていることも含め、「測りすぎの時代」としている。なお、この「測りすぎ」はジェリー・Z・ミュラー（著）、松本裕（訳）『測りすぎ——なぜパフォーマンス評価は失敗するのか?』（みすず書房、2019 年、原著 The Tyranny of Metrics）に着想を得ている。ただし、「測定」と訳したほうが収まりがいい箇所は「測定」としている。

[2] オースティン（J. L. Austin）が言語哲学において示したもので、コンスタティヴ（事実確認的）な発話と対をなしている。コンスタティヴが事実の描写をしているものであるのに対して、パフォーマティヴはその発話が現実を形づくったり未来の行為を促したりすることを表している。こうした考えは、社会の広い領域で使われるようになっている。

[3] ドイツの反ペダゴギック（Antipädagogik）は 1960 年代から 1970 年代にかけてのイリイチの「脱学校」論などを経てさらにセラピーのような

第6章　教育、測定、民主主義

考え方を基盤にした「子どもとの友好」論へと広がっていった。ここには本文にもあるように、医療における権威性の否定とも類似した従来の学校教育や家庭教育の権威性の否定があるし、さらに反ペダゴギックの核心には教育そのものが人間、ひいては子どもをダメにしているという教育そのものへの批判や断罪が横たわっているという（下地秀樹・太田明（1991）「反教育学と教育学の〈あいだ〉——'80年代（西）ドイツの場合」『東京大学教育学部紀要』30, pp.1–20を参照）。

[4] "client" は日本語では「顧客」であるが、ここを「顧客」と翻訳するとマーケティングの対象となる個人や法人という意味合いが強くなりすぎることもあり、ここではそうした意味に限定をかけ過ぎないように、商品やサービスの受け手や対象者という広い意味を残すために「クライアント」としている。

[5] 「リース・レクチャーズ（Reith Lectures）」は，1948年にBBCによってはじめられた，年1回行われるラジオ講座シリーズである。毎年，その時代を代表する知識人が選ばれて講義が行われ，第1回からの全ての講義がストリーミングやポッドキャスティングで無料公開されている。

[6] エビデンスと教育の関係性については、日本においても議論がなされている。日本教育学会の『教育学研究』誌は2015年に「教育研究にとってのエビデンス」という特集を編纂して議論を重ねている。また、杉田浩崇・熊井将太『「エビデンスに基づく教育」の関を探る——教育学における規範と事実をめぐって』（春風社、2019年）も、教育とエビデンスの関係性をその推進者と批判者の双方の主張をふまえて検討している（第3章訳注［2］も参照）。

[7] テロス（$\tau\acute{\epsilon}\lambda o\varsigma$ / telos）は、本文でも後述されるようにギリシア哲学において完成・目的・終わりという語源につながるものである。本文でも後述されるように「目標」というような達成や到達点を意味するというよりは、善き生を全うする道の模索、方向性としての目的に近いものがある。

[8] ムフは和解や合意によってコンセンサスを形成していくことに基盤を置いた熟議民主主義を批判し、それよりも対立や敵対の存在を重視し、コンセンサスの形成が必ず失敗し、意見がまとまらないことにこそ民主主義の本質や意義があるとしている。本文における「継続的に解釈を続けていく努力」もこうした意が込められているのかもしれない。ただし、

ムフはその後の『左派ポピュリズムのために』（山本圭・塩田潤［訳］、明石書店、2019 年）においていったん闘技民主主義の主張を後景に置いた議論を展開している。

第 7 章

知識を再考する

知識とは何かという問いは研究にとって重要な意味を持つ。したがってそれは研究者にとっても重要ということになる。研究の最も大切な機能は、知識を生み出すことだと多くの人が考えているであろうからなおさらである。研究が教育実践に関わったり貢献したりする時、知識こそがそれを中心的に媒介するのだと主張する者もいるだろう。ただし、ここまで見てきた通り、研究には違った貢献の仕方もあるし、知識の違いや知識という概念そのものが問題となっているのだ。ここでは知識と（教育的）行為の関係に加えて、研究の技術的役割と文化的役割の区別が特に重要である。教育研究者らは自分たちが哲学者ではないことに気を配るべきで、それゆえ知識の本質や知識が行動や現実と取り結ぶかもしれない関係を問うような議論に首を突っ込むべきではないのだが、一方でこれらの問題をわかったうえで研究することが重要なのである。とりわけ研究者が自らの研究に基づいて「知識」だと主張するものの可能性と限界がどこにあるかを説明するためには、こういう問いについて意識的であることも重要だと言っていいかもしれない。この章ではデューイの知識の本質および、教育的行動や日常的な行動と知識の関係についての考察に焦点を当てる。デューイのアプローチは研究が達成できることへの過剰な期待に対して効果的な批判を展開している点で特に興味深いものだ。

はじめに──認識論と心／世界の枠組み

知識についての多くの哲学的議論において、解決すべき中心的な問題

は人間の頭はどのようにして自分の外にある世界についての知識を獲得するのかという問いである。ノージック（Robert Nozick）はずばりこういう思考実験を提示している。液体で満たされた容器の中に脳が吊るされているとしよう。その脳にはコンピュータが接続されていて、いま起こっている経験を次々に脳に送り込んでいるとする。私たちはその脳ではないということはいったいどのようにして認識できるのかという問いである（Nozick［1981, pp.161-71］を参照）。ノージックは「懐疑主義」の視点から知識の本質を探究してきた長い伝統に連なる哲学者の1人である。懐疑主義において、私たちは私たちの心の「外側」には出られないのだから、私たちの知識は存在しないかもしれないという前提から議論を開始する。懐疑主義を現代の認識論の中心に据えた最初の哲学者はデカルト（René Descartes）である。デカルトは『省察』の中で「方法的懐疑」を用いて、私たちは全てのことを疑うことができるが、そのように疑っている時、私たちはその疑うという行為に従事していることには疑いがないという結論を導いた。これによってデカルトは考える主体の存在について確信を得たが、これは私たちの経験を「超える」世界の存在については何の確信も与えてくれるものではない。この問題は現代の認識論の難問であり続けており、連続的実在が外界に存在するというのは「非常に便利な仮説」ではあるが証明可能なものではないとヒューム（David Hume）が結論づけるに至った。

　ノージック、デカルト、ヒュームの考えをつなぐのは現実世界に対する二元論的な見方である。彼らは、現実とは心と物体というまったく異なる2つの「実体」から構成されるとし、知識とは何かという問いは心から始める必要があると主張した。そうすることで、心がどのようにその「外側」の物質的世界と関わることができるかと問うことができると言うのだ。心と物質の二元論は、心がどのようにして世界と「関わる」ことができるのかという問いを提示することによって現代の認識論が取り組むべき課題を生み出したのだが（例えばDancy［1985］を参照）、それだけではない。認識論が知識についての議論の中立的な仲介者にはなり得ない理由の一つもそこにあり、認識論それ自体が特定の仮説の偏った見方に「毒されている」のである。と言うのも、心と物質の二元論は

客観性と主観性、そしてそれに関連して、絶対主義と相対主義、現実主義と理想主義などの区別のための枠組みを与えてきたからである。つまり、主体と客体の二元論に基づいて、客体それ自体のありようを説明するのが知識であるとするならば、知識は客観的なものになり得る。一方、知識が客観的ではあり得ないと考えるならば、知識は主観的なもの、つまり人間の心の活動によって生み出されるものであるとするしかない。

　このような考え方から得られる示唆というのは知識についての「専門的な」問いから大きく外れてしまうのである。文化、倫理、道徳、科学、合理性、そして時に西洋文明についての最近の議論の多くは「心／世界の枠組み」の提示する「心か物質か」という２つの選択肢しかないという考え方に基づいているように見える。より重要なことに、この議論に関わる多くの人が、もし客観性をないものとしてしまうとそこにはカオスしか残らなくなってしまうのではないか、と恐れている。バーンスタイン（Richard Bernstein）はこれを「デカルト的不安」（Bernstein 1983, p.18）と呼んでいるが、言い得て妙である。それはつまり、「私たちの知識を支える確かな土台」が存在すると考えるのか、あるいは「私たちを狂気と知的・道徳的カオスに引き摺り込む闇の力」から私たちは逃れられないと考えるかという問題である。

　確かに心／世界の枠組みは主観か客観かの二択しか提示していない。しかし、重要な問いはどちらの選択肢を取るかということではない。それよりずっと重要なのは、心／世界の枠組みそれ自体には触れてはいけないのか、知識と現実について異なる仮説に基づいて違った考え方をすることも可能なのではないか、と問うことである。デューイの知ることについての理論はまさにその問題を扱っている。知ることについての理解を進めるにあたって、デューイは「答えられるはずもない問い」と呼ぶものから理論をスタートさせることをしない。つまり、「純粋に個人的あるいは『主観的』であり、その存在は完全に心理的で非物質的である『知る人』と、純粋に普遍的あるいは『客観的』であり、その存在は機械的で物理的な『知られる世界』」の二者がお互いに交わることが可能なのかという問いを出発点とはしないのである（Dewey 1911, p.

441)。その代わりに、デューイは相互作用（interaction）、あるいは、彼が後に好んだ「トランザクション（transaction）」[1]という概念からスタートする枠組みを打ち出した。相互作用は自然の中で起こるものであり、その中では自然そのものの「部分部分が相互作用し合う動的な総体」と理解される（Dewey 1929, p. 232）。これがデューイ自身の言う「コペルニクス的転回」である。「かつての中心は心だった」が「新しい中心は領域が不確定の相互作用である」（Dewey 1929, p. 232）。このコペルニクス的転回の鍵となる概念が「経験」である。

知ることのトランザクション理論

「トランザクション」は自然界で起こる相互作用をより一般的な形で呼んだものだが、「経験」とは生きている有機的組織とその環境のトランザクションのことを言う。そういったトランザクションについて特筆すべきは、それらが二重の関係性を構築していることである。

> 有機体は、単純であれ複雑であれそれ自体の構造に従い、周囲の環境に対して働きかける。結果的に、環境に起こった変化がまた有機体に対して働きかけ、その活動に影響を与える。生物はそれ自身の行動の結果を受け、時に害も被る。この活動することと受けること・害を被ることの密接なつながりが、私たちが経験と呼ぶものを形づくるのである。（Dewey 1920, p. 129）

つまり経験とは有機体とその環境との関係のあり方である。心／世界の枠組みで示されていたこととは異なり、デューイは経験とは「人と自然を隔てるヴェール」ではなくむしろ「自然の真髄に向かってより深く継続的に入り込むための手段」であると主張するのである（Dewey 1925, p. 15）。

デューイは知るということを、行動を何らかの方法で「支える」経験のあり方と見ていた。それは私たちの行動とその結果の「関係性」をつかむことに関わる。知ることが私たちの行動に対するコントロールを強

める、少なくとも、むやみやたらに試みては失敗するよりもマシな状態にすることを助けるのはこのためである。ここでの「コントロール」とは行動の完全な掌握のことではなく、知性を持って行動を計画し方向づける能力のことであると理解されたい。この能力はまず第一に、どのように行動すればよいか定かでない場合に重要である。これは「かき乱された不安定な状態を、よりコントロールされた有意義な状態に変容させること」というデューイによる知ることの定義の一つに表現されている（Dewey 1929, p. 236）。知ることは、経験の中の知ること以外の領域においてもより確かなコントロールとより知性的なアプローチを生み出すために重要である。デューイは、知ることは「知ることを伴わない非認知的経験を豊かにするために客体をコントロールすることを助ける」と主張しているのだ（Dewey 1929, p. 79）。

　デューイの知ることについての理論の枠組みは、行動に関わる彼の理論の中に見られる。その理論の概要は『心理学における反射弧の概念』（Dewey 1896）という彼のキャリア初期におけるランドマーク的論文に掲載されている。生命体が対話的に環境に順応することを学習であると考えるのであれば、デューイの行動についての理論とは経験的学習の理論であると要約することもできる（もちろん学習の概念化としては不完全なものであるが。これについては Biesta［2013b］を参照されたい）。デューイは（人間の体も含む）生命体を環境との動的な共同作用を構築し維持する能力を持つものと特徴づけている。その過程を通じて、生命体の性質（またはデューイが好んで「習慣［habits］」[2]と呼んだもの）はより焦点化され、具体的になり、変わり続ける環境の条件に合致するようなものになる。これは言い換えれば、生命体は試行・経験を通じて環境に自らを適応させ続けるトランザクションの作業をしていて、それを「学習」と呼ぶということである。この場合の学習とは「外側の」世界がどのようなものであるかについての情報を獲得することではない。ここでの学習は、生命体が行動のための複雑かつ柔軟なひとつなぎの性質を獲得する学習プロセスのことである。

　この考え方に則ると、学習は基本的に試行錯誤の過程であり、まさにこの意味でデューイは学習する生命体という概念を考えていたのであ

る。ただし試行錯誤と言っても、むやみに試みて失敗することと、デューイが「知性的活動」と呼ぶものの間には違いがある。その違いは思考の介入の有無に関わるものだ。デューイは、思考が介入することを「可能性として考えられる様々な一連の行為を（想像の中で）ドラマとして予行演習すること」と定義した（Dewey 1922, p. 132）。相対立する一連の行動の中からある特定の行為を選ぶこととは、「実際に行われた行為への応答として次なる適切な刺激を与えるものを想像すること」だと理解されるべきである（Dewey 1922, p. 134）。その選択が実際に調和の取れたトランザクションを生み出すか否かは、実際に生命体が行動したときにしかわからない。よって、考えることは私たちの行為が調和的なトランザクションを生み出すことを決して保証しない。しかし、考えることによって、選択を闇雲に試みて失敗を繰り返すよりも、選択の過程を知性的にすることができるのだ。

　デューイの考え方では、知識についての問い（あるいはより正確には、知るということについての問題）が生じるのは、「経験上の状況の中に両立し得ない要素が出現するときである。（……）相対立する反応は実際の行為に同時に取り込むことはできず、構造化された行動が計画された後にのみ同時的にであれ連続的にであれ適切に取り扱われる」（Dewey 1916, p. 326）。ここでの問題は状況の「意味」に関するものであり、デューイにとって「状況」とは常にトランザクションの関係にある生命体と環境を意味する。この問題を闇雲な試行錯誤ではなく知性的な方法で解決する唯一の方法は、状況のシステマティックな観察を行うことである。一方では私たちは問題を定義づけ、記述する必要がある。もう一方で私たちは問題に対応し、行動の方法を見つけ、状況の本当に意味するところは何なのかを理解するための示唆を形成しなければならない。この過程では思考や省察が大きな役割を果たす一方で、それらは、それ自体では知識には結びつかない。問題の分析と導かれた解法が価値を持ち得るのは、実際に行動が伴ったときのみである。それゆえ、デューイが言うには、私たちの省察的な熟考の価値や妥当性を決めるためには、私たちは実際に行動しなければならないのだ。そうでなければ、私たちはせいぜい問題とそのあり得る解法についての仮説しか持た

ないことになる。

　これが意味するのは知識を得るためには行動が必要であるということだ。しかし、行動は知識を得るための必要条件ではあるが、十分条件ではない。私たちは思考と省察もしなければいけない。省察と行動を「結びつける」ことで私たちは知識に辿り着く。このことから、デューイの主張はこう続く。知ること、つまり知識を獲得することは、人間の心のどこか奥深くで起こるようなことではない。知ることはそれ自体が行動である。つまり、それは「文字通り私たちがすること」なのである (Dewey 1916, p. 367)。環境との調和を図る行為の振り返りから立ち現れてくる意味というのは、「その行為そのものの向こう側にある別の意味に同時に気づく」ということである (Dewey 1906, p. 113)。この「向こう側」というのは、単に存在するのでもなく、これから存在するようになるということでもなくて、「操作の介入を通じて」つまり私たちのすることを通じて初めて存在するようになるのだ (Dewey 1906, pp. 113–14)。じゃがいもは私たちが調理すると食べられるようになる。つまり調理という行為の介入の後に、そしてじゃがいもは調理すれば食べられるという発見の後に、じゃがいもは私たちの行動する場においてそれまでとは異なる意味を持つのである。それは今や「食べられる可能性のある食べ物」になったのである。

　こういうわけで、経験が（デューイの言葉を借りれば）「知識の獲得に関係する (cognitional)」というとき、それが意味するのは、私たちがあることを理解するというときには、「ある特定の行動をしたときに経験することになる別のあることの意味」を理解するということなのである。知識が本質的にコントロールの可能性と結びついているというのは、こう考えるとよくわかる。デューイは「知識においては、原因は手段になり、効果は結果になり、それによって物事は意味を持つ」と主張する (Dewey 1929, p. 236)。言い換えると、知識は推論と関わるのだ。それは時間的・空間的に離れた何かに対する反応である。推論はまだ知られていない未来に一歩踏み入れることを意味するため、不確かな旅である。推論は常に不明確さとリスクを孕んでいる。デューイが言うように、石は現在の刺激に応答することしかできず、未来の刺激に対しては

応答できない。だからこそ、石は失敗しない。一方、推論は失敗の可能性を必然的に伴うため、それは世界に真と偽というものを作り出す。

経験と現実と知識

デューイのトランザクションに基づく経験の定義が示唆する重要なことは、私たちが現実を理解することは知識を通してのみ可能であるという考え方に終止符が打たれていることだ。デューイの考えでは、全ての経験は生命体とその環境のトランザクションの形式であるため、全ての経験の形式は同等に本物である。このことからデューイは「物事（この場合の物事［things］とは、anything, everything［全てのもの］という意味で、thing という単語の日常的または非専門的な用法を指す）は、それらが何として経験されるかによって、どんなものであるかが決まる」と結論づけた（Dewey 1905, p. 158）。これは第一に全ての人の経験が同等に本物（real）であることを意味する。また、経験されたことはそれ自体本物であるということも含意されている。もし誰かがある音を怖がったのだとしたら、デューイの主張では、その音は恐ろしいものである。この主張はトランザクションに基づいて理解される必要がある。もし誰かがある音を怖がったのだとしたら、その恐れは生命体の即時的な反応である。生命体がその音に対して恐ろしい音として反応しているということは、その音は実際怖いものなのだ。しかし、怖がっていることは、人が怖がっていると知っていることと同じではない。何がその恐ろしい音を引き起こしたかを知ることはまた別の経験である。恐ろしい音を引き起こした原因を知るという経験は、その音を怖いと感じるという経験に比べてより「真実」（true）らしいかもしれないが、デューイの考え方では、より「本物」（real）ではないということになる。「真実味に関する問いは経験されたものが存在しているか存在していないか、現実か単にそう見えているだけなのかとは関係なく、ある具体的に経験された物事の『価値』の問題なのである」（Dewey 1905, p. 163；強調は原典通り）。このことの重要な示唆の一つは、経験それ自体は私たちに何の知識も与えてくれないということだ。言い換えると、デューイが否定しているのは、

経験が私たちに知識の基礎をなす「断片」を与え、それらがシステマティックで論理的な方法で繋ぎ合わせられたときに知識として結実するという考え方である[1]。

　デューイにとって経験と知識の違いは、知識は経験を「発生」させるということである。知識の「役目」(office)は「実在する性質と価値の『発生』が依存する関係」の探究を表現することである（Dewey 1929, p. 83; 強調は原典通り）。このような意味で、知識は本質的かつ必然的に行動とつながっている。なぜなら、これがデューイの知ることについての理論で最も重要な点なのだが、経験の条件と結果は「『関係』が明白になるような仕方で、所与の性質を修正することでしか理解され得ない」からである（Dewey 1929, p. 84; 強調は筆者による）。知識を世界「そのもの」に関するものとして理解することから離れ、「条件と結果」に関するものとして理解し直すことがデューイの考え方の極めて重要な点である。それは物事そのものに対する関心から、「物事が属している歴史」に対する関心に移すことでもある（Dewey 1925, p. 243）。それは「自然の性質を神聖な芸術の世界として審美的に楽しむこと」としての知ることから、非宗教的なコントロールの手段としての知ること、つまり出来事の進む方向を変えるべく変化を意図的に起こす方法としての知ることに移ることでもある（Dewey 1929, p. 81）。これは、デューイにとって知識とは行動と結果の関係性に関わるものであるということを示唆している。このことから、デューイの知ることについての理論に「時間」の次元が持ち込まれる。そういうわけで、私はデューイが知ることについて時間的な概念を持っていると主張するのである。

　デューイの考え方は、私たちが知識の対象をどう理解するかということへの示唆も与えてくれる。二元論的アプローチでは知識の対象は「外側の」世界に存在する「物事」だと考えられ、それらは私たちに発見さ

---

[1]　この考え方は論理実証主義が前面に打ち出した考え方で、哲学的には信用のないものであるが、いまだに知識獲得は「基礎的知識」の収集から始まり一般則に向かって「上向」していく帰納的プロセスであるという考え方の中に生き残っている（Ayer［1959］や Achinstein & Barker［1969］を参照）。

れ描写されるものであった。その一方、デューイのトランザクション的な見方は知識の対象を探究過程の成果だと考える。そのような探究の過程を通じて身につける習慣は、より具体的な行動の素地を与えてくれるものなので、ある意味で習慣とは、環境がどのようにして私たちにとってより意味のあるものになるかを具現化したものなのである。生命体と環境のトランザクションという経験的な変容過程は私たちの行動する環境を、デューイが「対象を認識的に枠組み化したもの」と呼ぶものに変える（Dewey 1922, p. 128）。こういうわけで、デューイは知覚の対象を物事とは考えず、「意味を伴った出来事」と考えるのである（Dewey 1925, p. 240）。

　話し言葉の場合、言葉（あるいは「音が出るという出来事」）がそれ自体では意味を持っておらず、時間を経て意味を持つものになったことが比較的簡単にわかる。一方で、椅子、テーブル、木、石、丘、花といった物理的物体に対しても同じ結論を導くことはずっと難しい。それらには知られている意味と物理的事実の結びつきがまるで最初からあったかのように思われるからである（Dewey 1933, p. 231）。しかし、言葉が出来事であるのと同じように、椅子やテーブルも出来事なのである（同じような考えは Bloor［1983］におけるウィトゲンシュタインの知識に関する社会理論についての議論にも見られる[3]）。それらの物体の意味は、それぞれが個別的な形で、私たちの行動とそれらの結果の間に良好な関係が時間をかけて築かれた成果であると理解されなければならない点で、厳密にトランザクション的な起源を持っていると言える。したがって、探究の過程を通じて、私たちが発見することのできるものとは、例えば、椅子の持ち得る意味は何であるかではない。そうではなくて、椅子が意味しているのは、椅子と環境のトランザクションが意味を持つ個別のあり方はどのようなものかなのである。デューイが対象をツールとして考えるべきであると主張するのはこのためである。「対象の特質はツールのそれに似ている（……）つまり、連続的変化が順々に確定されて、しかるべき結果を生み出す、それが対象の特質である」（Dewey 1925, p. 121）[2]。

　知ることに関するデューイの理論について最後に注目すべき要素は、

真実とは何かという問いに関わる。デューイに言わせれば私たちの即時的な経験について何が真実かと問うことは無意味であることを私たちはすでに見てきた。即時的な経験とは単に経験そのものでしかない。真か偽かということは私たちがその経験の意味を問うたときに初めて問題になることなのである。

　真実や虚偽というのはいかなる経験や物事にも内在していない。本質的にもそうではないし、あるいは初めから意図されたものとしてそういうものは存在しない。そうではなくて、確証の問題が意識的に入り込むとき、初めて物事に真実や虚偽というものが含まれるのだ。真偽の区別が重要な事実として現れるのは、価値についての問いに照らして、また意味の信頼性に関して、特定の意味が意図的に比較・対照される場合のみである。(Dewey 1906, p. 118)

つまり、真偽というのは物事それ自体とは関わりがなく、私たちのある物事の経験とそれへのあり得る行動や反応の「関係」において重要なのである。これは「真実」とは常に文脈に依存し行動に関係するということを意味するばかりでなく、真実というのはそれ自体時限的であるということも意味する。真実とは主張と現実の間に存在するとされる照合関係に言及するものではなく、「提唱された意味」と、「実際に生まれた意味」、つまり「実践に埋め込まれた意味」の間の照合に関わるものなのである。デューイの言うように、「一致、照合は目的、計画、遂行、達成の間にある」(Dewey 1907, p. 84)。

　これは真実が現実から乖離するということを意味するわけではない。その逆である。トランザクション的枠組みはデューイの知ることについての理論を支えているだけでなく、トランザクションの過程における行

---

[2]　デューイのアプローチの特徴は時に道具主義的であるとされることがあり、デューイ自身もそういう言い方をしている。道具主義は一般的に理論を道具やツールであるとみなす考え方であるとされるが、デューイの道具主義は知識の対象の道具的特徴に関する考え方である。

為の必要不可欠な役割が、結果として知識を生み出すからである。結論から言えば、知識は「外側の」現実を受動的に登録したものではないということになる。私たちの干渉、行動こそが知識を構成する重要かつ必要不可欠な要素である。こう考えると、知識の対象がそうであるように知識は常に人間の構成物である。しかし、どういう知識であっても構成が可能というわけではない。私たちは存在する出来事の成り行きに常に干渉し、確かにその干渉は変化を生むのだが、それはあくまでも存在する出来事の成り行きの変化にすぎない。私たちは何もないところから何かを生み出すことはできない。デューイの言葉を借りれば、唯一可能な構築とは、「再」構築なのである。

プラグマティズムの結果

デューイのトランザクションに基づくアプローチの最も重要な示唆の一つは、知識は現実をありのままに描写してはくれないということである。知識はありのままの現実を映し出すものだとする考え方をデューイは「知識の傍観者的認識論」[4] と呼び、否定した。デューイにとって知識とは常に（私たちの）行動と（それが生み出す）結果の「関係」に関わるものである。これこそ知識のトランザクション的認識が本質的に含意することである。つまり、知識とは構成物であり、あるいはより正確に言うならば、知識の対象とは構成物なのである。しかし、構成主義がしばしば心／世界の枠組みとして（すなわち、純粋に心の問題として、よって主観的なものとして）理解されるのに対して、デューイの構成主義は、知識は構成物であると同時に本物（real）でもあると主張するトランザクションの概念に基づく構成主義である。こういうわけで、私たちはデューイの立場をある種のリアリズム（*real*ism）と呼ぶことができる。もっとも、それは「トランザクションに基づくリアリズム」ということになるのだろうが（Sleeper 1986）。

知識が（私たちの）行動と（それが生み出す）結果に関するものである以上、知識が与えてくれるものは確信ではなく、「可能性」でしかあり得ない。私たちの世界に対する働きかけ方によって何が起きるかを注

意深く観察することで導かれた結論が、その特定のトランザクションの行われる状況の中で可能であったことは何かを示すのである。時にはある状況で可能であったことが、他のある状況でも可能であったということがわかることがあるが、しかし異なる状況の中ではその状況におけるトランザクションの決定要因は異なる。よって、ある場合に可能であったことは他のある場合ではもはや起こり得ないのである（「何が役に立つか」の議論に対してこの考え方が提供する示唆については、第3章を参照）。こういうわけで、デューイは調査や研究の成果を、真実ではなく「正当化された主張」と呼ぶことを好んだのだ。私たちの行動の結果について私たちの立てた主張が、注意深い観察と管理に支えられて、正当化されるのである。しかしそういった主張は、それを「生み出した」特定の状況においてのみ正当化されたにすぎず、私たちは、例えばそれらに「真実」というラベルを貼ることによって、それらがどんな時でもあらゆる類似した状況で正しいと保証されていると考えるという過ちを犯してはいけない。ある状況から導かれた結論が、他の状況において有用になり得ないと言っているのではない。ある状況で得られた知識は私たちの観察や認識の道筋を示すことができ、問題解決のために用い得る方法を教えてくれるので、これから進むべき道を見出すために有用なのである。ただ、そこで可能性として提示された方法がある新しいトランザクションの起こる状況においての特定の問題を対処できるかどうかは、実際に行動してみないとわからない。

　知ることについてのデューイのトランザクション的アプローチのより一般的な特徴は、現代哲学の潮流に反して、懐疑的なアプローチではないということである。デューイによれば、人間と世界の間には溝が存在しない。これは私たちが経験する全てのことがそのまま「真実」であるという意味ではない。確かにデューイは物事は何らかのものとして経験されるものであると主張するが、経験と知識の間には大変重要な違いがあるのである。経験は単純に「存在する」のに対して、知識は推論に関わるものであるから、常に誤り得るものだ。この点から、デューイの提唱したトランザクションに基づく知ることの理論は、知識についての主張はそれがどんなものであれ原理的に誤りが生じるという可謬主義の一

形態であると結論づけなければならない。しかし、知識が誤るのは私たちと世界との間にあると思われている溝によるのではなく、私たちは将来に何が起こるか確信することは決してできず、そして将来がどのように見えるかは私たち自身の継続的な行動によって変わるからこそである、とデューイは主張していると理解することが大切である。トランザクション的アプローチによれば、私たちは完成された宇宙の傍観者ではなく、常に発展し続ける未完成の宇宙の参与者なのである。

　デューイのトランザクション的アプローチは客観主義と主観主義のどちらを採用するのかという問題を超越する。トランザクション的な見方をすると、「世界」は常に私たちの行動の関数として存在する。よって、完全に私たちから離れ、私たちには触れることもできない世界の描写であると理解される客観性というのは、そもそもあり得ない。もし世界を知りたいのなら、私たちは関わらなければならない。そして、当然の帰結として、私たちは世界が私たちに対してどのように反応するかというふうにしか世界を知ることはない。私たちの構築する世界は、デューイが「経験」と呼ぶ行為 – 受容 – 行為というダイナミクスの中から立ち現れるのである。むろん、多くのデューイに対する批判者が言ってきたように、デューイは客観主義を否定していたけれども、結果的に単に完全なる主観主義に陥ってしまったのではないかという判断は可能だろう。デューイは自身も単純にそれを事実として認めているが、私たちの構築する世界は、私たち一人一人の目的のため、私たちの一人一人が直面している問題に対処する試みのために構築されるのであると理解しているかぎりは、完全な主観主義であることには何も問題がないとも付け加えている。

　私たちが他者と関わりを持つようになって初めて、自分自身の主観的世界と他者の主観的世界との間に何かしらの調和を求めるようになる。この時何が起こっているかというと、関わり、協力、調和、そしてコミュニケーションを通して、私たちは個人的で主観的な世界から、「間主観的な」世界を構築しているのである。客観性は単純にあり得ず、主観性は常に問題であるわけではなく、そして間主観性は知識の主観性が確かに問題になる場面に対処することができる。デューイはそのように

主張することによって、客観主義と主観主義の行き詰まった論争を乗り越えるための考え方を提示しているだけでなく、私たちが知識は常に複数性を持っていて、変化に開かれていて、そして最も重要なことに、知ることとは徹頭徹尾人間の努力であると考えることを諦める必要はないと示すことで、デカルト的不安を乗り越える方法を示唆しているのだ。

結論──客観主義と相対主義を超えて

デューイの考え方の中でも目を引くことの一つは、そう考えることによって私たちが知識や世界について抱く直感の多くを説明できるということだ。哲学者の言うことと私たちが日常で経験しているように思うことの間に対立を生むのではなく、デューイの考え方によってそういった日常の経験の理解が可能になるのだ。デューイは真実と虚偽の間に明確な線を引く可能性についてうまく説明している。デューイの論を受けると、リアリズムというのが妥当な想定であるとわかる。彼は解釈には自由があることを認めながら、同時に何でも好きなように解釈してよいことにはならないと説明することに成功しているのだ。さらに、彼のトランザクション的アプローチはテクノロジーの発展も説明している（Hickman［1990］も参照）。デューイは私たちが時に権力者に真実を語ることができるという可能性すら開いてくれているのかもしれない。

デューイは心と世界の二元論をそもそも仮定しておらず、まったく別のところから議論を始め、そうする中で、私たちを現代哲学の作った枠の中に閉じ込めるのではなく、逆にそれを疑い、乗り越えさせてくれる。こういった点で彼のアプローチは他とは一線を画す。こう考えるとデューイは、バーンスタインの著書名[5]を借りて言えば、客観主義と相対主義を超えることに確かに成功したのである。言うまでもなく、ここでは「超える」という言葉が極めて重要である。

ここまで私が明らかにしようとしてきたことだが、このことは知識、経験、現実についての議論に多くの重要な示唆を与える。これは知識を現実の描写として考えることの終焉を意味し、私たちの知識は常に行動と結果の「関係」に関わるものであるという示唆を前面に押し出す。こ

れは、知識は構成物であるということを意味するが、知識は私たちの頭の中のどこかに立ち現れる構成物ではなく、「トランザクションの中での」構成物であるから、知識は構成されるものであると同時に本物でもあるということ、つまり、知識は私たちと世界とのトランザクションに結びついているということを意味するのである。この角度から考えると、真実についての問いは空間の問題、つまり世界についての記述と世界そのものとの関係の問題ではなくなり、完全に時間的問題、つまり行動とその結果の関係に関わる問題となる。このようにして知識は確信性の範疇、つまり「何が存在するか」の範疇を離れ、可能性の範疇、つまり「何が事実であり得るか」の範疇へと向かう。

　ここまで来ると、研究やその他の領域で、知識の問題とどう関わるかについて、新しい、そして私の意見では刺激的でもある議論の機会が生まれるのであるが、もう一つだけテクニカルな問題に言及しておきたい（これについて詳しくは Biesta［2009a］や Biesta［2011］を参照）。それは、知識についての議論へのデューイの貢献のステータスに関わることである。ここでの問題というのは、次の通りだ。デューイは極めて実践的で、私たちと世界のトランザクションにつながる、それゆえ確信性の範疇ではなく可能性の範疇に位置づけられる知識についての説明を確かに与えてくれたのだが、知識とは何「である」かというこの説明の中でデューイは彼自身の議論を自ら毀損していたとも言えてしまいそうなのである。言い換えると、彼の知識についての理論の中で、彼は彼自身が批判し続けている立場に逆戻りしてしまっているように見えてしまうのだ。なぜかと言うと、本当のところ知識とは何なのか、私たちの知識と世界との関係とは何なのか、宇宙における人間の立ち位置とは何なのかといったことについて、彼は最終的な真実を私たちに与えてしまっているからである。デューイの貢献をこのように捉え、複雑でありながらある意味作りものの哲学的議論にすぐに戻ってしまう人も実際にいるだろう。だから私としては、議論を進める最善の方法として実用的な方法を提案しようと思う。それはデューイが知識とは何かを省察することで解決したいと思っていた問題とは何だったのかに焦点を当てることである。ここでは簡単にこのことの輪郭を示して、次章でより詳しく議論し

ようと思う。

　デューイの著書の全てでないにしても多くに共通して隠れている問題は、現代科学が日常世界に対して持っている、（デューイの言葉を借りれば「常識」の世界［Dewey 1939］に対して持っている）、（負の）影響とは何だったのかということだ。デューイは科学や技術の発展を認めることを厭わなかった一方で、科学的な世界観が他の理解のあり方、あるいはより具体的には、合理性の別のあり方を抑圧していることを憂慮していた。言い換えれば、彼が心配していたのは、現代科学の世界観が、何を真実であるとするかだけでなく、何を合理的であると主張するかということに関してまでも支配的な立場を得てしまったことなのである。つまり、こうも言えるかもしれない。デューイは現代科学が覇権を得ている状況を乗り越えることを目指していたのである。それは現代科学が達成してきたことを否定するためではなく、科学だけが現実とは何かを知らせてくれるという考え方や、それゆえ何が合理的・理性的であるのかというスタンダードを与えてくれるのも科学だけであるという考え方を退けるためである。

　デューイにとって問題の核心は現代科学がそれより前に生まれた哲学的カテゴリーを通して解釈されていたという事実に関わる。例えば、知識は恒久的で固定的なものであるとする考え方はアリストテレスの言う「不変」の領域であるし、真実を「そこにある」現実の描写だと考えることはアリストテレスの「不変的な知識（エピステーメー）」の領域である。デューイのやろうとしていることは、ある意味で、現代科学をそれ以前の哲学的カテゴリーで解釈するのではなく、知識についての主張も含めて科学それ自体の言葉で解釈するとどうなるかということの探究であった。そして私たちが見てきた通り、その探究の成果とは、科学はもはや究極の真実も究極の合理性も持つものではないという認識だ。表面的にはデューイは現代科学に賞賛を送ってきたように見えるかもしれないが、実際のところ彼は現代社会に対する科学的世界観の影響に対して最も基本的で、最も戦略的に効果のある批判を投じたのだ。デューイが「全ての哲学を終わらせるための哲学」を提示しようとしたと誤って主張しないためには、このことを心に留めておくことが重要なのである。

議論とさらなる考察のための 5 つの問い

1. あなたの研究に影響してくるような知識の定義は（明示的であれ非明示的であれ）何かあるだろうか。それはどのような定義だろうか。
2. デューイは知識を行動と結果の関係性に関わるものだと言った。あなたはあなた自身の研究にそのような関係性を「読みこむ」ことができるだろうか。
3. デューイによれば、知識は構成されているという事実は、それが現実に「つながって」いないということを意味しない。これがどういうことか、あなた自身の研究に関連づけて理解できるだろうか。
4. デューイは知識についての問いを確信性の範疇から可能性の範疇へと移した。このことはあなたの研究にとってどのような意味を持つだろうか。
5. 知識とは行動と結果のあり得る結びつきに関するものであるとすれば、あなたの研究の「発見」を他者に伝えることについてどのようなことが言えるだろうか。

［訳　注］

[1] デューイは A. F. ベントリーとの共著 *Knowing and the known* の中で、事物の行為を見る際の枠組みとして、「セルフアクション（Self-action）」「インタラクション（Inter-action）」「トランザクション（Trans-action）」の 3 つを整理している。「セルフアクション」は事物がそれ自身の力で行為をしているという見方、「インタラクション」は事物が因果関係の中で他の事物との関係を調整しているという見方である。対して「トランザクション」は、最終的に切り離し可能なあるいは独立していると仮定される「要素」「実体」「本質」「現実」といったものに帰することなしに、そして「関係性」を「要素」から実際に切り離してしまうことなしに、行為の諸相や諸段階を理解できるように記述と名づけのシステムを用いる見方であるとされる。つまり、トランザクションの考え方に基づけば、私たちはある事物を記述したり名づけたりする際、それを他

の事物から切り離されて完結した1つの実体としてそうするのではなく、他の事物との関係性の中での変わりゆく出来事として理解するのである。やや単純化すると、インタラクションが事物とその環境の間の個別の相互作用を指すのに対して、トランザクションは事物と環境の絶えざる相互作用の連続を1つの過程として捉えることとも言える。詳しくは、John Dewey & Arthur F. Bentley（1949）. *Knowing and the known*. In Jo Ann Boydston [Ed.], *John Dewey: The later works* [*1925–1953*], Volume 16 [pp. 101-2]. Carbondale and Edwardsville: Southern Illinois University Press を参照されたい。日本語文献としては、上林良一（1986）「トランスアクションの概念——デューイとベントリーの共同研究」『關西大學法學論集』36（3–5）, pp. 959-84、野村紘彬（2009）「トランズアクションの概念とジョン・デューイの公衆論——『公衆とその諸問題』に示された民主主義論の前提』『立命館法政論集』7, pp. 165–203 などが参考になる。また、本書の訳語については、"interaction" を「相互作用」、"transaction" を「トランザクション」とした。

[2] ジョン・デューイ（著）、市村尚久（訳）『経験と教育』（講談社、2004年）によれば、デューイの言う「習慣」は、特定の行為のことを指すのではなく、そのようなものも内包してはいるが、より広く感情や知性と関係する「態度」のことを言う。よって、習慣は固定的なものではなく、むしろ経験に応じて常に変化するものであり、習慣に変化が生じたことによってその後の経験の質が変わる。

[3] ウィトゲンシュタインは同じ種のものとして分類されるものにも、全てに共通する特徴は存在せず、言語使用者の慣習に依存しているということを「家族的類似」の概念で説明した。家族的類似に対しては、概念に曖昧性を許すという点で科学者らからの批判があった。Bloor（1983）は、梅毒を例に挙げて、科学者の家族的類似に対する批判が的外れであることを主張している（デイヴィド・ブルア［著］、戸田山和久［訳］『ウィトゲンシュタイン——知識の社会理論』［勁草書房、1988年］）。

[4] デューイの "The spectator theory of knowing" は日本語では「知識の傍観者理論」と訳されることも多いが、本書では2018年出版の『確実性の探求』（東京大学出版会）の訳に沿って「知識の傍観者的認識論」とした。「理論」よりも「認識論」としたほうが、文脈上「知識」というものをどう捉えるかという認識論をめぐる議論であることがより鮮明に浮かび上がるためである。

[5] Richard J. Bernstein（1983）. *Beyond objectivism and relativism: Science, hermeneutics, and praxis*（丸山高司・木岡伸夫・品川哲彦・水谷雅彦［訳］『科学・解釈学・実践——客観主義と相対主義を超えて』［岩波書店、1990 年］）.

第8章

学術出版をめぐる政治経済学

　教育研究の本を締めくくるにあたって、学術出版の章を設けることは
そう悪くないように思われる。研究上よくある流れを考えてみると、私
たちはまず研究を進めていき、意味を見いだしたり結論を得たりした
ら、教育研究の場合は教育政策に関わる人や実践者たちというより広く
関心をもつ人々と共有していくために、それに適した形の出版を行うの
が通例である（いや、あるいは「正統的」と言うべきかもしれない
が）。こう考えると、自分の研究を学術雑誌や学術書、あるいはその書
籍の一章として喜んで出版をしてくれる出版社があることに感謝すれば
よいというだけの話かもしれない。ただ、こうした考え方は学術出版と
いうものがもはやビッグビジネスになっていることをどこか見失ってし
まっている。これは、少なくとも学術出版社から見れば、研究者が無償
で行っている仕事からお金が動き、利益が得られるということだけの話
ではない。学術雑誌や、雑誌ほどあからさまではないにせよ、学術書も
強力に「舞台の前面に出てきて」おり、一方、研究者も自分の仕事を
「地位の高い」雑誌に掲載してもらえるように競争しているため、雑誌
を「地位の高い」雑誌にするもの自体がビッグビジネスであることを忘
れていたり、それに気づいていなかったりすることもしばしばである。
本章では、学術雑誌や書籍は中立的なパイプではなく、それ自体が研究
事業の重要な一部であると主張するために、学術出版のこれらの側面に
光を当てていく。

はじめに——もうどうにもとまらない症候群

　この10年の間で、学術出版はビッグビジネスとなった[1]。このテーマについては比較的初期の研究にあたる、コープとカランツィスによるもの（Cope & Kalantzis 2009）が、「知識ビジネス」と呼びならわされる分野で何が起こっているかを、多くの出版物から得た情報をもとに明らかにしている。

　「2004年（中略）、欧米の学術出版は12の出版社によって支配され、その売上高は年間約650億ドル、従業員の数は25万人の規模であった」（Peters 2009）。「2006年には、上位10社のSTM（科学・技術・医学系）出版社が161億USドルの定期刊行物市場の売上げの53パーセントを占めている」（Shreeves 2009）。大学は予算の0.5パーセントから1.00パーセントを雑誌の購読に費やしている（Phillips 2009）。投資銀行モルガン・スタンレーは、学術誌は過去15年間で最も急速な成長を遂げたメディアの分野域の一つであると報告している（Morgan Stanley 2002）。また、ウルリッヒ（Ulrich）の定期刊行物リストを見てみると、学術誌の数は2003年の39,565誌から2008年には61,620誌に増加している。このうち、査読付き学術誌の数は2002年の17,649誌から2008年には23,973誌に増加している。雑誌に掲載される論文数は1972年の年間72本から1995年には123本に増加し、平均の論文の長さも1975年から2007年の間に80％増加した（Tenopir & King 2009）。世界中で約570万人が研究開発に関わっており、1人あたり平均して1年に1本の論文を発表し、1年に97本の論文を読

---

[1]　この章では、「科学者」や「科学的」という言葉ではなく、「学術的」という言葉を主に用いる。これはできるだけ広汎な学術研究を含めるようにするためであり、また、特定の（肯定的あるいは否定的なものも含めて）意味合いを持たせてしまうことを避けるためである。「学術的」という言葉はまず社会的なカテゴリーである。つまり学術の世界に軸足を置いている人々（や、その仕事）を示すものである（むろん、「学術」のアイデンティティや境界を構成するものは何かという問いがさらに生じるものだが）。

んでいる。研究開発に関わる人の1人あたりの年間平均出版数は安定しており、ここ数十年で出版された論文が飛躍的に増加した背景には、研究開発に関わる人の数の増加がある（Mabe & Amin 2002）（Cope & Kalantzis 2009）。

　出版社の買収に関わる金額は、学術出版の金銭的な利害関係の大きさを示すだけでなく、この分野の収益性を強く示唆しているものだと言える。例えば、英国のプライベート・エクイティ・グループ[1]であるキャンドーヴァ（Candover）やシンヴェン（Cinven）は、2003年にクルーヴァー・アカデミック・パブリッシャーズ（Kluwer Academic Publishers）を6億ユーロで買収し、さらにベルテルスマン・シュプリンガー（Bertelsmann Springer）を10億ユーロで買収し、シュプリンガー・サイエンス・アンド・ビジネス・メディア（Springer Science and Business Media）を設立した。その後2009年にはスウェーデンのプライベート・エクイティ・グループであるEQIとシンガポールの政府系ファンドであるGICに23億ユーロで売却し、わずか6年で7億ユーロの利益を上げた[2]。学術出版社は学術コミュニティと一般市民の双方、つまり、知識の「生産者」と「利用者」の双方に対して重要なサービスを提供していると言えそうであるし、実際にその通りであるが、そのサービスに高いコストが伴っている。とりわけ、その利益の大部分が公的資金によって賄われている学術研究によってもたらされるのだとすれば、このコストは非常に大きいものだと言える。

　知識ビジネスで起きていることがこれだけなら、問うべき重大な問題は、その利益水準の大きさについてのみということになるのかもしれない。しかし、研究者は、公的なお金が支払われている研究成果を商業出版社にほとんど無料で提供しがちなだけでなく、その後、雑誌購読料や、最近では出版料（「オープンアクセス料」または「原稿編集費」と

はじめに——もうどうにもとまらない症候群

---

2 http://www.telegraph.co.uk/finance/newsbysector/banksandfinance/6790251/Candover-and-Cinven-sell-Springer-Science-and-Business-Media-to-EQT-and-GIC-in-2bn-deal.html（2019年2月28日参照）

呼ばれる）を通じて、この研究成果にアクセスするための費用を支払う必要がある。学術出版社は、学術論文の生産者と消費者の間の「中間者」として機能しているが、「中間者」が活動する他の多くの経済活動の領域とは異なり、学術出版の場合、生産者と消費者は、大部分は同じコミュニティに属している（McGuigan & Russell［2008］参照、The Wellcome Trust［2003］も参照）。

　こうした状況について、「これは効率的なインフラのために支払うべきコストなのだ」という言い方は可能かもしれない。このインフラのおかげで、世界の研究者同士のコミュニケーションが促進されるだけではなく、例えば査読システムをサポートすることで、学術出版の質を高めていくための重要な役割を担っているのではないかと、この状況を好意的に捉えることももちろんできるだろう。しかし、このインフラは同時に学術出版の分野内の差別を生み出すことのために用いられることも多くなっているのである。現在のところその主役は多国籍大手情報サービス企業のトムソン・ロイター社である。同社は、「ウェブ・オブ・サイエンス（Web of Science）」や「ウェブ・オブ・ナレッジ（Web of Knowledge）」、さらに社会科学引用文献指標（Social Science Citation Index）のようなデバイスによって、学術出版の力関係に大きな影響を与え、同時にそれによって学術活動そのものの力関係にも大きな影響を与えている（例えば、Craig & Ferguson［2009］などを参照）。

　多くの国で、研究者がそうした指標の中に示されている学術誌への掲載を奨励され、場合によってはトムソン・ロイターのインパクトファクターが一定以上の数値を示す学術誌で掲載されるもののみが「カウント」されるに値するものだとみなされることもある。そして、昇進、テニュア、あるいは研究費獲得といったことが、特定の学術誌やそこでの掲載数に基づいていくといったように、個々の研究者のキャリアがこうしたシステムに依存していくだけではなく、さらには、研究に対する公的資金が雑誌に掲載された論文の数と直接結びついていて、ある研究ユニットや大学全体が特定の種類の雑誌にどれだけの数の掲載論文を生産できたのかが問題になるといった具合に、高等教育機関の資金調達そのものもますますこのシステムに依存するようになってきている[3]。

　つまり、当初は学術研究活動を支援するためのインフラであったものが、やがて独自の「システム論理」を学術研究活動に押しつけるようになり、その結果、本来あったはずの研究活動の意義や目的を歪めてしまう危険性のある逆の方向性を生み出しているのだと言える[4]。こうした流れは、ハーバマス（Habermas 1985）が「生活世界の植民地化（colonization of life worlds）」と呼んだものの一例と言える。「生活世界の植民地」とは、ある種のタスクをこなしていく負担を軽減するために生み出したシステムの「合理性」によって引き起こされるものだが、もっと鮮明なイメージとして捉えるために、私はこれを「どうにもとまらない」症候群[2]と呼びたい。私たちが今問題視しているのは、本来学術研究活動を支えるために生み出されたシステムが、（私たちの）コントロールから外れ、ますます研究活動そのものをコントロールするようになっていることである。ここで見えてくるのは、学術出版というビジネ

3　こうした動向が、規模の小さな国々にもしばしば見られるのは興味深いことだ（またそれは心配なことだ）。こうした国々は、より規模の大きな国の学術研究の「成功」を、そうした国々の学術文化や研究の遂行のありかたをよく理解しないままに真似ようとするのである。例えば、ノルウェー、ベルギー、オランダといった規模の小さな国々は、しばしば英国を例にとる。しかし英国の全国的な研究評価（1990年代初頭から、Research Assessment Exercise [RAE]という名称で行われてきたが、現在はResearch Excellence Framework という名称に変更されている）によると、研究費の決定は研究活動の質についての査読による評価に基づいており、決して量の評価ではないということは興味深いことである（近年のRAEでは、6，7年の間に出版された1人の研究者あたり4本の投稿論文に基づいて評価されていたが、最新の2021年版では、個々の研究者あたり評価対象期間の中で最低1本、最大5本の論文に変更されている）。
4　ある種の歪みはこうした流れで生み出され、そしてそれは報酬や名誉といった報いを伴うような戦略的な行為と密接に関係している。そのような一つの歪みと関係してくるのは、様々な形の戦略的な振る舞いが、こうした本末転倒の事態によって誘発されるだけでなく、そうした振る舞いに対して報酬が与えられるといっていいような事態である。自分のキャリアや研究費、さらに所属機関全体の財政的な持続可能性が、学術活動の質ではなく量に完全に依存するような状況に陥った場合、私たちは個々の研究者の戦略的行為をどこまで責めることができるだろうか。

スが明らかに競争に向かっている一方で、私心のなさと協同の精神といった伝統的学術世界の価値観に依存して、学術出版を支えているという現状である。結局、査読を行う（しかもほとんどの場合無料でそれを行う）研究者の意欲がなければ、学術出版のインフラ全体が急速に崩壊してしまうにもかかわらず、どうにもとまらない状況になってしまっている。

学術出版を解き放つ──解放か？　無料か？

　学術出版に企業ビジネスが干渉してくることを問題だと捉え、解決の方法は学術出版を企業ビジネスの世界から解放することだと主張する人々もいる。こうした考え方が近年一つの潮流となっていることは、オープンアクセスのジャーナル出版が急激に成長しているだけでなく、学術出版の今後のあり方に関して、研究者や政策立案者の中で大きな議論が巻き起こっていること（例えば、Willinsky［2006］, Peters［2007］, OECD［2004］, European Commission［2006］[5]）、また、近年は「オープンサイエンス」の考え方も勃興してきていることからもよくわかる（Nielsen 2011; Albagli, Maciel & Abdo 2015）。

　とはいえ、たしかにこうした流れは重要ではあるものの、学術出版を商業主義的出版社から解放すればただちに金銭的なやりとりなしの自由な世界が待っているのかと言えば、それはずいぶんと見通しが甘いと言わざるをえない。たしかに、インターネットはコミュニケーションとその情報拡散のありようを大きく変えた。しかし、現在学術出版のインフラの大部分をコントロールしているグローバル企業に比べて、（この分野で大きな利益を上げている企業の一部のみ名前を挙げるが）マイクロソフトやグーグル、フェイスブックが利益を顧みない企業だとはとても言えないはずだ。企業としての指揮や管理の方法に違いは生まれてくる

---

[5]　世界情報社会サミット（World Summit on the Information Society）を参照。https://www.itu.int/net/wsis/docs/geneva/official/dop.html（2019 年 8 月 6 日参照）

かもしれないが、ただちに学術出版を政治経済から切り離せると思うのは早計である。オープンアクセスの学術誌をつくっている有象無象の企業の経済的急成長のありようを見ればわかりやすいだろう。こうした企業はオープンアクセス出版の美徳を強調することで道徳的な優位に立とうとするのだが、そのビジネスモデルは最終的には伝統的な学術出版と同様、利益を上げていくことにあるし、しかも興味深いことに、学術上の労働と学術的な信頼を無料で入手することで上記の営利目的を実現しようとしているのである。

　現代の学術出版が陥っているこうした難問から抜け出すためには、創造性や楽観性、はたまた想像力をたくましくしていくことだけが重要なのではない（また、私はこれから示すように、問題がないわけではないが、様々なオープンアクセスの取組みに敬意を示したいとも思っている）。また、「答え」や「解決案」を模索する前に、問いそのものについて考察し、問いを特定の形で定式化する際の前提自体について考えていくことも重要である。学術出版の役割についての問いを、科学的知識の生産と普及を誰がコントロールすべきかという問いとして定式化する場合、まず第一に考えなければならないのは、私たちは学術活動を十分に理解するさい知（を生み出すこと）の観点から理解すればよいのかどうかという問題である。さらに私たちが問題にしているのは、いったい誰の知識なのかという問題もある。より具体的に言えば、「自分たちの」知を制御不能にしてしまうリスクを冒しているのは研究者たちなのか、あるいは、知とはそもそも個人の産物や集団の産物と考えてよいのか、またそう考えるべきかといった、より広く深い問題が存在している。こうなると、もはやこれは政治的で民主的な問題なのだとも言えるわけである。

認識論の陥穽——知識とは「知識ビジネス」というビジネスなのか？

研究活動の本質は、知の生成とそれに続く知の普及にある（より伝統的な言い方をすれば、学問とは無私なる真理の追究にある）と考えるこ

とは、今もなお学者たちが自分たち自身や学生をはじめとする他者に好んで語る言い回しである。もっと言えば、研究によって生み出される知は日常の知とは大きく（人によっては、根源的に、とさえ言うかもしれない）かけ離れたものだと言われることもある。以下の引用を見てみよう（Cope & Kalantzis［2009］より抜粋）。

　学術的あるいは学問的な知識には、並外れた特徴が見られる。それは、焦点が絞られ、知的なエネルギーに満ちあふれたものになっており、普通の日常的な、そして常識的で、誰もが共有できるような知識とは比べものにならない。それは学問的共同体とその中での実践の中での形式的厳密さや蓄積された知恵に依存し、つまり、気軽な経験には存在しない体系的なものを有している。フッサールは「生活世界」の経験と「科学」についての「超越的」なものとを区別している。（中略）この定義の中の「生活世界」とは日常の生活経験である。学術的・学問的知識の「超越的」なものは、生活世界の、どちらかと言えば無意識的かつ反省的でもない常識的な知識とは対照的な存在である。学術的・学問的な知識は、日常的で不定型な現実世界よりも、広く深い世界の意味を理解し、創造しようとするものである。こうした知識は、体系的で計画的で、また反省的で目的意識が高く、規範があり、専門家のコミュニティによる精査に対しても開放的である。科学においては、生活世界で得られる知識や生活世界の知識よりもより絞られ、より困難な営みが求められる。

　この引用において著者たちは、日常的知識と科学的知識の連続性がどの程度かについて注目をしている。そして、この点に関して言えば、彼らは2つをくっきりと区別することには消極的であって、これは他の論者たちが、科学にはある特徴的な「本質」（Woolgar 1988）が存在するという考え方は、不可能とは言わないまでもかなり難しいという事実にもかかわらず、その2つをくっきりと区別しているのとは対照をなしている。しかし、この引用の著者たちは、学術的・学問的な「ビジネス」が知識の生成であるということについては何ら疑うことをしていないので

ある。だが、ラトゥールとウールガーの金字塔的研究である『ラボラト
リー・ライフ ── 科学的事実の構築』（Latour & Woolgar 1979）をはじ
め、科学技術分野の多くの本が説得力を持って示してきたように、科学
者が自分たちのなしていることをどう考えているかではなく、実際に科
学者がなしていることそれ自体を見てみると、まったく異なる様相が浮
かび上がってくる。

　上の本の中で、ラトゥールとウールガーは、科学者たち（ここではカ
リフォルニアのソーク研究所で働く人々）が非常に幅広い多彩な営みに
関与していることを詳らかにしている。そこには、例えば書記形式・口
頭形式のテクストや技能・技術の生産であるとか、研究実践や研究上の
約束事の作成、さらには協力的・競合的ネットワークの構築が含まれ
る。これらの活動の中のある時点で、特定のプロセス（『ラボラト
リー・ライフ』においては、ラトゥールとウールガーはそれを社会的過
程と位置づけているが、その後の 1987 年のラトゥールの著書『科学が
作られているとき ── 人類学的考察』では、社会学的アプローチとは別
個のものとして分析を行っている）の結果として、記述は事実として認
定され、ラトゥールとウールガーが「分裂と転倒」と呼ぶプロセス[3]
を経て、これら事実は「世界」における特定の対象や現象を指し示すも
のになっていく。あるいは、「修正するにはコストがかかりすぎると考
えられる記述の集合が、現実と呼ばれるものをつくりあげていく」
（Latour & Woolgar 1979, p. 243）という言葉は挑戦的かもしれないが、ま
さに正鵠を得たものだと言える。

　こうした多様な活動を「知の生成」という言葉の下にまとめあげてし
まうと、（まるで発見、記述、説明されることを待っている世界が「外
在する」と想定していることもあるようで）そこに本来あるはずの多彩
な営みが見えなくなってしまうだけではなく、科学や学術的な研究と
は、より一般的にいかなるものだと言えるのかという神話の創造にまで
寄与することになっていく。もちろん、科学や学問の営みが、虚構のも
のであると言いたいわけではないし、実際まったく虚構などでもない
が、結果として、科学とは知を生成するものであるという物語が指し示
すものとはまったく異なる類いのものを産み落としている営みの存在を

指摘したいのである。

　この意味において、科学を認識上の問題として解釈することは、誤った考え方であり、一つの神秘化であって、その点について言えば、学問的成果を最終的に受け取る側の人間にとって、そしてまた潜在的にはこうした種類の仕事に携わる人にとっても（彼らは「自分たちは基本的に認識論の問題を扱っている」という自己意識を持っていることが多いので）、そうした解釈はなんら役に立たないのである。そして、自然科学以上に社会科学においては、学生たちに知識や現実といったものについての講義をたっぷりと受けてもらわなければいけない理由もここにある。それゆえ、問題なのは、自然科学であれ社会科学であれ人文科学であれ、学問的な営みが何も生み出さないということではなく（実際、学問的営みは、モノ［技術］、実践［研究デザインを作成し、研究方法を決定し、実践する］、その他膨大な量のテクストを生み出している）、もはや「知」という言葉だけでは十分に捉えきれないような事態が生じていることである。

　科学者、研究者、学者と自らを称する人々が何をなし、何を生み出すかについて、上のような従来とは異なる見解を持ち出すことは、ここで進めている議論において2つの相互に関連する問題を投げかける。1つは、誰が学術的な知の生産や普及を担うべきかを考えるにあたって、あまりにも学問的営みを認識論的に解釈しすぎで（私はそれを認識論的神秘化と呼んでいる）、それが「どういう知識についての営み」かばかりに注目してしまうことの問題である。ウールガーやラトゥールの研究が私たちに教えてくれるのは、学術出版は科学的事実やそうした事実に対応している現実の「外側」にあるようなものではないということ、つまり、まず「営み」があり、それがなされた後に学術雑誌に報告されるというものではなく、学術出版はそれ自体、ある言説が事実であり、その事実が今度はある現実を表象するという一連のプロセスの必要不可欠な一部分なのである（事実や現実を社会的構築物として語ったとしても、それらが虚構だと言おうとしているのではないことも、今いちど強調しておくほうがいいかもしれない。もっとも、社会的構築物というものをそのように［誤って］解釈する学者が多いことも事実ではあるのだが）。

2つ目のほうの考察について、ラトゥールの『科学が作られていると
き――人類学的考察』（Latour 1987）が特に参考になる。ラトゥールは
まったく異なる要素（そこにはモノとヒトの双方が含まれる）から成り
立っているネットワークの範囲を広げ、その強度をさらに高める構築の
過程の中で、ある言説や技術や実践に力が与えられ、まさにそれと同じ
力がそれ以外の言説や技術や実践を弱体化させるような非対称性が生ま
れ、その結果として、ある時点である言説や技術、実践が真実となって
いき、技術の一部は不可欠のものとなり、さらに一般的なレベルではそ
うした言説や技術、実践がどこにでもありどこでも機能するような普遍
性を帯びたものに見え始めてくる、というのである。繰り返すが、重要
なのは科学や技術を虚構にすることではない。機能する技術はあるし、
意味のある言説はある。しかし言説は特定の文脈で特定の目的のために
意味をなすのと同じように、技術が機能するのも、特定の条件、特定の
目的の場合である。しかしそれらを他の様々な社会的要素、物質的要素
と結びつけることで、より強い力、より高い地位、より大きな存在感を
獲得し、必要不可欠のものとなりはじめていく。そのため、何か違うこ
とをしよう、言おうとしても、勝手に「オルタナティブ」というレッテ
ルを貼られ（「オルタナティブ」という言葉については「オルタナティ
ブな医療（代替医療）」とか「オルタナティブな学校」といった言葉を
思い浮かべればよいだろう）、その上決まって弱い立場に置かれてしま
うことにもなる。「オルタナティブ」が何か影響を与えようとすれば、
自身のネットワークを長く、強くしていくことに投資していかなければ
ならないのである。
　こうしたことの詳細については、今に到っても極めて刺激的なラ
トゥールの著書を参照していただきたいのだが、学術出版自体が、ネッ
トワーク構築のプロセスの要素として立ち現れ、ネットワークを強化
し、その範囲を拡大していくものとなるのである。ここで言うネット
ワークの強さとは、当の学術誌（が持っていると認識される）ステータ
スと大きく関係している（そして、ここでトムソン・ロイター社が学術
誌を格付けしている意義を見いだすことができる）。またネットワーク
の大きさと長さは学術誌の「射程」と関連しており、この射程がグロー

バルであればあるほど、その学術誌は特別な非対称性を形づくることになる。こうして、それ自体は本来「ローカル」なものであるアイデア、考察、技術、実践が、一般的で普遍的なものとなっていき、つまるところ不可欠な存在となっていき、認識論的な言葉を借りて言うならば、真実であるかのように見え始めるのである。実際は、ほかのネットワークに打ち勝てるような強力で大きなネットワークを構築できなくなっているだけなのだが。

　ラトゥールのこうした説明は、何が科学を特別なものにしているのかを、私たちに示してくれる。しかし、何が特別なのかということについてみれば、それは本質的な認識論的なものではなく、むしろローカルなものが一般的で普遍的なものとして見え始めるようなネットワークの強さと大きさに関係するものなのである。とりわけ、ラトゥールが強調しているのは、科学が「社会」を自らの論理と実践の中に組み込んでいく能力である（特に Latour［1988］を参照）[4]。つまり、現代社会というのは、科学的知識を社会に適用した結果というよりも、様々なローカルな実践や方法、ものの見方が科学の論理に取り込まれた結果として理解するべきなのだ。しかも興味深いことに、この取り込みは、より「ハード」で「技術的」だとみなされる分野（例えば、多くの人々の生活がそのレベルと方法を問わずどれほど医療技術科学の論理と実践として取り込まれているかを考えてもみよ）において成功しており、より複数の視点が存在し、技術的でもない、その意味で「ソフト」な社会科学や人文科学の側において、あまり成功していないのである。

合理性の危機

　科学が真実とみなされるようになっていくプロセスを記録しておくことは意味のあることだけれども、このように学問的営みを捉えたときに、そこに見えてくるものについてどう判断するのかはまた別の問題である。ここで重要なことは、非対称性の構築は科学的事実のレベルでのみ進んでいくのではないということ、つまり、ある発言や記述を事実にしたり、信念にしていったりするプロセスだけが重要というわけでもな

いということである。より深く、より高いレベルでは、こうしたプロセスは何が合理的で妥当な言葉であるかを見定めることにも大きな影響をもたらしている。そして、ここでも「標準的かオルタナティブか」という観点から相違点が判断されるとき、合理的で妥当であるかどうかの判断が大きな役割を果たすのである。前段ですでに簡単に触れたように、何が合理性を有していると「みなされる」のか、いかなる考えやその発想の枠組み、方法や捉え方が、いかにして合理的と「みなされる」のかという問いは、デューイの広範にわたる知的な「プロジェクト」において重要な役割を果たしており、それをデューイの著作が慎重に語ろうとしていることがよくわかる。

デューイは現代科学を高く評価し、基本的には生活のあらゆる分野で科学的方法を用いていくことを提唱していた人だという考えがかなり広まっている。このことから、デューイを「科学主義」の人として、すなわち自然科学が世界について語ることが全てであると考える人であるとして批判する者も多い。例えば、ホルクハイマー（Max Horkheimer）は『理性の腐蝕』（Horkheimer 1947）の中で、デューイの「自然科学への崇拝」が、科学や、より一般的には、社会に対して批判的な態度を取ることを不可能にしていると述べている（Horkheimer [1947, pp. 46-49] を参照）。確かに、デューイは「科学的手法が知識の形式として比較的成熟していることを誰の目にもはっきりと示しているのは、実験というものに必要な場所と機能が与えられていることである」（Dewey 1939, p. 12）と述べていることから、自然科学的な手法の価値を明らかに認めていたが、同時に、「科学が唯一の有効な知識の種類だと誤解される恐れは常にあるだろう」（Dewey 1929, p. 200）ということもはっきりと述べていた。デューイは自然科学がもたらす知識が唯一の有効な知識だという発想を否定しただけでなく、知識こそが現実と「触れあう」唯一の方法だという一般に流布している考え方にも反対した。デューイの著作にくり返し登場するテーゼがあるとすれば、それは知識が「（全ての）経験様式の現実性を測る物差し」だという考え方を棄却することであった（同書, p. 235）[5]。

デューイによれば、知られているものと実在するものを同一視してし

まうことの大きな問題は、それがあたかも人間の生活の他の全ての次元（例えば実用的な次元、美的な次元、倫理的な次元、宗教的な次元など）が、知識を通して明らかにされるものによって還元化・正当化できた場合にのみ実在できるかのように思わせてしまうことである。知識こそが、何が実際にそこに存在するのかについての「規範」を提供すると仮定してしまうと、人間の生の営みに埋め込まれたその他の、趣味やまなざし、感情といった個人的視点の領域は主観の領域に追いやられていくようになる。デューイは、「現実の対象が（中略）知識の対象とみなされていくとき、全ての感情的、意志的なものは必然的に『現実』の世界から排除され、経験する主体や心といったプライバシーの世界に避難所を見出さざるを得なくなる」（Dewey 1925, p. 30）と述べる。デューイは既知のものと実在のものを同一視することを、近代哲学の根本的な間違いの一つだとして、これを「知識人の誤謬」と呼んだ（Dewey［1929, p. 175］、また Dewey［1925, pp. 28–30］も参照）。しかしデューイにとっては、これは哲学的な問題にとどまるものではなかった。むしろそれは近代文化の根幹に関わる問題であり、それゆえにデューイはこれを近代文化の危機（Dewey 1939）と呼んだのである。ある意味でデューイの仕事は危機に対する応答として読むことができるものである。

　デューイが言うところによれば、近代文化の危機は近代科学が日常の生活に及ぼす破壊的な影響の結果だという。近代科学は私たちが生きている世界に対する理解のしかたをものの見事に変えてしまった。あたかも世界をメカニズムのようなものとして、つまり「数学的で機械的な法則に従って動作する無機質で物理的な粒子がつくりあげる景色」（Dewey 1929, p. 33）のようなものとして捉えるようになり、その結果近代科学は「世界を美しく、人間らしいものにしていた性質を奪い去ってしまった」（同書）のである。デューイは、科学の進展が日常生活に与えた破壊的な影響は、科学的世界観の「解釈」のしかたに起因するという。つまり現実を実際さながらに、正確ないしは「真正」な現実感のある形で記述することによって、こうした影響が生まれたと考えるのである。すでに見てきたように、このことは日常的な経験の世界の現実と、人間の生活の非認知的な次元の現実を軽んじていくことにつながってい

る。デューイは次のように書いている。

　科学的世界観のこうした解釈が最終的にもたらす現実的な影響は、
人間の重大な関心事からとても遠いところに科学は存在しているとい
う信念を作り出してしまうことである。そのため、社会的・道徳的な
問題や関心に近づいていこうとすると、私たちは本物の知識の導きが
もたらす希望を放棄するか、あるいは人間らしいもの全てを犠牲にし
て科学的なお題目や権威を購入するしかなくなってしまうのだ。
（Dewey 1939, p. 51）

つまり、ここにある問題は、近代科学が持つ機械論的世界観によって現
実を捉えていくことで、近代科学が持つ「非人間的合理性」と、日常の
生活が持つ「人間的非合理性」が等しく存在してしまい、人間としてみ
れば2つの選択肢が同時に存在するというまことに困った状況が生まれ
てしまったのだと言える。デューイによれば、このジレンマは文化の危
機の核心にあり、したがってこの危機はまずもって合理性の危機として
理解されるべきものである。
　デューイが文化の危機を近代科学の機械論的世界観の「解釈」のしか
たと結びつけて論じたことを考えるにあたって、危機が理論的な問題に
すぎず、現代の生活上の現実的な問題とは無関係であるというように読
み取ってはならないだろう。デューイが言いたいのはむしろ、科学的合
理性とその世界観が生み出す支配的な状況、つまり、合理性が科学的事
実にのみ関係し、価値や道徳や感情や情動といったものが排除されてい
くような状況によって、現代の私たちは生活上の重要な問題の適切な解
決策を見つけることがほとんど不可能になってしまっている、というこ
となのだ。なぜなら、私たちが置かれている現在の状況は、合理性が事
実と手続きの側面に限定されてしまっており、価値や目的の側面が定義
上、そうした合理的な熟考から排除されてしまっているためである。さ
らに、この問題をより深刻なものにしているのは、デューイが言うよう
に、現代の生活がかなりの部分「科学的な発想が日常的な世界の中に具
現化された」（Dewey 1938, p. 81）結果だからなのである。結局のとこ

ろ、私たちは、とりわけ生活の中に遍在している技術を通して、近代科学の産物やそれによってもたらされる影響に日々向かい合っており、これは言ってみれば、技術を根底で支えている科学的世界の真実さをくり返し証明されているようなことなのである。デューイが「日常的経験の世界は内部で分かれ争う家のようなものだ」（Dewey 1938, p. 84）と主張したのも、こういう理由からである。

　デューイは、科学が私たちに提供するのは実際そのままの現実にアクセスする手段である、という考え方について、デューイが言うところの「知識の傍観者的認識論」に由来すると述べている（Dewey 1929, p. 19）。これはギリシア哲学に遡る考え方であり、知識は視覚の問題として捉えられ、真実の知は固定的で変更できないもの、アリストテレスの「不変的な（eternal）」ものに関係すると捉えられるものである。デューイの重要な洞察だと言えることは、近代の実験科学が出現したときにそこには2つの選択肢があったことを指摘している点だ。1つは、近代的な実験科学の結果を、ギリシア哲学の知識の傍観者的認識論に基づいて解釈すること。つまり、新しい科学の知見は、世界に関する究極の真理を私たちにもたらすのだと仮定するもので、これは実際に採られた選択肢だった。しかし、もう一方の採られなかった選択肢は、私たちの理解している知を「更新する」という考え方であった。知の更新にあたっては、近代の実験科学による成果が観察（デューイは別のところでは世界の「写真撮影」という言葉を使っている）によって生じているのではなく、能動的な介入によって生成されているという事実を見るべきだというのだ。このプロセスは知識の傍観者的認識論からすれば、描こうとする対象そのものを「困らせる」ことになり、問題を引き起こすことになる。しかしデューイが追求したのはこの第2の選択肢、つまり知識というものを近代科学の持つ実験的な側面と介入的な側面の双方から理解していこうとするものであり、デューイは知識の理論ではなく、知ることの理論の大切さを説き、知識が「外にある」というような静的な世界観ではなく、行為と結果の関係の点から知識を理解していこうとしたのである。これは前章で述べたように、知識を確実性の領域から可能性の領域に移していく。そしていわゆる「科学的」な知識は、例えば日常的な

知識よりも真実というわけではなく、それはあくまでも特定の手続き（例えば実験）で生み出され、特定の社会的環境（例えば大学や研究所など）を通じて生み出された産物なのだということを明らかにしたのである。

　すでに述べたことだが、このような形で、デューイは効果的な批判を展開してきている。つまり、ここで批判されているのは、科学が私たちに提供する特殊な種類の知識は、その真実性と現実性の度合いが高いので、認識論的な力を持っているだけでなく、規範的な力を持っているのだから（デューイが文化の危機として認識した問題の核心にあるのもこの規範的な力である）、私たちは科学的知識に自分たちを合わせていかなければならず、私たちはそうした知識を支配する側にはないという考え方である。それゆえ、デューイの考えで最終的に問題になってくるのは、権力の問題ということになる。すなわち、私たちは「科学的な」知識に支配されるままでよいのか、それとも、私たちは科学的知識を支配する自らの力を改めて宣言・獲得し、科学的知識のありのままの姿を受け止めて、特定の状況においては有効性を持っているが、その権力と合理性の強度は、人間の生活の中の科学以外の領域において生じる権力や合理性と比べて大きいわけではないことを認識すべきなのか、という問いがここにはある。

結　論

　この章では、グローバルな出版産業が学術出版にもたらす役割と影響といった非常に具体的な問題からスタートしたが、最終的には、私たちの研究が科学的知識と日常的知識の間、あるいは「知っている人」と「意見だけの人」との間に存在する非対称性の生成に、どのような形でどの程度関与してきているのかという問題や、研究がそうした非対称性を阻害し、問いを投げかける役割を果たしているかどうかという大きな問題に行き着くことになった。だからこそ、グローバルな出版産業の手から学術出版を解放することは、それ自体では本来の意味での解放にはつながらない。もし仮に、今までの出版形態の代替となるような新しい

形の出版が生まれたとしても、非対称性やネットワークの大小や強弱の違いを生み出すような出版形態にならざるを得ないからである。学術出版という問題は、私がここで示したように、どのような場合でも決して取るに足りないような問題などではないが、この問題はさらに非常に大きな問題を提起している。それは、学者、研究者、社会・教育学者としての「私たち」が、どの程度思考や行動の選択肢の縮減に巻き込まれているのかという問題である。あるいは私たちは、本当に思考と行動の多元化の試みを通じて、知識の生産と普及の民主化に貢献しようとしているのかという問題である。いずれも、教育をよりよくし、専門的な行為の範囲を拡大していこうとする研究者にとって非常に大きな意味を持つ問いなのである。

　では、どのようにすればその方向に進めるのだろうか。大切な一歩だろうと思われるのは、（学術的な）研究者であることの意味を自問するのはもちろんのこと、その意味について学び手に説明していくことである。その際、認識論や存在論の観点からの説明に終始するのではなく、政治や民主主義、学術研究者の公共的な責任に焦点を当てた説明を心がけていくことが重要だ。また同様に、研究を進めていくにあたって、私たち自身が何を実際に行っているかを他の人にきちんと説明できるようにし、政策立案者、政治家、実践者、さらに一般の人々に研究の可能性と限界について教育する必要がある。その際には、とりわけ科学的研究に対して勝手に思い描いている性質に対しての誤解を解くためにも、「科学的」という言葉は認識論の領域ではなく、完全に社会的な領域の言葉なのだということを強調することから始めるのがよいだろう。こうした取組みにおいて極めて重要になってくる問いは、私たちが目的としているのは、ネットワークの強化と拡大を引き換えにして、様々の形態の行動と存在の形式を可能にする機会を失ってしまうことなのか、それとも、これとはまったく違うようなものとして自分たちの仕事を位置づけ、行動や存在の民主的な多様化に貢献することなのか、という問いである。もちろん、ここでは「民主的」という言葉が鍵となるし、私たちは、多様化や「開放」の試みの全てが、自動的に、民主的な自由と平等の実現につながるわけではないということを忘れてはならない。

こうしたことに、学術出版が一定の役割を果たすことはできるのだろうか。私は、政治的かつ責任のある方法で出版の問題に取り組むことができれば、それは可能だと考えている。ただ、これは多くの国で大きな課題となっており、そしておそらく、実現が非常に困難なことだとも思われる。なぜといって、これはグローバルな出版産業が果たしている役割が問題というよりも、むしろ人々の中にいろいろな形でこの仕組みを利用して学術研究を支配しようとするものが存在するからに他ならない。

議論とさらなる考察のための5つの問い

1. あなたの研究において、出版はどのような役割を果たしているだろうか。出版は義務だろうか。出版には許可が必要なのだろうか。それは誰が決めることなのだろうか。
2. 研究者が成果を出版するために、費用を自分で負担するべきだろうか。それはいったいなぜか。あるいは、それはなぜだめなのか。
3. あなたの研究は、非対称性を強めたり弱めたりするだろうか。どのような非対称性に影響を与えるだろうか。またどのような影響だろうか。
4. あなたの研究における知見や洞察と、教育実践者が持つ見解との関係について、あなたはどのように考えるか。
5. 学術研究と民主主義の関係についてどのように考えるだろうか。

［訳　注］

[1] 複数の機関投資家や個人投資家から集めた資金によって、事業会社や金融機関の未公開株を取得し、同時にその企業の経営に深く関与して「企業価値を高めた後に売却」することで高い内部収益率を獲得することを目的とした投資ファンド。
[2] 原著では、「魔法使いの弟子症候群」（The sorcerer's apprentice

syndrome）であり、もともとはゲーテの 1797 年の「魔法使いの弟子」という詩に由来し、魔法使いの師匠が弟子に掃除を命じ、弟子は見よう見まねで箒に魔法をかけて水くみの仕事をさせるのだが、解除の呪文を知らないために延々と箒は水をくみ続けるために大洪水になってしまうという寓話である。ただ、この比喩は日本ではそこまで浸透したものではないため、意味を汲み取りながら「どうにもとまらない」としている。

[3] ラトゥールとウールガーが『ラボラトリー・ライフ』において、研究所の科学者たちが科学的事実を構築する際に様々な社会的過程が存在することを活写している。例えばある科学者がある物質に関する発見を報告するが、その科学者が実験結果を以前誤って解釈したということがあったために、他の科学者はその発見を無視することがあったり、科学者同士がある理論を反証するのに十分な証拠となる物質の量について議論をする。ここから見えるのは、科学的証拠とみなされるものは社会的な要因に左右されることがあり、科学者たちは客観的な真実を論じているのではなく、真実について交渉をしているということである。そして、こうしたプロセスの中で、次第に外在的な事実が分裂的に見出されるようになったときに初めて、転倒的に「その事実ははじめから存在していて誰の目にもそうだったと見えるようになる」という状況が起きるのである。

[4] ルイ・パストゥール（1822–95）は、フランスの微生物学の創始者の 1 人で、様々な疾患が特定の微生物によって引き起こされることを証明し、医学における病気の理解と治療に革命をもたらしたと言われる人物である。ラトゥールは 1984 年（フランス語、英語版は 1988 年）の著作 *Les Microbes : guerre et paix*（英語版 *The Pasteurization of France*）において、こうしたパストゥールの科学的業績を単に科学的知見と技術の進歩としてではなく、社会的なプロセスとして捉え直した。つまり、パストゥールの成功は実験室の中で生みだされた科学的発見だけによるものではなく、パストゥールが農村、医療、産業界などの様々な社会的グループが持っている様々な問題と微生物上の発見を関わらせながら、その結果として発見が社会的に受け入れられていったことを分析した。このように、ラトゥールは科学的発見がいかに社会的な文脈に根ざしているか、そして科学が社会にどのように影響を及ぼすかに深く切りこみ、科学史や科学哲学に社会的文脈からの新たな視角を加えた（なお、

The Pasteurization of France は日本語訳として『パストゥールあるいは微生物の戦争と平和、ならびに「非還元」』として荒金直人氏によって2023 年に訳書が出ている）。第 3 章 pp.73-75 も参照。

[5] デューイは、「実験」という科学的な比喩を用いて認識のありようについて述べようとしてきた。「実験」という比喩によって、認識する主体の「働きかけ」（意図的な操作）によって対象に変化を生み出させ、そうした「働きかけ」によって生まれる結果としての対象の変化の間にある相関関係を発見していくことこそが重要だということをデューイは語ろうとしている。これがすなわちプラグマティズムの認識論である。物事の認識は、認識する主体の外側に不変の真理の存在を求めることではなく、こうした働きかけによって生まれる結果との間を考えることであり、その認識において「実験」が大事だというのがデューイの主張である（詳細は本書の［Dewey 1929］の訳本『確実性の探求』［加賀裕郎氏による最新訳は東京大学出版会、2018 年］などに詳しい）。

研究が多すぎる？

第1章で投げかけた「最も難しい問題」とは、私たちが研究を続けるべきなのは一体なぜなのかということであった。一般的な意味でこれが最も難しいというわけではないが、この問いに正直に答えると研究を止めるかそもそも着手しないということにもなりかねないので、研究者にとっては極めて困難な問いなのである。私見では、この問いを投げかけることは重要である。教育やその他の領域で私たちが出合うあらゆる問題に対して、研究がその対処や解決のための最も適切な方法だと想定することはできないし、すべきでもないからである。研究課題を設定することから研究が始まると考えるのは、教育研究の入門書で見かける正統的な考え方の一つであるが、研究がその問題に取り組む最も適切な方法かどうかを問うためには、その問題をはっきり確認することから始めるほうがずっと理にかなっている。問うてみて回答が「イエス」となる場合もあり、その場合は適切な研究デザインを組むことが正当化されるけれども、回答が「ノー」の場合もあり、その場合は研究を取りやめにしたほうがいい。

これは簡単に聞こえるが、実行するのは実際にはかなり難しいかもしれない。その理由の1つに、研究の積極的な力に対する強い信念が存在する（依然としてそう発言する人がいる）時代に私たちが生きているという事実がある。研究は、とりわけそこに「科学的」という言葉がつく場合、依然として、認知的かつ規範的権力を持った優越的なものとして、それゆえ日常的知識を覆すような知識と受け取られることが多い。研究者は注意深く、思慮深く、透明性の高い方法で研究をするものだという期待があるかもしれない（これが常にそうとは限らないことを私た

ちは知ってもいるのだが）が、そこから日常的知識と「構造的に」異なる知識が生み出されると考えるのは錯覚である。研究によって明らかになるのはせいぜい「少しずつ」異なる知識にすぎず、それゆえ常に注意して受け取られるべきものであろう。前にも述べたように、これは研究を汚そうとしているのではない。たとえ「外部」からの期待が異なるものだとしても、そしてその期待が研究者にとってはかなり魅力的なものだとしても、研究を実際以上に大きく、あるいは実際よりも重要なものとしないためなのである。

　状況によっては研究に貢献できることは何もないと告白することが難しい第2の理由は、現代の研究「事業」がとてつもない規模であることと関係している。世界中の多くの大学にはそこで働く多くの研究者がいて、かつてはたいていの研究者は、学生を教え自身の研究に従事するだけで十分だったかもしれないが、全員が何らかの成果を生むプレッシャーはどんどん高まる一方である。「出版か死か（publish or perish）」という言葉は、依然として多くの研究者が置かれた状況を極めて正確に記述している。こうした状況が、皮肉にも、研究の「必要性」を作り出している。つまり、論文を出すプレッシャーを自覚する研究者の多くが、まさに研究できそうなことを必要としているということである。もしかするとこれは、教育研究の分野にとってより大きな問題と言えるかもしれない。とりわけ教師教育が大学教育の一部となっている（あるいは一部になった）国では、教育学部の「労働人口」がかなり拡大しているからなおさらである。それゆえ、元々の研究の需要に対してより多くの供給の存在が、「最も難しい問題」に正直に答えることを困難にするもう一つの理由となっているわけである。

　学問研究者の潜在的な供給超過問題に加えて、教育学のさらなる展開がこの問題を悪化させているかもしれない。その展開とは、教えることをエビデンスに基づく専門職に変えることによって、教師を研究の使用者の位置に据えようとする動きのことではなく、むしろ、教師が自身の実践の研究者になるという昨今勢いを増している動向のことである。連綿と続くこの展開の歴史は実際かなり古く、教育的アクション・リサーチにそのルーツがある。これは実践家が体系的な方法で「局所的な」問

題に取り組むことを目的として行う教育実践上の研究様式である。アクション・リサーチでさえ、研究が自身の実践に関わるための方法の一つにすぎず、実践で出合う問題に取り組む方法の一つにすぎないということに注意すべきとはいえ、アクション・リサーチで用いられている方法は、教育実践に固有の特徴に対して全体として適切であったし、今も適切である。しかしその一方で、近年、効果性に基づく研究から派生する方法、とりわけランダム化比較実験を教師が用い始め、どの特定の「介入」が最も「効果的」かを明らかにしようとしている。教えることを介入と考え、学習者の学び（あるいは学習者のテストの得点）をそうした介入の効果とみなすのは魅力的に響くかもしれないが、研究の「論理」と教えることの「論理」がだいたい同じものだというのは実際かなり問題のある考え方である。

　教えることと研究との一つの重要な違いは、（前の章で述べてきた但し書きの上でではあるが）研究の目的が知識を生み出すことにある一方で、教えることの目的は学習者を教育することにあるということだ。さらに、教えることを、学習者の側に何らかの影響をもたらすことが期待される介入と再定義するや否や、学習者は、うまく、効果的に、あるいはそれ以外の形で介入することができるような対象ではなく、主体なのだということ、つまり彼らが行動し、思考し、判断する存在であることがまっさきに忘れられてしまう。より重要なこととして、教育の要諦とは、学習者が行動し、思考し、判断する能力を高めることであり、別の言い方をすれば、教育の最重要ポイントは、学習者がある時点で教育を必要としなくなって、自身の人生を歩むことができ、その人生をよりよく生きられるようにすることである。それにもかかわらず、教師研究の名の下に教室に忍び込む介入・効果の論理によって、教育とは何かに対する認知的な歪みが実際もたらされている。そしてもしかするとこれが、教えることと研究とを一緒くたにすべきではなく、教師が自身の実践の研究者となれば、自動的にもっとよい教師になると考えるべきではない最も重要な理由なのかもしれない。

　だとすれば、究極のところ、これは教育研究に反対する議論なのだろうか。それでは、本書で私が試みてきたことを読み違えていることに

なってしまう。私が願ったのはむしろ、研究が何であり、何ではないのかをより正確に示すことであった。そして私たちが研究に対して正当に期待できるものは何であり、どこに限界があるか、また教育の改善に研究はどのように役立ち、それを妨げるのは何かをより正確に示すことであった。それゆえ、研究が必ずしも、あるいは自動的に教育実践にとって有益とは限らないということを示すことも私の希望であった。私の願いは、正統的教育研究に対する見方を新人研究者の方々に養っていただけるようにすることである。教育を理解するための、そして教育の現場で、教育に関する、教育のための研究を行うための、唯一正しい方法が正統的教育研究であるという考え方を受け入れないで欲しいし、受け入れる必要もないことを示したかったのである。

エピローグ　研究が多すぎる？

訳者あとがき

　本書は、Gert Biesta, *Educational research: An unorthodox introduction*（Bloomsbury, 2020）の全訳である。翻訳に際して、著者による日本語版への序文を新たに追加した。

　著者のガート・ビースタ（Gert J. J. Biesta）氏はオランダ出身で、ルクセンブルク、スコットランド、イングランド、オランダの大学を経て、現在、アイルランドのメイヌース大学、および英国スコットランドのエジンバラ大学の教授である（詳細な経歴は氏の Web サイト［https://www.gertbiesta.com］を参照されたい）。それ以外にノルウェーやスウェーデン、フィンランドで客員教授の経験を持ち、近年では 2023 年の日本教師教育学会にシンポジストとして招かれるなど、教育学分野ではよく知られる存在であるが、本書の訳者が携わる言語教育分野には初めて氏を知る読者もいると思われる。ごく端的に紹介すれば、氏は、現代を代表する教育哲学者の一人である。そのことは、ブルーナー（Jerome Bruner）やウェンガー（Etienne Wenger）、エンゲストローム（Yrjö Engeström）といった名が並ぶ Knud Illeris (Ed.), *Contemporary theories of learning: Learning theorists ... in their own words* (2nd Ed.)（Routledge, 2018）において、初版にはなかった氏の章が加えられていることからも窺える。また、ビースタ氏は 2011 〜 2012 年には北米以外からは初選出となるアメリカ教育哲学会会長を務め、2015 〜 2018 年にはオランダの教育審議会の準会員、2020 〜 2022 年には科学カリキュラム委員会の委員に選ばれるなど、教育学のアングロ・アメリカ的伝統と大陸的伝統を本書第 5 章のような形でまとめられることにも納得がいく。

　ビースタ氏の著作は、*Learning democracy in school and society: Education, lifelong learning and the politics of citizenship*（2011）の邦訳

『民主主義を学習する――教育・生涯学習・シティズンシップ』（上野正道・藤井佳世・中村（新井）清二訳、勁草書房、2014年）を皮切りに、近著の *Obstinate education: Reconnecting school and society*（Brill/Sense, 2019）の邦訳『教育にこだわるということ――学校と社会をつなぎ直す』（上野正道監訳、東京大学出版会、2021年）まで、この10年間で6冊の単著が日本語に訳されている。上記以外の4冊は、本書でも引用されている『学習を超えて――人間的未来へのデモクラティックな教育』（Biesta［2006］、田中智志・小玉重夫ほか訳、東京大学出版会、2021年）、『よい教育とはなにか――倫理・政治・民主主義』（Biesta［2010f］、藤井啓之・玉木博章訳、白澤社、2016年）、『教えることの再発見』（Biesta［2017b］、上野正道監訳、東京大学出版会、2018年）と、アメリカ教育学会の優秀著作賞を受賞した *The beautiful risk of education*（Paradigm Publishers, 2014）の邦訳『教育の美しい危うさ』（田中智志・小玉重夫監訳、東京大学出版会、2021年）である。国際的にも氏の著作の翻訳は19の言語におよび、特に上記『教えることの再発見』は、邦訳を含め10の言語に訳されている。氏の思想的背景については『民主主義を学習する』や『教えることの再発見』の訳者解説にも詳しく、本書を通じてビースタ氏の研究に興味を持たれた読者はそちらも併せて手に取ってみるとよいだろう。本書は、氏の単著としては『教育にこだわるということ』の翌年に出版され、上記の著作を中心とする氏の研究のエッセンスに基づく、タイトルに示されている通りユニークで「非正統的」な教育研究の手引きである。

　どの翻訳にもそれだけの時間と熱量を捧げるに至った経緯があるに違いないが、本書を翻訳するに至った経緯もユニークなものだった。発端は、日本語教育研究における「実践に役立つ研究を」という言説と、それに対する「実践の役に立つことを前提とすべきではない」という主張を巡って、南浦・神吉がSNS上で交わしていた議論に遡る。その議論を見た亘理が、『教育にこだわるということ』などを手がかりに英語教育の目的論を検討する過程で本書を手にしており、「本書を訳して、みんなに届きやすくしておくといいのではないか」と投げかけた。「『（物

理的な時間としての）明日の実践に役立つ』と『（希望的な未来としての）明日の実践に役立つ』の間で逡巡して葛藤し、提起していくところに、ペダゴジーの研究はある」という南浦の意見と本書の内容に響き合うところがあると考えたからである。そして、教育実践と教育研究の関係は、亘理・川村が専門とする英語教育でも繰り返し議論されていることであった（亘理陽一・草薙邦広・寺沢拓敬・浦野研・工藤洋路・酒井英樹『英語教育のエビデンス —— これからの英語教育研究のために』［研究社、2021 年］を参照されたい）。日本語教育研究者と英語教育研究者のタッグという「非正統的」なプロジェクトとして翻訳は進められた。

　プロローグとエピローグの草稿を亘理が訳出した他は、4 人で 2 章ずつを分担し、亘理が第 2、5 章、神吉が第 1、4 章、川村が第 3、7 章、南浦が第 6、8 章を担当した。ただし、翻訳の方針を全員で協議し、草稿が出揃った後で各章の解釈や訳語について全員で検討するミーティングを重ね、さらに再訳に関しても相互チェックを割り振って検討しており、本書は文字通りの共訳書である。訳者の並びはこのメイン担当の順にすぎない。原著や他の資料に当たらずとも読み進められるように訳すことを優先し（したがって、訳出に当たって上掲の邦訳書を適宜参照したが、訳語は必ずしも一致していないものもある）、可能な範囲で訳註を付したが、訳者一同、「読書会などを通じて、必要であれば原文と照らし合わせながら、ぜひ本書を複数人で読み合って検討してほしい」と考えている。上記の議論の過程を通じて、訳者 4 人が本書の理解を深め、多くを学んだと実感しているからである。4 人の協働は今回が初めてであるが、「謝辞」は神吉、「著者について」は川村、「序文」は南浦と、前付けの訳が機敏な分担で瞬く間に仕上がったところにこのプロジェクトの成果を見る思いがした。日本語版序文の訳出はビースタ氏への依頼を担当したことから亘理が担当し、参考文献の邦訳書確認は川村が中心となって行った。およそ一人では成し遂げられず、本書はひとえに協働の成果である。

　各章の概要はプロローグの中でビースタ氏自身によっても与えられているが、この「あとがき」を最初に読む読者のために、訳者の視点から

各章の内容を簡単にまとめておこう。「教育について研究し、教育を改善しようとするのは無条件によいことだ」という考えに疑問を抱いたことのない者はまず、プロローグ（教育研究の正統的教義）でピシャリと頬を打たれたように感じることだろう。ここでまず問われるのは、教育学の入門書や研究法の解説で前提とされている教育（研究）の「正しさ」そのものである。第1章（理論、流行、そしてプラグマティズムの必要性）では、教育や社会を対象とする研究について、理論を「信仰」の対象としてしまうのではなく、「研究を通じて何を達成しようとするのか」という視点からプラグマティックに捉えるべきことが語られる。自身の研究の入り口で、量的アプローチと質的アプローチのどちらを用いるべきか、あるいはどういう手法で研究を行うべきかなどと思い悩んでいる者は、本章を通じて、そもそも問題はそこにはないということを理解することになる。

　第2章（教育をよりよいものにすること）では、英国の「教授・学習研究プログラム」（TLRP）において示された「効果的教授法の原理」を引き合いに、「教育の改善」が何を意味するかはそこでの教育が何を目的としているかに照らして初めて判断できることが説明される。（言語）教育実践に対する「テクニカルな知識」を精緻に明らかにすることこそが研究の価値と信じる者は、教育というシステムが「オープンで、記号論的で、再帰的なシステム」であるがゆえに、因果関係を前提としてその是非を判断できる範囲は極めて限られるという本章の指摘に（たとえ自身がこれまで持っていた価値観が打ち壊されて茫然自失の状態となったとしても）向き合うべきである。続く第3章（「何が役に立つか」では不十分だ）では、人口に膾炙した「エビデンスに基づく教育」という考え方の欠陥が指摘され、教育および教育研究における「価値」の役割が前に押し出される。ここで鍵となるジョン・デューイの関係論的な知識観は、第1章で導入される「説明・理解・解放」という研究の目的と共に、既存の言語教育（研究）を抜本的に作り直す契機を含んでいるように思われる。

　第4章（教育の実践）では、ジョセフ・シュワブの論文を通じて、さらにアリストテレスによる区分にまで遡り、「実践」概念が過去から現

在を経て未来を投射する形で検討に付される。ここで論じられている「カリキュラム」の問題を、とかく到達度指標や「ルーブリック」の作成・運用の議論に終始しがちな（言語）教育の現況に当てはめて読めば、ビースタ氏がここでシュワブのアプローチを「教育的『是正』」と評する理由は鮮明に理解できるであろう。本章はカリキュラム研究（を論じたシュワブの論文）を入り口にしているが、「理論的でないもの」程度の意味で用いられることも少なくない「実践（的)」という言葉、あるいは教育研究自体の、集団性・民主性・政治性を考えるうえで非常に示唆に富む。

第5章（教育研究の様々な伝統）では、教育研究に対するイギリスやアメリカを中心とするアングロ・アメリカ的伝統とドイツ語圏を中心とする大陸的伝統が整理され、後者において独自の自律的な規範的学問領域として展開されてきた教育学が、前者においては哲学・歴史学・心理学・社会学を拠り所とする、教員養成のための学であったことが示される。きわめて個人的な感想として、本章を通じて、出身大学（非教員養成系教育学部）と過去の勤務先（教員養成系教育学部）に感じていたカルチャーの違い、あるいは日本の教育学および教師教育に混在する両伝統の影響が様々に解きほぐされる感覚があった。もちろん本章から得られる示唆はそうした懐古的・舞台裏的関心にとどまらず、たとえば教育政策に対する教育工学や学習科学、教育方法学といった諸分野からの議論を吟味し、時に相対化していくうえでも有益である。

第6章（教育、測定、民主主義）は、教育をよりよいものにするのは教育実践を担う者を通じてでしかないという事実から、「エビデンス」重視、あるいは「測りすぎ」の時代にあって教育者が「専門家」として抱える課題と可能性を述べている。教育研究によって、教育者の専門的主体性、あるいは民主性を高めることを損なうこともあり得るという本章の指摘はどれだけ重く受け止めても受け止めすぎということはない。それでもなお、研究の最も重要な役割が知識の産出にあり、（研究によって明らかにされた）知識を通してのみ現実が理解できると考える者は少なくない。そこで第7章（知識を再考する）では、第2章で導入したテクニカルな役割と文化的役割の区別に立ち戻り、第3章で言及した

デューイのトランザクション理論をもとに知識の性格や教育との関係が掘り下げられる。より深い納得を得るためにはデューイの著作やその研究の検討を必要とするかもしれないが、デューイの知識と行為の関係で博士の学位を取得したビースタ氏の面目躍如とも言える章で、デューイの名を冠する文献を手に取ってもなかなか出合えない、読み応えのある内容となっている。教育研究に取り組む者はさしあたり、自身や他者の研究が（あるいは実践者にとっては自身や他者の教育実践が）学習者や教師の新たな経験を生み出すような探究の過程となり得るか（過去の研究・実践についてはなっていたか）を問い直せばよい。

　さらに、そういった哲学的洞察にとどまらず、第8章（学術出版をめぐる政治経済学）で、「ビッグビジネス」としてのグローバル学術出版産業、つまり教育研究者の多くも巻き込まれている論文生産競争のプラットフォームに批判的眼差しを向けられるのも著作・論文の出版経験を豊富に持つビースタ氏の強みであろう。本章は、さりとて単純に学術出版を商業主義的出版社から解放することが問題を解決するわけではないことに警鐘を鳴らし、「科学的」という言葉の社会性・政治性に自覚的であることを求めている。本章が日本国内においてどのように受け止められるか、訳者はそれ自体に興味がある。エピローグ（研究が多すぎる？）で示される、必ずしも教育実践に資するとは限らない研究が絶えない理由の分析は、国内の教育研究関係者にとっても切実な問題として受け止められるに違いない。ここで「研究をやめたほうがいい場合もある」という、ひょっとすると読者を驚かせるかもしれない主張に出会うことになるが、ここまで読んだ読者は「『正しい』とされる既存の『教義』を鵜呑みにするのではなく、教育研究の領分を過大・過小視せずに捉えていけるような研究観を身につけるべし」というビースタ氏の主張を過たず理解できるだろう。

　教育研究論としてだけでなく、言語教育における、狭い範囲の知識・技能の習得を超えた価値を考えるうえで、本書の内容が言語教育研究者・実践者に与える影響は小さくないと私たちは考えている。加えて、本書のプロローグでも述べられているように、既存の研究法を論じた書

籍の多くは狭い研究方法論の解説に閉じているきらいがあり、その意味でも本書は類書にない内容で、日本語教育研究・英語教育研究の両分野にとって時宜にかなった文献だと言えよう。加えて本書は、ビースタ氏の *World-centred education*（Routledge, 2021）以前の研究のエッセンスが教育研究の方法という切り口で散りばめられているという点で、ビースタ氏の著作のすぐれた入門書でもある。その意味で、言語教育分野に限らず、広く教育研究に関わる者に多くの示唆を与える一冊である。上で挙げた既存の翻訳書の訳者たちから見れば、日本語教育・英語教育を専門とする私たちがビースタ氏の著書を翻訳するのはいかにも「非正統的」ではあるが、それによって、氏の教育研究に対する洞察が訳文を通じてよりよく伝わり、これまでの氏の訳書とは異なるよさが表現できていれば、訳者一同、望外の喜びである。面識のない日本の研究者からの突然の連絡にもかかわらず、本書の翻訳を喜び、日本語版序文の執筆を快く引き受けてくれたビースタ氏に深く感謝すると共に、氏が本書に込めた「思考の糧」を少しでもうまく伝えられていることを願う。

　本書は、上記の通り亘理・神吉・川村・南浦の4名を訳者としているが、第5の共訳者と呼ぶべき、北烏山編集室の津田正氏の協力なくしては完成しなかった。津田氏は、翻訳草稿全てに目を通し、原文と照らし合わせて詳細なコメントを返してくれただけでなく、修正稿のミーティングにも毎回参加してくれた文字通りの共訳者である。編集過程への助言も含め、本訳書に関わってくださったことに感謝したい。その点でも本訳書は「非正統的」だと言えるかもしれない。もちろん訳文の読みにくさ、わかりにくさに関する最終的な責任は訳者4名にある。読者からの忌憚のない指摘を乞う次第である。

　最後に、出版を引き受けてくれただけでなく、ビースタ氏の著作を訳すなら編集は津田氏にお願いしたいという訳者のわがままを聞き入れてくれた、明石書店の大江道雅氏にも改めて深く感謝申し上げる。

訳者を代表して

亘理 陽一

参考文献

Achinstein, P. & Barker, S.F. (1969). *The legacy of logical positivism: Studies in the philosophy of science*. Baltimore, MD: Johns Hopkins Press.

Albagli, S., Maciel, M.L. & Abdo, A.H. (Eds.) (2015). *Open science, open issues*. Brasília: IBICT; Rio de Janeiro: Unirio.

Alexander, R. (2004). Still no pedagogy? Principle, pragmatism and compliance in primary education. *Cambridge Journal of Education 34*(1), 7–34.

Aristotle (1980). *The Nicomachean ethics*. Translated with an introduction by David Ross. Oxford/New York: Oxford University Press. ［渡辺邦夫・立花幸司（訳）『ニコマコス倫理学（上）（下）』光文社古典新訳文庫、（上）2015 年、（下）2016 年］

Ax, J. & Ponte, P. (2010). Moral issues in educational praxis: A perspective from *pedagogiek* and *didactiek* as human sciences in continental Europe. *Pedagogy, Culture & Society 18*(1), 29–42.

Ayer, A.J. (1959). *Logical positivism*. Glencoe, IL: Free Press.

Bachelard, G. (1966 [1949]). *Le rationalisme appliqué*. Paris: Presses Universitaires de France. ［金森修（訳）『適応合理主義』国文社、1989 年］

Ball, S. (2003). The teacher's soul and the terrors of performativity. *Journal of Education Policy 18*(2), 215–28.

Benner, D. (2005). *Allgemeine Pädagogik*, 5th edition. Weinheim/München: Juventa. ［牛田伸一（訳）『一般教育学──教育的思考と行為の基礎構造に関する体系的・問題史的な研究』協同出版、2014 年］

Bernstein, R.J. (1983). *Beyond objectivism and relativism: Science, hermeneutics, and praxis*. Philadelphia: University of Pennsylvania Press. ［丸山高司・品川哲彦・木岡伸夫・水谷雅彦（訳）『科学・解釈学・実践〈1〉 客観主義と相対主義を超えて』『科学・解釈学・実践〈2〉客観主義と相対主義を超えて』岩波書店、1990 年］

Biesta, G.J.J. (2005). What can critical pedagogy learn from postmodernism?

Further reflections on the impossible future of critical pedagogy. In I. Gur-Ze'ev (Ed.), *Critical theory and critical pedagogy today: Toward a new critical language in education* (pp. 143–59). Haifa: University of Haifa Studies in Education.

Biesta, G.J.J. (2006). *Beyond learning: Democratic education for a human future.* Boulder, CO: Paradigm Publishers. [田中智志・小玉重夫（監訳）『学習を超えて——人間的未來へのデモクラティックな教育』東京大学出版会、2021 年]

Biesta, G.J.J. (2007). Why 'what works' won't work: Evidence-based practice and the democratic deficit in educational research. *Educational Theory 57* (1), 1–22.

Biesta, G.J.J. (2009a). How to use pragmatism pragmatically: Suggestions for the 21st century. In A.G. Rud, J. Garrison & L. Stone (Eds.), *John Dewey at 150: Reflections for a new century* (pp. 30–39). Lafayette, IN: Purdue University Press.

Biesta, G.J.J. (2009b). Values and ideals in teachers' professional judgement. In S. Gewirtz, P. Mahony, I. Hextall & A. Cribb (Eds.), *Changing teacher professionalism* (pp. 184–93). London: Routledge.

Biesta, G.J.J. (2009c). Good education in an age of measurement: On the need to reconnect with the question of purpose in education. *Educational Assessment, Evaluation and Accountability 21*(1), 33–46.

Biesta, G.J.J. (2010a). A new 'logic' of emancipation: The methodology of Jacques Rancière. *Educational Theory 60*(1), 39–59.

Biesta, G.J.J. (2010b). Pragmatism and the philosophical foundations of mixed methods research. In A. Tashakkori & C. Teddlie (Eds.), *Sage handbook of mixed methods in social and behavioral research*, 2nd edition (pp. 95–118). Thousand Oaks, CA: Sage.

Biesta, G.J.J. (2010c). Five theses on complexity reduction and its politics. In D.C. Osberg & G.J.J. Biesta (Eds.), *Complexity theory and the politics of education* (pp. 5–14). Rotterdam: Sense Publishers.

Biesta, G.J.J. (2010d). Why 'what works' still won't work: From evidence-based education to value-based education. *Studies in Philosophy and Education 29*(5), 491–503.

参考文献

Biesta, G.J.J.（2010e）. Learner, student, speaker: Why it matters how we call those we teach. *Educational Philosophy and Theory 42*(4), 540–52.

Biesta, G.J.J.（2010f）. *Good Education in an age of measurement: Ethics, politics, democracy.* Boulder, CO: Paradigm Publishers.［藤井啓之・玉木博章（訳）『よい教育とはなにか――倫理・政治・民主主義』白澤社、2016 年］

Biesta, G.J.J.（2010g）. An alternative future for European educational research. *Zeitschrift für Pädagogische Historiographie 16*(1), 105–7.

Biesta, G.J.J.（2011）. Welches Wissen ist am meisten wert? Zur Veränderung des öffentlichen Status von Wissenschaft und Wissen im Feld der Erziehung. In A. Schäfer & C. Thompson（Eds.）, *Wissen*（pp. 77–97）. Paderborn: Schöningh Verlag.

Biesta, G.J.J.（2012）. Giving teaching back to education. *Phenomenology and Practice 6*(2), 35–49.

Biesta, G.J.J.（2013a）. Learning in public places: Civic learning for the 21st century. In G.J.J. Biesta, M. de Bie & D. Wildemeersch（Eds.）, *Civic learning, democratic citizenship and the public sphere*（pp. 1–11）. Dordrecht/Boston: Springer.

Biesta, G.J.J.（2013b）. Interrupting the politics of learning. *Power and Education 5*(1), 4–15.

Biesta, G.J.J.（2017a）. Don't be fooled by ignorant schoolmasters: On the role of the teacher in emancipatory education. *Policy Futures in Education 15*(1), 52–73.

Biesta, G.J.J.（2017b）. *The rediscovery of teaching.* London/New York: Routledge.［上野正道（監訳）『教えることの再発見』東京大学出版会、2018 年］

Biesta, G.J.J., Allan, J. & Edwards, R.G.（2011）. The theory question in research capacity building in education: Towards an agenda for research and practice. *British Journal of Educational Studies 59*(3), 225–39.

Biesta, G.J.J. & Burbules, N.（2003）. *Pragmatism and educational research.* Lanham, MD: Rowman and Littlefield.

Biesta, G.J.J., Field, J., Hodkinson, P., Macleod, F.J. & Goodson, I.F.（2011）. *Improving learning through the lifecourse: Learning lives.* London/New

York: Routledge.

Bingham, C. (2008). *Authority is relational*. Albany, NY: SUNY Press.

Björkman, J.W. (1982). Professionalism in the welfare state: Sociological saviour or political pariah? *European Journal of Political Research 10*(4), 407–28.

Bloor, D. (1983). *Wittgenstein: A social theory of knowledge*. London/New York: Macmillan. [戸田山和久（訳）『ウィトゲンシュタイン――知識の社会理論』勁草書房、1988 年]

Bogotch, I., Mirón, L. & Biesta, G. (2007). 'Effective for what; Effective for whom?' Two questions SESI should not ignore. In T. Townsend (Ed.), *International handbook of school effectiveness and school improvement* (pp. 93–110). Dordrecht/ Boston: Springer.

Braunmühl, E. von (1975). *Antipädagogik*. Weinheim: Juventa.

Bridges, D. (2006). The disciplines and discipline of educational research. *Journal of Philosophy of Education 40*(2), 259–72.

Brown, A. (2009). *Higher skills development at work: A commentary by the Teaching and Learning Research Programme*. London: ESRC/TLRP.

Carr, D. (1992). Practical enquiry, values and the problem of educational theory. *Oxford Review of Education 18*(3), 241–51.

Carr, W. (2006). Education without theory. *British Journal of Educational Studies 54*(2), 136–59.

Carr, W. & Kemmis, S. (1986). *Becoming critical*. London: Routledge.

Charlton, B.G. (2002). Audit, accountability, quality and all that: The growth of managerial technologies in UK universities. In S. Prickett & P. Erskine-Hill (Eds.), *Education! Education! Education!: Managerial ethics and the law of unintended consequences* (pp. 13–28). Exeter: Imprint Academic.

Cope, W. & Kalantzis, M. (2009). Signs of epistemic disruption: Transformations in the knowledge system of the academic journal. *First Monday 14*(4). Available online at: https: //firstmonday.org/ojs/index.php/ fm/article/view/2309/2163.

Cornish, F. & Gillespie, A. (2009). A pragmatist approach to the problem of knowledge in health psychology. *Journal of Health Psychology 14*(6),

参考文献

800–9.

Coulter, D. & Wiens, J. (2002). Educational judgement: Linking the actor and the spectator. *Educational Researcher 31*(4), 15–25.

Craig, I. D. & Ferguson, L. (2009). Journals ranking and impact factors: How the performance of journals is measured. In B. Cope & A. Phillips (Eds.), *The future of the academic journal* (pp. 159–94). Oxford: Chandos.

Dancy, J. (1985). *An introduction of contemporary epistemology.* Oxford: Basil Blackwell.

David, M. et al. (n.d.). *Effective learning and teaching in UK higher education: A commentary by the Teaching and Learning Research Programme.* London: ESRC/ TLRP.

Dewey, J. (1896). The reflex arc concept in psychology. In J.A. Boydston (Ed.), *John Dewey: The early works (1882–1898)*, Volume 5 (pp. 224–43). Carbondale and Edwardsville: Southern Illinois University Press. [山本尚樹 (訳)「心理学における反射弧の概念」『生態心理学研究』11 巻、1 号、pp. 3–9]

Dewey, J. (1905). The postulate of immediate empiricism. In J.A. Boydston (Ed.), *John Dewey: The middle works (1899–1924)*, Volume 3 (pp. 158–67). Carbondale and Edwardsville: Southern Illinois University Press.

Dewey, J. (1906). The experimental theory of knowledge. In J.A. Boydston (Ed.), *John Dewey: The middle works (1899–1924)*, Volume 3 (pp. 107–27). Carbondale and Edwardsville: Southern Illinois University Press.

Dewey, J. (1907). The control of ideas by facts. In J.A. Boydston (Ed.), *John Dewey: The middle works (1899–1924)*, Volume 4 (pp. 78–90). Carbondale and Edwardsville: Southern Illinois University Press.

Dewey, J. (1911). Epistemology. In J.A. Boydston (Ed.), *John Dewey: The middle works (1899–1924)*, Volume 6 (pp. 440–42). Carbondale and Edwardsville: Southern Illinois University Press.

Dewey, J. (1916). Introduction to *Essays in experimental logic.* In J.A. Boydston (Ed.), *John Dewey: The middle works (1899–1924)*, Volume 10 (pp. 320–69). Carbondale and Edwardsville: Southern Illinois University Press.

Dewey, J. (1920). *Reconstruction in philosophy.* In J.A. Boydston (Ed.), *John*

参考文献

Dewey: The middle works (*1899–1924*), Volume 12 (pp. 77–201).
Carbondale and Edwardsville: Southern Illinois University Press.［河村望
（訳）『哲学の再構成』人間の科学社、1995 年］

Dewey, J.（1922）. *Human nature and conduct*. In J.A. Boydston（Ed.）, *John
Dewey: The middle works* (*1899–1924*), Volume 14. Carbondale and
Edwardsville: Southern Illinois University Press.［河村望（訳）『人間性と
行為』人間の科学社、1995 年］

Dewey, J.（1925）. *Experience and nature*. In J.A. Boydston（Ed.）, *John
Dewey: The later works* (*1925–1953*), Volume 1. Carbondale and
Edwardsville: Southern Illinois University Press.［栗田修（訳）『経験とし
ての自然』晃洋書房、2021 年］

Dewey, J.（1929）. *The quest for certainty*. In J.A. Boydston（Ed.）, *John
Dewey: The later works* (*1925–1953*), Volume 4. Carbondale and
Edwardsville: Southern Illinois University Press.［加賀裕郎（訳）『確実性
の探究──知識と行為の関係についての研究』東京大学出版会、2018 年］

Dewey, J.（1933）. How we think: A restatement of the relation of reflective
thinking to the educative process. In J.A. Boydston（Ed.）, *John Dewey:
The later works* (*1925–1953*), Volume 8 (pp. 105–352). Carbondale and
Edwardsville: Southern Illinois University Press.［植田清次（訳）『思考の
方法──いかに我々は思考するか』春秋社、1950 年］

Dewey, J.（1938）. Logic: The theory of inquiry. In J.A. Boydston（Ed.）, *John
Dewey: The later works* (*1925–1953*), Volume 12. Carbondale and
Edwardsville: Southern Illinois University Press.［河村望（訳）『行動の論
理学──探求の理論』人間の科学新社、2013 年］

Dewey, J.（1939）. Experience, knowledge and value: A rejoinder. In J.A.
Boydston（Ed.）, *John Dewey: The later works* (*1925–1953*), Volume 14
(pp. 3–90). Carbondale and Edwardsville: Southern Illinois University
Press.

Dewey, J.（1966[1916]）. *Democracy and education*. New York: The Free
Press.［松野安男（訳）『民主主義と教育（上）（下）』岩波書店、1975 年］

Dunne, J.（1992）. *Back to the rough ground*. Notre Dame, IN: University of
Notre Dame Press.

Eagleton, T.（2007）. *Ideology: An introduction*, New and updated edition.

参
考
文
献

London/ New York: Verso.［大橋洋一（訳）『イデオロギーとは何か』平凡社、1999 年。ただし、1993 年出版の初版に基づく訳書］

European Commission.（2006）. *Study on the economic and technical evolution of the scientific publication markets in Europe*. Available online at: https://op.europa.eu/en/publication-detail/-/publication/1058c2f8-5006-4d13-ae3f-acc6484623b9

Faulks, K.（1998）. *Citizenship in modern Britain*. Edinburgh: Edinburgh University Press.

Feinberg, W.（2001）. Choice, autonomy, need-definition and educational reform. *Studies in Philosophy and Education 20*(5), 402–9.

Fenstermacher, G.（1986）. Philosophy of research on teaching: Three aspects. In M.C. Wittrock（Ed.）, *Handbook of research on teaching*, 3rd edition. Washington, DC: AERA.

Foucault, M.（1970）. *The order of things: An archaeology of the human sciences*. New York: Pantheon Books.［渡辺一民・佐々木明（訳）『言葉と物〈新装版〉――人文科学の考古学』新潮社、2020 年］

Freidson, E.（1994）. *Professionalism reborn: Theory, prophecy, and policy*. Chicago, IL: University of Chicago Press.

Freire, P.（1970）. *Pedagogy of the oppressed*. New York: Continuum.［三砂ちづる（訳）『被抑圧者の教育学 50 周年記念版』亜紀書房、2018 年］

Gettier, E.（1963）. Is justified true belief knowledge? *Analysis 23*(6), 121–23.

Gewirtz, S.（2001）. *The managerial school: Post-welfarism and social justice in education*. London/New York: Routledge.

Gieryn, T.F.（1983）. Boundary-work and the demarcation of science from non-science: Strains and interests in professional ideologies of scientists. *American Sociological Review 48*(6), 781–95.

Gieryn, T.F.（1999）. *Cultural boundaries of science: Credibility on the line*. Chicago, IL: University of Chicago Press.

Goodson, I., Biesta, G.J.J., Tedder, M. & Adair, N.（2010）. *Narrative learning*. London/ New York: Routledge.

Groothoff, H.-H.（1973）. Theorie der Erziehung. In H.-H. Groothoff（Ed.）, *Pädagogik Fischer Lexikon*（pp. 72–79）. Frankfurt am Main: Fischer Taschenbuch Verlag.

Guba, E.G. & Lincoln, Y.S. (1994). Competing paradigms in qualitative research. In N. Denzin & Y. Lincoln (Eds.), *Handbook of qualitative research* (pp. 105–17). Thousand Oaks, CA: SAGE. [池田寛（訳）「質的研究について競合する定義」平山満義（監訳）・岡野一郎・古賀正義（編訳）『質的研究ハンドブック1巻 質的研究のパラダイムと眺望』北大路書房、2006年。2000年発行の原著第5版に基づく訳書]

Gundem, B.B. & Hopmann, S. (Eds.) (1998). *Didaktik and/or curriculum: An international dialogue.* New York: Peter Lang.

Guyatt, G., Cairns, J., Churchill, D., et al. (1992). Evidence-based medicine. A new approach to teaching the practice of medicine. *JAMA 268,* 2420–25.

Habermas, J. (1968). *Erkenntnis und Interesse.* Frankfurt am Main: Suhrkamp. [奥山次良・八木橋貢・渡辺佑邦（訳）『認識と関心』未来社、1981年]

Habermas, J. (1970). *Zur Logik der Sozialwissenschaften.* Frankfurt am Main: Suhrkamp. [清水多吉・木前利秋・波平恒男・西阪仰（訳）『社会科学の論理によせて』国文社、1991年]

Habermas, J. (1971). *Knowledge and human interests.* Boston, MA: Beacon Press. [奥山次良・八木橋貢・渡辺佑邦（訳）『認識と関心』未来社、1981年]

Habermas, J. (1985). *The theory of communicative action. Volume 1: Reason and the rationalization of society.* Boston, MA: Beacon Press. [河上倫逸・平井俊彦（訳）『コミュニケイション的行為の理論（上）』未来社、1985年]

Habermas, J. (1990). *On the logic of the social sciences.* Cambridge, MA: MIT Press.

Hammersley, M. (2005). The myth of research-based practice: The critical case of educational inquiry. *International Journal of Social Research Methodology 8*(4), 317–30.

Hammersley, M. (2009). What is evidence for evidence-based practice? In R. St. Clair (Ed.), *Education science: Critical perspectives* (pp. 101–11). Rotterdam: Sense.

Hattie, J. (2008). *Visible learning: A synthesis of over 800 meta-analyses relating to achievement.* London/New York: Routledge. [山森光陽（監訳）『教育の効果──メタ分析による学力に影響を与える要因の効果の可

参考文献

視化』図書文化、2018 年]

Hellín, T. (2002). The physician–patient relationship: Recent developments and changes. *Haemophilia 8*, 450–54. doi: 10.1046/j.1365-2516.2002.00636.x

Hickman, L. (1990). *John Dewey's pragmatic technology*. Bloomington, IN: Indiana University Press.

Hilvoorde, I. van. (2002). *Grenswachters van de pedagogiek*. Baarn: HB Uitgevers.

Hirst, P.H. (1966). Educational theory. In J.W. Tibble (Ed.), *The study of education* (pp. 29–58). London: Routledge and Kegan Paul.

Hollis, M. (1994). *The philosophy of social science: An introduction.* Cambridge: Cambridge University Press.

Holmes, D., Murray, S.J., Perron, A. & Rail, G. (2006). Deconstructing the evidence-based discourse in health science: Truth, power and fascism. *International Journal of Evidence Based Healthcare 4*(3), 160–86.

Horkheimer, M. (1947). *Eclipse of reason*. New York: Oxford University Press. [山口祐弘 (訳)『理性の腐蝕』せりか書房、1987 年]

James, D. & Biesta, G.J.J. (2007). *Improving learning cultures in further education*. London: Routledge.

James, M. & Pollard, A. (2006). *Improving teaching and learning in schools: A commentary by the Teaching and Learning Research Programme*. London: ESRC/ TLRP.

James, M. & Pollard, A. (2012a). TLRP's ten principles for effective pedagogy: Rationale, development, evidence, argument and impact, *Research Papers in Education 26*(3), 275–328.

James, M. & Pollard, A. (2012b) Introduction, *Research Papers in Education 26*(3), 269–73.

James, W. (1899). *Talks to teachers on psychology: And to students on some of life's ideals*. New York, NY: Henry Holt and Company.

Keiner, E. (2002). Education between academic discipline and profession in Germany after World War II. *European Educational Research Journal 1*(1), 83–98.

Kessels, J.P.A.M. & Korthagen, F.A.J. (1996). The relationship between theory and practice: Back to the classics. *Educational Researcher 25*(3), 17–22.

König, E.（1975）. *Theorie der Erziehungswissenschaft. Band 1.* München: Wilhelm Fink Verlag.

Kunneman, H.（1996）. Normatieve professionaliteit: een appèl. *Sociale Interventie 5*(3), 107–12.

Laing, R.D.（1960）. *The divided self: An existential study in sanity and madness.* Harmondsworth: Penguin.［天野衛（訳）『引き裂かれた自己——狂気の現象学』筑摩書房、2017 年］

Laing, R.D. & Esterson, A.（1964）. *Sanity, madness and the family.* London: Penguin Books.［笠原嘉・辻和子（訳）『狂気と家族（新装版）』みすず書房、1998 年］

Latour, B.（1983）. Give me a laboratory and I will raise the world. In K.D. Knorr & M. Mulkay（Eds.）, *Science observed*（pp. 141–70）. London: Sage.

Latour, B.（1987）. *Science in action: How to follow scientists and engineers through society.* Milton Keynes: Open University Press.［川崎勝・高田紀代志（訳）『科学が作られているとき——人類学的考察』産業図書、1999 年］

Latour, B.（1988）. *The pasteurization of France.* Cambridge, MA: Harvard University Press.［荒金直人（訳）『パストゥールあるいは微生物の戦争と平和、ならびに「非還元」』以文社、2023 年］

Latour, B.（2005）. *Reassembling the social: An introduction to actor-network-theory.* Oxford: Oxford University Press.［伊藤嘉高（訳）『社会的なものを組み直す——アクターネットワーク理論入門』法政大学出版局、2019 年］

Latour, B. & Woolgar, S.（1979）. *Laboratory life: The social construction of scientific facts.* Beverly Hills, CA: Sage.［立石裕二・森下翔（監訳）『ラボラトリー・ライフ——科学的事実の構築』ナカニシヤ出版、2021 年］

Law, J. & Hassard, J.（Eds.）（1999）. *Actor network theory and after.* Oxford/Keele: Blackwell/The Sociological Review.

Lawn, M. & Furlong, J.（2007）. The social organisation of education research in England. *European Educational Research Journal 6*(1), 55–70.

Lawn, M. & Furlong, J. (2009). The disciplines of education in the UK: Between the ghost and the shadow. *Oxford Review of Education* 35(5), 541–52.

Leaton Gray, S. (2007). Teacher as technician: Semi-professionalism after the 1988 Education Reform Act and its effect on conceptions of pupil identity. *Policy Futures in Education* 5(2), 194–203.

Levine, D.N. (2006). *Powers of the mind: The reinvention of liberal learning in America.* Chicago, IL: University of Chicago Press.

Manen, M. van (1977). Linking ways of knowing with ways of being practical. *Curriculum Inquiry* 6(3), 205–28.

McCulloch, G. (2002). Disciplines contributing to education? Educational studies and the disciplines. *British Journal of Educational Studies* 50(1), 100–19.

McGuigan, G.S. & Russell, R.D. (2008). The business of academic publishing: A strategic analysis of the academic journal publishing industry and its impact on the future of scholarly publishing. *Electronic Journal of Academic and Special Librarianship* 9(3). Available online at: https://southernlibrarianship.icaap.org/content/v09n03/mcguigan_g01.html (accessed 30 June 2012).

Meirieu, P. (2008). *Pédagogie: Le devoir de résister*, 2e edition. Issy-les-Moulineaux: ESF.

Mouffe, C. (2000). *The democratic paradox.* London/New York: Verso. [葛西弘隆（訳）『民主主義の逆説』以文社、2006 年]

Nielsen, M. (2011). *Reinventing discovery: The new era of networked science.* Princeton, NJ: Princeton University Press.［高橋洋（訳）『オープンサイエンス革命』紀伊國屋書店、2013 年］

Noordegraaf, M. (2007). From 'pure' to 'hybrid' professionalism: Present-day professionalism in ambiguous public domains. *Administration & Society* 39(6), 761–85.

Noordegraaf, M. & Abma, T. (2003). Management by measurement? Public management practices amidst ambiguity. *Public Administration* 81(4), 853–71.

Nozick, R. (1981). *Philosophical explanations.* Oxford: Oxford University

Press. [坂本百大（訳）『考えることを考える 上』青土社、1997年]

O'Connor, D.J. (1957). *An introduction to the philosophy of education.* London: Routledge and Kegan Paul.

OECD. (2004). *Declaration on access to research data from public funding.* 30 January 2004, https://www.oecd.org.

Oelkers, J. (1993). Influence and development: Two basic paradigms of education. *Studies in Philosophy and Education 13*(2), 91–109.

Oelkers, J. (2001). *Einführung in die Theorie der Erziehung.* Weinheim & Basel: Beltz.

O'Neill, O. (2002). *A question of trust: BBC Reith lectures 2002.* Cambridge: Cambridge University Press.

Otto, H.-U., Polutta, A. & Ziegler, H. (2009). A second generation of evidence-based practice: Reflexive professionalism and causal impact in social work. In H.-U. Otto, A. Polutta & H. Ziegler (Eds.), *Evidence-based practice: Modernising the knowledge base of social work?* (pp. 245–52). Opladen: Barbara Budrich.

Peters, M.A. (2007). *Knowledge economy: Development and the future of higher education.* Rotterdam: Sense.

Peters, R.S. (1963). Education as initiation. In P. Gordon (Ed.), *The study of education,* Volume 1 (pp. 273–99). London: Woburn.

Peterson, P. (1979). Direct instruction: Effective for what and for whom? *Educational Leadership 37*(1), 46–48.

Phillips, A. (2009). Business models in journals publishing. In B. Cope & A. Phillips (Eds.), *The future of the academic journal.* Oxford: Chandos.

Pinar, W. (Ed.) (1975). *Curriculum theorizing: The reconceptualists.* Berkeley, CA: McCutchan.

Pinar, W. (1999). Introduction: A farewell and a celebration. In W.F. Pinar (Ed.), *Contemporary curriculum discourses* (pp. xi–xx). New York: Peter Lang.

Pinar, W.F., Reynolds, W.M., Slattery, P. & Taubman, P.M. (1995). *Understanding curriculum: An introduction to the study of historical and contemporary curriculum discourse.* New York: Peter Lang.

Pollard, A. & Oancea, A. (2010). *Unlocking learning? Towards evidence-*

参考文献

informed policy and practice in education: Final Report of the UK Strategic Forum for Research in Education, 2008–2010. London: SFRE.

Prenzel, M. (2009). Challenges facing the educational system. In *Vital questions: The contribution of European social science* (pp. 30–33). Strasbourg: European Science Foundation.

Priestley, M. & Biesta, G.J.J. (Eds.) (2013). *Reinventing the curriculum: New trends in curriculum policy and practice*. London: Bloomsbury.

Priestley, M., Biesta, G.J.J. & Robinson, S. (2015). *Teacher agency: An ecological approach*. London: Bloomsbury.

Rasmussen, J. (2010). Increasing complexity by reducing complexity: A Luhmannian approach to learning. In D.C. Osberg & G.J.J. Biesta (Eds.), *Complexity theory and the politics of education* (pp. 15–24). Rotterdam: Sense Publishers.

Reid, W.A. (1999). *Curriculum as institution and practice: Essays in the deliberative tradition*. Mahwah, NJ and London: Lawrence Erlbaum.

Rorty, R. (1979). *Philosophy and the mirror of nature*. Princeton, NJ: Princeton University Press. [野家啓一（監訳）・伊藤春樹・須藤訓任・野家伸也・柴田正良（訳）『哲学と自然の鏡』産業図書、1993 年]

Schwab, J. (2004). The practical: A language for curriculum. In D.J. Flinders & S.J. Thornton (Eds.), *The curriculum studies reader*, 2nd edition (pp. 103–17). New York: Routledge.

Schwab, J.J. (1969). The practical: A language for curriculum. *The School Review 78*(1), 1–23.

Schwab, J.J. (1971). The practical: Arts of eclectic. *The School Review 79*(4), 493–542.

Schwab, J.J. (1973). The practical 3: Translation into curriculum. *The School Review 81*(4), 501–22.

Schwab, J.J. (1983). The practical 4: Something for curriculum professors to do. *Curriculum Inquiry 13*(3), 239–65.

Shreeves, S.L. (2009). Cannot predict now: The role of repositories in the future of the journal. In B. Cope & A. Phillips (Eds.), *The future of the academic journal* (pp. 197–212). Oxford: Chandos.

Simon, B. (1981). Why no pedagogy in England? In B. Simon & W. Taylor

(Eds.), *Education in the eighties: The central issues*. London: Batsford.

Slavin, R. (2002). Evidence-based educational policies: Transforming educational practice and research. *Educational Researcher 31*(7), 15–21.

Sleeper, R.W. (1986). *The necessity of pragmatism: John Dewey's conception of philosophy*. New Haven, CT: Yale University Press.

Smeyers, P. & Depaepe, M. (Eds.) (2006). *Educational research: Why 'what works' doesn't work*. Dordrecht: Springer.

Smith, R. (2006). Technical difficulties: The workings of practical judgement. In P. Smeyers & M. Depaepe (Eds.), *Educational research: Why 'what works' doesn't work* (pp. 159–70). Dordrecht: Springer.

St. Clair, R. (Ed.) (2009). *Education science: Critical perspectives*. Rotterdam: Sense.

Stanley, Morgan (2002). *Scientific publishing: Knowledge is power*. London: Morgan Stanley Equity Research Europe. Available online at: https://www.econ.ucsb.edu/~tedb/Journals/morganstanley.pdf (accessed 16 March 2009).

Stenhouse, L. (1975). *An introduction to curriculum research and development*. London: Heinemann.

Tashakkori, A. & Teddlie, C. (Eds.) (2010). *Sage handbook of mixed methods in social and behavioral research*, 2nd edition. Thousand Oaks, CA: Sage. ［土屋敦・八田太一・藤田みさお（監訳）『混合研究法の基礎——社会・行動科学の量的・質的アプローチの統合』西村書店、2017 年］

Thomas, G. & Pring, R. (Eds.) (2004). *Evidence-based practice in education*. Milton Keynes: Open University Press.

Tibble, J.W. (Ed.) (1966a). *The study of education*. London: Routledge and Kegan Paul.

Tibble, J.W. (1966b). Introduction. In J.W. Tibble (Ed.), *The study of education* (pp. vii–x). London: Routledge and Kegan Paul.

Tibble, J.W. (1966c). The development of the study of education. In J.W. Tibble (Ed.), *The study of education* (pp. 1–28). London: Routledge and Kegan Paul.

Tibble, J.W. (Ed.) (1971a). *An introduction to the study of education*. London: Routledge and Kegan Paul.

参考文献

Tibble, J.W. (1971b). The development of the study of education. In J.W. Tibble (Ed.), *An introduction to the study of education* (pp. 5–17). London: Routledge and Kegan Paul.

Townsend, T. (Ed.) (2007). *International handbook of school effectiveness and school improvement*. Dordrecht/Boston: Springer.

Trapp, E.C. (1778). *Von der Beförderung der wirksamen Erkenntniß*. Itzehoe: Müller.

Trapp, E.C. (1779). *Von der Nothwendigkeit, Erziehen und Unterrichten als eine eigene Kunst zu studieren*. Antrittsvorlesung Universität Halle. Halle: J.C. Hendel.

Vries, G.H. de (1990). *De ontwikkeling van Wetenschap*. [*The development of science.*] Groningen: Wolters-Noordhoff.

Weiss, C.H., Murphy-Graham, E., Petrosino, A. & Gandhi, A.G. (2008). The fairy godmother – and her warts: Making the dream of evidence-based policy come true. *American Journal of Evaluation 29*(1), 29–47.

Wellcome Trust. (2003). *Economic analysis of scientific research publishing*. Cambridge: The Wellcome Trust. Available online at: https://wellcome. org/sites/default/files/wtd003182_0.pdf

Westbury, I. (2007). Theory and theorizing in curriculum studies. In E. Forsberg (Ed.), *Curriculum theory revisited* (pp.1–19). Uppsala: Uppsala University.

Westbury, I. & Wilkof, N. (Eds.) (1978). *Science, curriculum, and liberal education: Selected essays*. Chicago: The University of Chicago Press.

Willinsky, J. (2006). *The access principle: The case for open access to research and scholarship*. Cambridge, MA: MIT Press.

Wiseman, A.W. (2010). The uses of evidence for educational policymaking: Global contexts and international trends. *Review of Research in Education 34*(1), 1–24.

Woolgar, S. (1988). *Science, the very idea*. Chichester: Tavistock Books.

Wulf, Chr. (1978). *Theorien und Konzepte der Erziehungswissenschaft*. München: Juventa.

索　引

*本索引は、原著索引をベースに作成した。ページ番号のあとの n. は脚注を示す。

219

索
引

ヒューム、デイヴィッド　152
表象的認識論　→　認識論
『被抑圧者の教育学』（フレイレ）　27

ファインバーグ、ウォルター　135
フェミニズム　10
複雑性
　〜の縮減　21, 50, 53, 72–73, 76
　〜理論　19, 33, 48, 52, 55, 71
福祉国家　128, 132–33, 147
フーコー、ミシェル　26
フッサール、エトムント　178
物質主義　14
不変的な知識　→　知識
プラクシス　84, 89
プラグマティズム・プラグマティック
　9–12, 17–18, 23, 27–28, 69, 162–65
　→　「理論」も参照。
プラトン　15
フランクフルト学派　16, 119
『フランスのパスチャライゼーション』
　73–74
フリッシュアイゼン＝ケーラー、マッ
　クス　117
フリットナー、ヴィルヘルム　118
フレイレ、パウロ　27
フロネーシス　84, 89, 90
文化　42
文化的な知識　→　知識
「分裂と転倒」　179

閉鎖系と開放系　64
閉鎖決定系　48, 51, 71
ベル、アンドリュー　106
ベルテルスマン・シュプリンガー　173
ヘルバルト主義　103n.
『ヘルバルト心理学の教育への応用』
　（アダムズ）　107
ヘルベルトの学習理論　106–7

ポイエーシス　84, 88–91, 95
傍観者的認識論　→　知識

方法的懐疑　152
ポストコロニアリズム　10
「ポスト人間主義」アプローチ　14
ホップマン、ステファン　102n.
ポパー、カール　68
ホモ・エコノミクス（経済人）　40
ホモ・デモクラティクス（民主主義
　人）　40
ポラード、アンドリュー　32–35, 40,
　47, 54
ホルクハイマー、マックス　183
ボルノウ、オットー・フリードリヒ
　118
「ホルメー」（目的）心理学　107
ホワイトヘッド、アルフレッド・ノー
　ス　108

〔ま行〕
マカロック、ゲイリー　104
マクドゥーガル、ウィリアム　107
マルクス、カール　16, 21

民主化の後に生まれた歪み　→　歪み
民主主義　5, 87, 143, 146–47, 188
民主主義上の［民主主義的な］欠陥
　63, 132, 134, 142
『民主主義と教育』（デューイ）　87
民主的専門家　143–47
民主的な専門性　141–43

ムフ、シャンタル　146

メイリュー、フィリップ　41, 144
メタ理論　10

もうどうにもとまらない症候群　172–
　76
モノ化（理論や哲学の）　11–12
モリス、ベン　105

〔や行〕
有機的組織と環境　154–60

225

索
引

訳者一覧

(担当章順、[　]は担当、肩書きは 2024 年 5 月現在)

亘理陽一(わたり　よういち)[日本語版序文・プロローグ・第 2 章・第 5 章・エ
ピローグ]
北海道大学大学院教育学研究科博士課程修了、博士(教育学)。静岡理工科大学、静
岡大学を経て、現在、中京大学国際学部教授。専門は、英語教育学・教育方法学。
[主な著書・論文]
「外国語コミュニケーション」『流行に踊る日本の教育』(共著、東洋館出版社、2021
年)
『英語教育のエビデンス——これからの英語教育研究のために』(草薙邦広・寺沢拓
敬・浦野研・工藤洋路・酒井英樹と共著、研究社、2021 年)
『どうする、小学校英語？——狂騒曲のあとさき』(大津由紀雄と共編、慶應義塾大
学出版会、2021 年)
「『個別最適な学び』の何が問題か」(『学校教育研究』37, 2022 年)
「学校英語教育の目的論を再考する——社会的環境と構成的発達段階の視点から」
(『中部地区英語教育学会紀要』53, 2024 年)

神吉宇一(かみよし　ういち)[謝辞・第 1 章・第 4 章]
大阪大学大学院言語文化研究科博士後期課程単位取得満期退学。海外産業人材育成
協会(AOTS)、長崎外国語大学を経て、現在、武蔵野大学グローバル学部教授。
専門は、日本語教育学、言語教育政策。2021 年日本語教育学会 学会賞。
[主な著書・論文]
「共生社会を実現するための日本語教育とは」(『社会言語科学』24(1), 2021 年)
Open Borders, Open Society?: Immigration and Social Integration in Japan(共著、
Verlag Barbara Budrich, 2022)
「公的日本語教育を担う日本語教師に求められるもの」(『日本語教育』181, 2022 年)
『ことばの教育と平和——争い・隔たり・不公正を乗り越えるための理論と実践』
(編著、明石書店、2023 年)
『日本語学習は本当に必要か——多様な現場の葛藤とことばの教育』(編著、明石書
店、2024 年)

川村 拓也(かわむら　たくや)[著者について・第 3 章・第 7 章]
バーミンガム大学大学院 MA Applied Linguistics 修了。静岡聖光学院中学校・高等

学校等を経て、現在、北陸大学国際コミュニケーション学部国際コミュニケーション学科助教。専門は、英語教育、教師教育。

［主な著書・論文］

「高等学校英語授業における生徒の英語使用の特徴——ディベート特有の対話構造の視点から」（亘理陽一と共著、『中部地区英語教育学会紀要』47, 2018 年）

「英語教員養成課程の学生による対話的な英文法の学び——単純現在形の認知文法的分析を足がかりとして」（『中部地区英語教育学会紀要』49, 2020 年）

「私の授業は自律的な学習者の育成を促したのか」（『中部地区英語教育学会紀要』52, 2023 年）

「模擬授業と省察による英語教師志望学生の授業観の変容——授業の目的と生徒を意識するまでの過程」（『北陸大学紀要』54, 2023 年）

「世界史と英語における教科横断型授業実践——歴史教育と外国語教育に跨る「翻訳」の意義」（渡邊和彦と共著、『中等社会科教育研究』41, 2023 年）

南浦涼介（みなみうら　りょうすけ）［序文・第 6 章・第 8 章］

広島大学大学院教育学研究科博士課程後期修了、博士（教育学）。山口大学、東京学芸大学を経て、現在、広島大学大学院人間社会科学研究科准教授。専門は教育方法学、外国人児童生徒教育、日本語教育学、社会科教育学。2022 年日本語教育学会 奨励賞。

［主な著書・論文］

『外国人児童生徒のための社会科教育——文化と文化の間を能動的に生きる子どもを授業で育てるために』（単著、明石書店、2013 年）

「民主化のエージェントとしての日本語教育——国家公認化の中で『国家と日本語』の結びつきを解きほぐせるか」（共著、『教育学年報』12, 2021 年）

「実践の可視化と価値の物語化から見る『評価』概念の問い直し——日本語教育実践における共同体構築にもとづいて」（共著、『教育方法学研究』46, 2021 年）

「『測りすぎ』の学校状況下の言語と文化の包摂とその危機——教育の幸福な展望と、教育学との有益な接続と」（『第二言語としての日本語の習得研究』26, 2023 年）

よい教育研究とはなにか
──流行と正統への批判的考察

2024 年 5 月 31 日　初版第 1 刷刊行
2024 年 9 月 30 日　初版第 3 刷刊行

著者
ガート・ビースタ

訳者
亘理 陽一　神吉 宇一　川村 拓也　南浦 涼介

発行者
大江道雅

発行所
株式会社 明石書店
〒101-0021 東京都千代田区外神田 6-9-5
電　話　03（5818）1171/ＦＡＸ　03（5818）1174
振　替　00100-7-24505
http://www.akashi.co.jp

装丁
宗利 淳一

印刷・製本
モリモト印刷株式会社

ISBN978-4-7503-5782-9
（定価はカバーに表示してあります）
Printed in Japan

共生社会のためのことばの教育
自由・幸福・対話・市民性
稲垣みどり、細川英雄、金泰明、杉本篤史編著
◎2700円

ことばの教育と平和
争い・隔たり・不公正を乗り越えるための理論と実践
佐藤慎司、神吉宇一、奥野由紀子、三輪聖編著
◎2700円

日本語学習は本当に必要か
多様な現場の葛藤とことばの教育
村田晶子、神吉宇一編著
◎3000円

多言語化する学校と複言語教育
移民の子どものための教育支援を考える
大山万容、清田淳子、西山教行編著
◎2500円

アイデンティティと言語学習
ジェンダー・エスニシティ・教育をめぐって広がる地平
ボニー・ノートン著　中山亜紀子、福永淳、米本和弘訳
◎2800円

言語マイノリティを支える教育【新装版】
ジム・カミンズ著　中島和子著訳
◎3200円

トランスランゲージング・クラスルーム
子どもたちの複数言語を活用した学校教師の実践
オフィーリア・ガルシアほか著　佐野愛子、中島和子監訳
◎2800円

言語教育のマルチダイナミクス
多様な学びの方向性
杉野俊子監修
田中富士美、柿原武史、野沢恵美子編
◎3400円

子どもの日本語教育を問い直す
外国につながる子どもたちの学びを支えるために
佐藤郡衛、菅原雅枝、小林聡子著
◎2300円

メイキング・シティズン
多様性を志向した市民的学習への変革
ベス・C・ルービン著
池野範男、川口広美監訳
◎2800円

10代からの批判的思考
社会を変える9つのヒント
名嶋義直編著　寺川直樹、田中俊亮、竹村修文、後藤玲子、今村和宏、志田陽子、佐藤友則、古閑涼二著
◎2300円

教育は社会をどう変えたのか
個人化をもたらすリベラリズムの暴力
桜井智恵子著
◎2500円

創造性と批判的思考
学校で教え学ぶことの意味はなにか
OECD教育研究革新センター編著
西村美由起訳
◎5400円

教育のディープラーニング
世界に関わり世界を変える
マイケル・フラン、ジョアン・クイン、ジョアン・マッキーチェン著
松下佳代監訳　濱田久美子訳
◎3000円

異文化間教育ハンドブック
ドイツにおける理論と実践
イングリット・ゴゴリンほか編著
立花有希、佐々木優香、木下江美、クラインハーペル美穂訳
◎15000円

公正と包摂をめざす教育
OECD「多様性の持つ強み」プロジェクト報告書
経済協力開発機構(OECD)編著　佐藤仁、伊藤亜希子監訳
◎5400円

〈価格は本体価格です〉